Handbuch Systematischer Theologie
Herausgegeben von Carl Heinz Ratschow
Band 10

Gütersloher Verlagshaus Gerd Mohn

Ulrich Kühn

Kirche

Gütersloher Verlagshaus Gerd Mohn

Handbuch Systematischer Theologie (HST)
Herausgegeben von Carl Heinz Ratschow

Das gesamte HST besteht aus den folgenden Bänden:

CIP-Kurztitelaufnahme der Deutschen Bibliothek

Handbuch Systematischer Theologie/hrsg. von
Carl Heinz Ratschow. – Gütersloh: Gütersloher Verlagshaus Mohn.
NE: Ratschow, Carl Heinz [Hrsg.]
Bd. 10 – Kühn, Ulrich: Kirche

Kühn, Ulrich: Kirche/Ulrich Kühn. –
Gütersloh: Gütersloher Verlagshaus Mohn, 1980.
  (Handbuch Systematischer Theologie; Bd. 10)
  ISBN 3-579-04925-9

ISBN 3-579-04925-9
© Gütersloher Verlagshaus Gerd Mohn, Gütersloh 1980
Satz: IBV Lichtsatz KG, Berlin
Druck und Bindung: Hieronymus Mühlberger, Augsburg
Umschlagentwurf: Dieter Rehder, Aachen
Printed in Germany

Inhalt

Verzeichnis der Abkürzungen

Althaus, Paul:
CW   Die christliche Wahrheit. Lehrbuch der Dogmatik, 8. Aufl., Gütersloh 1969.
GD   Grundriß der Dogmatik, 4. Aufl., Gütersloh 1958.

Barth, Karl:
KD   Die Kirchliche Dogmatik. 4 Bde., 13 Teile und 1 Registerbd., Zollikon–Zürich 1932 ff.

Bekenntnisschriften:
BSLK   Die Bekenntnisschriften der evangelisch-lutherischen Kirche, 8. Aufl., Göttingen 1979.

Calvin, Johannes:
Inst.   Institutio Christianae religionis, letzte Ausg. 1559.
OS   Joannis Calvini Opera selecta, hg. von Peter Barth und Wilhelm Niesel, München 1926 ff.

Corpus Reformatorum:
CR   Corpus reformatorum, Berlin u. a. 1834 ff. (Die Calvin-Texte sind zitiert nach der Bandzahl der Calvini Opera, 1863 ff.)

Elert, Werner:
CG   Der christliche Glaube. Grundlinien der lutherischen Dogmatik, 5. Aufl., Hamburg 1960.
CE   Das christliche Ethos. Grundlinien der lutherischen Ethik, 2. Aufl., Hamburg 1961.
LLA   Die Lehre des Luthertums im Abriß, 2. Aufl. 1926, Nachdruck Erlangen 1978.
ML   Morphologie des Luthertums, Bd. I und II, 3. Aufl., München 1965.

Luther, Martin:
WA   M. Luther Werke. Kritische Gesamtausgabe, Weimar 1883 ff.
WA.B   Briefwechsel.
WA.DB   Deutsche Bibel.
WA.TR   Tischreden.

Melanchthon, Philipp:
StA   Melanchthons Werke in Auswahl (Studienausgabe), hg. von Robert Stupperich, Gütersloh 1951 ff.; darin Bd. II,1 und 2 (1952–1953) die Loci von 1521 und 1559.

Tillich, Paul:
ST   Systematische Theologie, Bd. I–III, Stuttgart 1955–1966.
GW   Gesammelte Werke, Bd. I–XIV, Stuttgart 1959–1975.
GWErg. Ergänzungs- und Nachlaßbände zu den Gesammelten Werken von
       Paul Tillich, Stuttgart 1971 ff.

Weber, Otto:
GD   Grundlagen der Dogmatik, Bd. I und II (1955–1962), unveränderte
       Neuaufl., Neukirchen-Vluyn 1972.

Die weiteren Abkürzungen richten sich nach RGG, 3. Aufl., und TRE.

Einleitung zum Handbuch Systematischer Theologie

In der theologischen und kirchlichen Debatte der Gegenwart vertreten die evangelischen Theologen und Kirchenführer das »Erbe der Reformation« nach wie vor in der Meinung, daß sich die Grundüberzeugungen der Reformatoren auch heute als angemessener Ausdruck christlichen Welt- und Selbstverständnisses erweisen. Die Kirchenordnungen der evangelischen Kirchentümer basieren das kirchliche Leben auf die Einsichten der Reformatoren, wobei das sola scriptura eine ebenso große Rolle spielt wie das sola fide. In den Präambeln der Kirchenverfassungen werden die Confessio Augustana samt der Apologie und anderen Bekenntnissen des 16. Jahrhunderts herangezogen. Wird diese Bekenntnisbindung auch inhaltlich verantwortet? Geht die Bindung an die Glaubensüberzeugung der Reformatoren und deren theologische Ausprägung heute über eine bloße Versicherung hinaus?

Diese Frage drängt sich auch auf, wenn man das innerevangelische kirchliche und theologische Gespräch verfolgt. Dafür *zwei* Beispiele: *Erstens:* Bei den Verhandlungen des Lutherischen Weltbundes in Helsinki 1963 wurde deutlich, daß das theologische Kernstück der Theologie Luthers, die Rechtfertigungslehre, den Vollzug evangelischen Glaubens offenbar nicht mehr so angemessen zu beschreiben vermag, wie das einmal der Fall war. Zwar kann man die historische Bedeutung dieses Lehrstückes gut begreifen, aber der Glaube evangelischer Christen ist aus der Glaubens-Frage und Glaubens-Antwort offenbar ausgewandert, die hinter der Rechtfertigungslehre steht. *Zweitens:* Bei den Lehrgesprächen zwischen den lutherischen und den reformierten Kirchen konnten in der Neuzeit konkordienartige Vereinbarungen getroffen werden, die im 16. Jahrhundert nicht zu erreichen waren.

Die Frage ist also unabweisbar, ob das vielberufene »reformatorische Erbe« heute mehr ist als eine verbale Kennzeichnung, der kein Inhalt mehr entspricht? Freilich muß diese Frage differenzierter gestellt werden. Ganz bestimmte Positionen scheinen sich ohne tiefgreifende Veränderungen durchgehalten zu haben. Es gibt im Gemeindebewußtsein der Gegenwart aber auch Grundüberzeugungen, die als evangelisch gelten, obwohl sie nicht durchweg auf reformatorische Motive des 16. Jahrhunderts zurückgehen, wie z. B. ein fundamentalistisches Bibelverständnis oder eine liberale, um nicht zu sagen lässige Auffassung dessen, was im evangelischen Christentum denn nun zu glauben sei. Es ist gewiß nicht leicht, solche Phänomene exakt zu beschreiben. Allerdings ist ohnedies nicht zu erwarten, daß sich der theologische Ausdruck des Glaubens über so bewegte Jahrhunderte, wie das 18. und 19. Jahrhundert es waren, hinweg unverändert erhalten haben sollte. Von dem geistigen Umschwung, der sich mit der Aufklärung vollzog und mit dem Idealismus zunächst konsolidiert zu sein schien, der sich aber bis in die Gegenwart hinein fortsetzt, ist nicht nur das theologische Denken, sondern auch das unmittelbare Selbstverständnis des Glaubens beeinflußt worden. Die theologische Reflexion war von dieser Wandlung allerdings besonders stark betroffen, weil die denkerische Selbst- und Weltvergewisserung seit dem 16. Jahrhundert radikalen Veränderungen unterlag. Zwar kann man bezweifeln, ob es in den letzten drei Jahrhunderten zu tieferen Einsichten oder angemesseneren Begriffsbildungen gekommen ist. Aber auch der christliche Glaube selbst hat sich den Wandlungen dieser Jahrhunderte nicht zu entziehen vermocht, zumal sie ihm nicht selten unbewußt blieben. Zu tief greift etwa die naturwissenschaftliche Weltanschauung und in ihrem Gefolge die Technisierung der Welt und die Umschichtung der Gesellschaft in das Sinngefüge und das Weltverhalten der Christen ein. Der Glaube versteht sich vor diesem Hintergrund in vieler Hinsicht anders als zur Zeit der Reformation.

Gewiß sind die grundmenschlichen Faktoren von Liebe und Tod, Freude und Leid, Schuld und Vergebung geblieben, wie sie immer waren. Aber der Horizont dieser Erfahrungen hat sich geändert, vor allem das Zeit- und Raumbewußtsein. Und gerade dieses Zeit- und Rumbewußtsein läßt jene grundmenschlichen Faktoren in je eigener Weise erfahren. Die Menschen sind so gut und so böse, wie sie eh und je waren. Aber wie sie sich nach Grund und Ziel in ihrer Güte wie in ihrer Bosheit selbst sehen, das hat sich gewandelt. Das besagt viel. Die hohe Reizschwelle des modernen, weltweit wohlinformierten Menschen macht ihn gegen Erschütterungen taub, von denen der christliche Glaube einst bestimmt war; und was den heutigen Menschen trösten kann, das ist nicht mehr ohne weiteres der »liebe jüngste Tag«.

Man muß also annehmen, daß sich nach vier Jahrhunderten seit der Reformation der christliche Glaube im Widerschein der eigentümlich neuzeitlichen Beleuchtung ebenso andersartig darstellt und versteht, wie sich der denkerische Ausdruck des Glaubens unter den Bedingungen, die das moderne Denken setzte, verändert hat. In diesen Überlegungen liegt die Arbeitshypothese dieses Handbuches Systematischer Theologie (HST). In diesem HST wollen wir den Versuch machen, an wichtigen systematisch-theologischen Fragestellungen zu zeigen, ob, wie und warum sich der theologische Ausdruck des evangelischen Glaubens seit der Reformation verändert hat. Aufgrund solcher Veränderungen wird man vielleicht auch etwas darüber sagen können, ob und wie sich der Glaube evangelischer Christen gewandelt hat, der hinter dem theologischen Ausdruck liegt. Eigentlicher Beobachtungsgegenstand ist jedoch die Systematische Theologie: der Schluß auf den Glauben selbst wird nur zum Teil und nur mit Vorsicht gezogen werden können.

Die Aufgabe, die wir uns in dieser Arbeit gestellt haben, besteht also darin festzustellen, ob und wie sich der theologische Ausdruck des evangelischen Glaubens vom 16. zum 20. Jahrhundert verändert hat. Die einzelnen Beiträge werden das Ausmaß dieser Veränderung sehr verschieden darstellen. Man kann aber das Ganze des Prozesses nur an den konkreten Einzelfragen überhaupt erfassen.

Diese Aufgabe verlangt eine strenge Beschränkung in der Auswahl und Darstellung des Stoffes. Es ist weder möglich, die gesamte Theologie der Reformatoren darzustellen, noch kann die evangelische Dogmatik des 20. Jahrhunderts auch nur annähernd umfassend behandelt werden. Wir hoffen, an exemplarisch ausgewählten, einzelnen theologischen Ausdrucksgestalten das Ganze repräsentativ erörtern zu können. Aufgrund eingehender Beratungen über die Stoffe des 16. und des 20. Jahrhunderts wollen wir versuchen, die gestellte Aufgabe an folgenden Einzelthemen zu lösen: 1. Theologie; 2. Gesetz und Evangelium; 3. Wort Gottes; 4. Geist Gottes; 5. Jesus Christus; 6. Gott; 7. Schöpfung; 8. Der Mensch; 9. Sünde; 10. Kirche; 11. Sakramente; 12. Rechtfertigung; 13. Glaube; 14. Christliches Leben; 15. Hoffnung und Vollendung; 16. Die Religionen; 17. Das Wunderbare; 18. Die Wirklichkeit.

Unsere Beratungen und Vorarbeiten haben gezeigt, daß dieses Handbuch in allen seinen Einzelbeiträgen dieselben Bezugsfelder haben muß, damit ihre Ergebnisse miteinander verglichen werden können. Darum sind die Einzelbeiträge im wesentlichen gleich aufgebaut. In jedem Beitrag werden folgende *drei* Schritte vollzogen:

A. Erstens muß die reformatorische Position erhoben werden. (Nur in besonderen Fällen wird von der Theologie des 20. Jahrhunderts ausgegangen werden müssen.) In allen Beiträgen wird dies an Luther, Melanchthon und Calvin geschehen. Die Behandlung der Reformatoren soll aber nicht Selbstzweck sein. Es geht uns beispielsweise nicht darum, eine neue Deutung der Ekklesiologie Luthers vorzulegen. Es geht uns auch nicht um eine Darstellung der theologischen Entwicklung Luthers oder Calvins. Wir wollen die reformatorischen Positionen vielmehr zum Vergleich mit der Theologie des 20. Jahrhunderts möglichst übersichtlich zusammenstellen. Zu dieser Beschränkung zwingt nicht nur der Umfang, der dem einzelnen Beitrag zur Verfügung steht, sondern auch die Absicht des Ganzen. Wir haben daher vereinbart, daß wir *Luther, Melanchthon* und *Calvin* nur nach ihren Spätwerken darstellen wollen. Das heißt für Calvin nach der Institutio von 1559, für Melanchthon nach den Loci von 1559. Für Luther ist eine entsprechende Auswahl schwierig. Wir haben uns auf die Disputationen, die in WA 39 I.II abgedruckt sind, geeinigt. (Diese Disputationen sind zwar kein geschlossenes Werk, aber ihr literarisches Genus verleiht ihnen eine gewisse Einheitlichkeit.) Wir wollen in den einzelnen Fragestellungen die Reformatoren nach diesen Texten zur Sprache kommen lassen. Die explizite Auseinandersetzung mit der Sekundärliteratur ist nicht beabsichtigt, sondern die möglichst profilierte Darstellung der primären theologischen Aussagen selbst.

Dieses Verfahren hat seine Mängel. Einmal werden z. B. in der Christologie manche Feinheiten und gewisse Besonderheiten der Christologie Luthers nicht auftauchen, weil sie in den genannten Disputationen nicht vorkommen. Trotzdem wird sich ein zutreffendes Bild der christologischen Überzeugungen Luthers ergeben, wenn es der Darstellung gelingt, Luther authentisch zur Sprache zu bringen. Sodann wird es sich an einzelnen Stellen zeigen, daß die Disputationen Luthers, aber auch die Loci Melanchthons für bestimmte Fragestellungen nichts hergeben. Dann wird man ausnahmsweise auf andere Texte zurückgreifen müssen. Es wird freilich die Ausnahme bleiben müssen, um die Vergleichbarkeit der einzelnen Beiträge nicht zu gefährden. Nur bei gleichen Textbezügen ist es möglich, die einzelnen Beiträge quer zu lesen und damit de facto eine Gesamtdarstellung der Theologie Luthers nach seinen Disputationen, Melanchthons nach seinen letzten Loci und Calvins nach der Institutio letzter Hand zu bieten. Ein solcher Vergleich ist notwendig, wenn man die Veränderungen der theologischen Positionen an mehreren oder eben an allen Teilstücken nebeneinander erkennen will.

B. Zweitens muß die Position der modernen evangelischen Theologie erhoben werden. In diesem Teil ist eine analoge Beschränkung notwendig. Wir haben uns darauf geeinigt, die Dogmatiken von *Paul Althaus, Paul Tillich* und *Karl Barth* zugrunde zu legen. (Gelegentlich muß P. Althaus durch Werner Elerts Dogmatik ergänzt werden; auch für K. Barth wird manchmal Otto Webers Dogmatik herangezogen.)
Die Darstellung dieser drei Werke kann wiederum nicht Selbstzweck sein. Es ist z. B. nicht möglich, die Genese der Gedanken Paul Tillichs bis zu seiner Systematischen Theologie zu verfolgen, obwohl vieles in seinem Werk sich erst einer solchen Betrachtung ganz erschließt. Es wird auch nicht möglich sein, die Kirchliche Dogmatik von Karl Barth in ihrer ganzen Breite darzustellen. Wir werden uns auf die Herausarbeitung der Hauptlinien beschränken müssen. Aber je deutlicher diese Hauptlinien hervortreten, je konzentrierter das Wesentliche eines Lehrstückes herausgearbeitet ist, desto klarer werden die Konturen im ganzen. Auch in diesem zweiten Teil geht es um eine möglichst authentische Darstellung. Selbstverständlich hat diese wie jede Darstellung interpretativen Charakter, und die Meinung der einzelnen Bearbeiter wird zutage treten. Eben dadurch soll aber die Aufmerksamkeit wiederum auf die Aussagen Althaus', Tillichs und Barths selbst gelenkt werden.

C. In einem dritten Teil müssen die theologischen Positionen der Reformatoren (A) und der Theologen des 20. Jahrhunderts (B) aufeinander bezogen werden. Dies kann nur in *drei* einander bedingenden Schritten geschehen. *Erstens* sind die Verschiedenheiten in den Aussagen zur selben Sache festzustellen. Es ist zu fragen, was in den einzelnen Lehrstücken anders gesagt und definiert wird. Hierher gehört auch zu fragen, ob sich der gedankliche Ausdruck eines Gehaltes oder dieser Gehalt selbst geändert hat. Dabei ist von Belang, ob ganz bewußte Korrekturen, wie bei der Zweinaturenlehre, oder ob kaum bemerkte innere Verschiebungen, wie bei der Sakramentslehre, vorliegen. *Zweitens* muß untersucht werden, ob sich diese Veränderungen erklären lassen: ob Veränderungen in der theologischen Denkstruktur bzw. in der Struktur des Denkens überhaupt, oder ob Wandlungen im Selbstverständnis des evangelischen Glaubens selbst dazu führten. Dazu wird man eventuell auf theologische Zwischenstationen, etwa bei Leibniz, Lessing oder Schleiermacher, oder auf die geistesgeschichtliche Wende der Aufklärungsphilosophie und des Idealismus, oder auf die vitalistischen und existentialistischen Denkversuche des 20. Jahrhunderts verdeutlichend hinweisen müssen. *Drittens* muß berücksichtigt werden, daß Tendenzen theologischen Denkens neben und nach den behandelten Dogmatiken des 20. Jahrhunderts zum Teil in ganz andere Richtung weiterführen. Seit dem Abschluß der genannten Dogmatiken wurde in vielen Lehrstücken Neuartiges gedacht, das sich zu den reformatorischen Gedanken ebenso fremd verhält wie zu den modernen Dogmatiken. Diese Tendenzen theologischer Neuorientierung werden abschließend notiert und womöglich mit dem durchgeführten Vergleich in Beziehung gebracht werden.

Soweit die Aufgabenstellung, die Inhalte und der Aufbau des Handbuchs Systematischer Theologie. Während der Vorarbeiten ist uns deutlich geworden, daß das HST nicht etwa eine Super-Dogmatik werden kann und soll. Die einzelnen Beiträge wie das Gesamtwerk haben auch nicht die dogmatische Meinung des jeweiligen Mitarbeiters als solche zum Thema. Vielmehr soll eine Art Hilfsarbeit für das dogmatische Denken geleistet werden. In allen *drei* Arbeitsschritten kommt es uns daher auf möglichst *sachliche* Feststellungen an, die unserer Eigenmeinung nur *indirekt* Raum geben. Es ist uns aber auch sehr deutlich, daß die einzelnen Beiträge ihren Gegenstand nicht systematisch-theologisch erschöpfend behandeln können. Sie wollen nicht selbst die einzelnen Lehrstücke neu begründen, sondern feststellen, ob und wie zwischen dem 16. und dem 20. Jahrhundert Veränderungen in ihnen stattgefunden haben, ob in der Substanz der Sache oder ihrem begrifflichen Gerüst, und ob über die bearbeiteten Dogmatiken des 20. Jahrhunderts hinaus die Tendenz zu weiteren Veränderungen sichtbar wird.
Die Kenntnis der »Hilfsarbeit«, die wir hier vorhaben, kann nach unserer Überzeugung von großer Wichtigkeit für die weitere systematisch-theologische Arbeit sein. Sie trägt dazu bei, die Veränderungen seit dem 16. Jahrhundert zu verstehen und zu beurteilen. Die Klarheit hierüber dient nicht nur dem Studium und der Wissenschaft, sondern ist auch für die Selbsteinschätzung

der evangelischen Kirchen, speziell für die Frage der Bekenntnistreue und der Ordinationsverpflichtung, von Belang.

Wir haben in unseren Beratungen auf dem Schwanberg lange Zeit angenommen, dieses Werk könne in zwei oder drei Bänden geschlossen erscheinen. Dies hätte den Vorteil gehabt, daß der Benutzer immer das Ganze zur Hand gehabt hätte, um zwischen einzelnen Punkten vergleichen zu können. Inzwischen hat sich aber gezeigt, daß solche voluminösen Bände verlegerisch und buchhändlerisch nicht mehr zu kalkulieren sind. Daraufhin haben wir uns entschlossen, die einzelnen Beiträge in Lieferungen erscheinen zu lassen. Dies hat überdies den Vorteil, daß die Mitarbeiter zeitlich weniger voneinander abhängen und daß die einzelnen Teile des Werkes auch je für sich erworben werden können. Da die Einzelbände jedoch insgesamt subskribiert werden können, ist dem Ganzen kein Abbruch getan. Die bisherigen Vorarbeiten lassen hoffen, daß die Beiträge einander in nicht zu großen Abständen folgen werden.

Für die Mitarbeiter: Carl Heinz Ratschow

Vorbemerkung

Die Frage nach der Kirche in Geschichte und Gegenwart

Theologisches Nachdenken über die Kirche ist wesentlich Nachdenken über die geschichtlich gewordene, von uns erfahrene und durch uns gestaltete Wirklichkeit »Kirche« im Lichte des verpflichtenden Zeugnisses der Heiligen Schrift und des theologischen Erbes der Väter. In jeder theologischen Ekklesiologie spiegelt sich deshalb die Situation der je gegenwärtigen Kirche, spiegeln sich ihre überkommenen und derzeitigen Probleme und Aufgaben wider. Noch weniger als in anderen Themenbereichen der Dogmatik kann hier einfach aus den Quellen der Offenbarung deduziert, muß gegebene und gelebte Erfahrung kritisch reflektiert werden.

Die Ekklesiologie der Reformatoren (Teil A) zeigt dies mit besonderer Deutlichkeit. Sie läßt durchgehend die epochale Auseinandersetzung mit dem Selbstverständnis und der Praxis der römisch-katholischen Kirche des 16. Jahrhunderts als ihren Hintergrund erkennen, und in ihr treten zunehmend die Fragen in den Vordergrund, die sich im Zusammenhang der Bildung und Konsolidierung einer selbständigen evangelischen Kirche ergaben. Und dies beides geschieht im Kontext der gesellschaftlichen Formation des ausgehenden Mittelalters, einer Gesellschaft, in der Kirche und Welt, geistliche und weltliche Gewalt in einen einheitlichen Lebenszusammenhang eingebunden sind, wo eine numerische Koinzidenz von Christenheit und gesellschaftlicher Gesamtheit besteht.

Sosehr die in diesem Kontext getroffenen theologischen und ekklesiologischen Grundentscheidungen der Reformatoren für uns Nachgeborene den Charakter eines verpflichtenden Erbes haben – dem gilt es, im besonderen nachzudenken –, sosehr wird im Bereich der Ekklesiologie mehr noch als in anderen Bereichen christlicher Glaubenslehre der Wandel der Problemstellungen vom 16. hin zum 20. Jahrhundert im Vordergrund stehen. Die Säkularisierung der abendländischen Welt, in der sich die Kirche in zunehmendem Maße als Minderheit erfährt, die Probleme des volkskirchlichen Erbes, die unmittelbare Konfrontation mit anderen Kulturen und anderen religiösen Traditionen in Ländern und Erdteilen, in denen das Christentum niemals eine dominierende Rolle gespielt hat, der Eintritt in das ökumenische Zeitalter mit dem ganz neuen Fragen nach der Einheit der Kirche, die Erfahrung einer bisher so noch nicht gekannten Pluralität christlich-kirchlichen Lebens und Denkens – das sind nur einige wesentliche Faktoren, die die Veränderung des ekklesiologischen Frage-Kontextes andeuten können. Diese Veränderung zeigt sich deutlich in den theologisch-ekklesiologischen Konzeptionen und

Entwürfen unserer Väter-Generation (Teil B). Es ist aber gerade auf ekklesiologischem Gebiet in den letzten zwei Jahrzehnten, vor allem auch durch die Intensivierung des Gesprächs mit der katholischen Theologie, eine solche Fülle neuer Aspekte in den Blick getreten und zur Erörterung gekommen, daß diese neuesten Entwicklungen in unserer Darstellung (Teil C) einen eigenen Schwerpunkt bilden, sosehr gerade hier nicht die volle Breite der gegenwärtigen Diskussion zur Darstellung kommen kann, sondern – in hoffentlich zutreffender Auswahl – exemplarisch vorgegangen werden muß.

Das Thema »Kirche« ist insofern uferlos, als in ihm die Fragen nach der in ihr stattfindenden praktischen Tätigkeit, ihrer Gestalt und Reform, ihren konkreten gesellschaftlichen Bezügen, ihrer Geschichte durch die Jahrhunderte und in der Breite der gesamten Ökumene mit anstehen. Der Sachkatalog jeder Bibliothek weist das unter dem Stichwort »Kirche« aus. Wir haben uns in unseren Überlegungen zu konzentrieren auf die dogmatisch grundsätzlichen Fragen nach dem »Begriff« der Kirche, nach dem, was sie – unter den Herausforderungen der jeweiligen Situation – ihrem Wesen, ihrem Sinn, ihrem Auftrag, ihrer Gestalt nach ist. Wir fragen nach dem Willen Gottes im Blick auf seine Kirche in der Hoffnung, auf so etwas wie ein orientierendes Leitbild, eine »Vision« der Kirche für heute und morgen zuzugehen. Gerade dabei, so meinen wir, verpflichten uns die Entscheidungen und Einsichten, die die Reformatoren in ihrer Situation trafen.

Das alles bedeutet, daß in den folgenden Ausführungen nicht ausschließlich Bericht erstattet werden kann. Das eigene verantwortliche Nachdenken über Sinn und Weg der Kirche heute und morgen läßt keine Zuschauerhaltung zu, sondern fragt mit ureigenem Interesse nach dem Gewicht und dem jeweiligen Recht der angebotenen Lösungen. Dabei wird die kirchliche und gesellschaftliche Situation, aus der heraus der Verfasser nachdenkt, vermutlich nicht verborgen bleiben.

Es ist vielleicht nicht das höchste Geschäft der Theologie, Ekklesiologie zu treiben. »Die Gottesfrage ist wichtiger als die Kirchenfrage« (H. Küng). Und es ist wohl kein Zufall, daß die Gesamtdarstellungen christlicher Lehre bis ins hohe Mittelalter hinein keinen eigenen Traktat über die Kirche aufweisen. Aber es ist eine dringend notwendige und dann doch auch eine schöne und lohnende Aufgabe, der hier nachzugehen ist. Geht es doch um die Besinnung auf den Ort und auf die Art, in denen Gott in seiner Zuwendung zu der von ihm geliebten Welt Besitz von Menschen ergreift. Das ist aber ein Ort und ein Geschehen, bei dem wir auch selbst Hand anzulegen haben und bei dem deshalb in einem besonderen Maße Orientierung nötig ist.

A. Ekklesiologie der Reformatoren

I. Martin Luther

Anlaß und immer wiederkehrendes treibendes Motiv für die Entfaltung seines Verständnisses von »Kirche« war für Luther die Auseinandersetzung mit seinen päpstlichen Gegnern. Ging es in der Frühzeit vor allem um die Frage, ob es *nur* im Herrschaftsbereich des Papstes Kirche Christi gebe[1], so spitzte sich die Frage beim späteren Luther dahin zu, ob auf päpstlicher Seite *oder* auf Seiten der Evangelischen die wahre Kirche zu finden sei[2]. Lag der Akzent des theologischen Interesses Luthers vor 1530 in erster Linie auf der Klärung des persönlichen Christseins im Lichte der Rechtfertigungserkenntnis, so tritt nun, bedingt durch den Wandel der kirchengeschichtlichen Situation, die ekklesiologische Frage als solche in den Vordergrund seines Interesses: Wo findet sich die rechte christliche Kirche? Was ist Kirche überhaupt[3]? Dabei beschäftigte Luther in zunehmendem Maße auch die Frage nach der Autorität eines Konzils. Luthers ekklesiologische Spätzeugnisse, auf die im folgenden vor allem Bezug genommen wird, finden sich vor allem im 3. Teil der Schrift »Von den Conciliis und Kirchen«, 1539 (WA 50,488 ff.), sowie in »Wider Hans Worst«, 1541 (WA 51,469 ff.). Hinzu kommen »Von der Winkelmesse und Pfaffenweihe«, 1533 (WA 38,171 ff.), die Disputation »De potestate concilii«, 1536 (WA 36 I,181 ff.), einzelne Aussagen in den Schmalkaldischen Artikeln, 1537/ 38 (WA 50,160 ff.), die Promotionsdisputation von Joh. Macchabäus Scotus, 1542 (WA 39 II,145 ff.) sowie die Schrift »Wider das Papsttum zu Rom vom Teufel gestiftet«, 1545 (WA 54,195 ff.), schließlich verstreute Äußerungen in Predigten u. a. Diese Spätzeugnisse Luthers dokumentieren neben der unversöhnlichen Polemik gegen das römische Kirchentum den Willen Luthers zur Kontinuität der einen Kirche[4] und stehen sozusagen auch noch diesseits der Absonderung einer lutherischen Konfessionskirche von der einen katholischen Kirche. Gleichzeitig wird in den Spätschriften Luthers immer wieder auch die Front gegen Spiritualisten und Antinomisten sichtbar.

---

1. So z. B. 1520 in der Schrift »Von dem Papsttum zu Rom«, WA 6, 285 ff.
2. So 1541 in »Wider Hans Worst«, WA 51, bes. 477,1 ff.
3. Vgl. *Hans Schulz:* Die Gestalt der Kirche. Die zentralen Lebensakte der nach dem Evangelium reformierten Kirche in den Werken D. Martin Luthers, Diss. Heidelberg 1975, S. 102 f.
4. Vgl. dazu bes.: *Wolfg. Höhne:* Luthers Anschauungen über die Kontinuität der Kirche (Arb. z. Gesch. u. Theol. des Luthertums 12), Berlin und Hamburg 1963; *Wilh. Maurer:* Kirche und Geschichte, Bd. I, Göttingen 1970, S. 62–102.

1. Kirche als heiliges, christliches Volk

Programmatische Bedeutung haben die Aussagen im dritten Teil von »Von den Konziliis und Kirchen« zur Frage, »was, wo und wer sie sei, die heilige christliche Kirche« (50,644,1; vgl. 624,8)[5]. Luther will »einfältiglich bei dem Kinderglauben bleiben« (624,14) und erläutert, was »dies blinde Wort (Kirche)« (625,16), das »undeutsch« (624,19) ist und zu Mißverständnissen führen muß – z. B. denkt der gemeine Mann unwillkürlich an das »steinerne Haus« (625,17) –, im Sinne des Apostolikums und vor allem im Sinne der ecclesia des Neuen Testaments eigentlich meint. Kirche ist »ein christlich heilig Volk, das da gläubt an Christum« (624,29) und das sich versammelt, eine »Sammlung solcher Leute, die Christen und heilig sind« (624,17)[6]. Nach den Schmalkaldischen Artikeln »weiß gottlob ein Kind von sieben Jahren, was die Kirche sei, nämlich die heiligen Gläubigen und die Schäflein, die ihres Hirten Stimme hören« (250,1). Luther erläutert damit die ekklesiologische Aussage des dritten Artikels des Apostolikums. Aus dieser Erläuterung ergibt sich, daß weder der Papst die Kirche ist – denn »der Papst ist kein Volk« (625,9) – noch auch »Bischöfe, Pfaffen und Mönche ... denn sie glauben nicht an Christo, leben auch nicht heilig, sondern sind des Teufels böses schändliches Volk« (625,10). Luther setzt somit ein mit einer Umschreibung von »Kirche«, die nicht zuerst etwas Institutionelles nennt, sondern die den Blick zunächst auf die Menschen richtet, die zur Kirche gehören, ja sie bilden und darstellen, Menschen, die dadurch gekennzeichnet sind, daß sie heilig sind und zu Christus gehören. Einsatzpunkt ist also jener nichtinstitutionelle Begriff von Kirche, wie er sich seit den Frühschriften Luthers durchhält[7]. Bemerkenswert ist ferner, wie sehr Luther als Charakteristikum dieses Volkes und seiner Glieder über den Glauben an Christus hinaus den Besitz des Heiligen Geistes hervorhebt, »der sie täglich heiliget, nicht allein durch die Vergebung der Sünden, so Christus ihnen erworben hat (wie die Antinomer narren), sondern auch durch Abtun,

---

5. Zitiert wird im Text die WA nach Band, Seiten- und Zeilenzahl (bei letzterer in der Regel nur die erste der in Frage kommenden Zeilen); findet sich der Beleg im selben WA-Band wie der vorherige, wird nur Seiten- und Zeilenzahl zitiert. Deutsche Zitate sind nach den bei den Bekenntnisschriften (Ausgabe 1930 und Nachdrucke) angewandten Regeln modernisiert (vgl. BSLK, S. VII). Lateinische Zitate werden im Text in eigener deutscher Übersetzung gegeben, Originaltext mit Stellenangabe der WA in den Anm.
6. Ähnlich bereits die Worterklärung im Großen Katechismus (1529); vgl. Die Bekenntnisschr. der ev.-luth. Kirche, Göttingen 1955[2], S. 655f. (§ 47 und 48). Der Gedanke der Versammlung ist dort besonders stark unterstrichen.
7. Vgl. z. B. *Jos. Vercruysse*: Fidelis Populus, Wiesbaden 1968, dem zufolge der Gedanke des »populus fidelis«, der Kirche als Gemeinschaft der Gläubigen, den Kern des Kirchenbegriffs der Dictata super Psalterium bildet (S. 205.207). – *K. Holl* gebrauchte den Begriff »Personengemeinschaft«: Ges. Aufs. zur Kirchengesch. I. Luther, Tübingen 1927[4.5], S. 297, Anm. 3.

Ausfegen und Töten der Sünden, davon sie heißen ein heilig Volk« (624,30). Die Heiligung als Wesensmerkmal des christlichen Volkes – Luther nennt u. a. die drei theologischen Tugenden Glaube, Hoffnung, Liebe (626,31) – wird nicht nur gegen die Antinomer betont, sondern auch gegenüber der römischen Verkehrung des Heiligkeitsideals. Die Situation läßt Luther Akzente setzen: Der pneumatologische Aspekt tritt in den Vordergrund, obwohl der Gesichtspunkt, daß Christus das Haupt der Kirche ist, nicht einfach fehlt (632,17)[8]. Aus der genannten Frontstellung ist auch die auffällige Betonung des individuellen Aspekts der Heiligung zu erklären, während der Gesichtspunkt des Für- und Miteinanders in der communio sanctorum, den P. Althaus eindrücklich herausgearbeitet hat[9] und der noch im Großen Katechismus da ist[10], in den Spätschriften fehlt.

Das als Kirche versammelte Volk ist nicht aus sich selbst heilig. Es hat den Heiligen Geist, es lebt unter Christus: daß das so ist, ist die Wirkung des Wortes Gottes. »Dies ist das Hauptstück und das hohe Hauptheiligtum, davon das christliche Volk heilig heißet, denn Gottes Wort ist heilig und heiliget alles, was es rührt, ja es ist Gottes Heiligkeit selbst ... denn der Heilige Geist führet es selbst und salbet oder heiliget die Kirche ...« (629,2). Das Wort ist sozusagen das Mittel in der Hand des Heiligen Geistes, wodurch dieser sich ein heiliges Volk sammelt. Es ist immerhin bemerkenswert, daß Luther vom Wort Gottes in diesem Zusammenhang erst unter dem Gesichtspunkt der »Kennzeichen« der Kirche spricht (dabei wird in »Wider Hans Worst« das Wort erst als viertes Kennzeichen genannt; 51,481,24), daß also in der anfänglichen Wesensbeschreibung der Kirche als »christliches, heiliges Volk« das Wort noch nicht ausdrücklich genannt wird. Man mag das als eine Folge der Gliederung ansehen, die Luther seinen Ausführungen gibt – zweifelhaft ist jedenfalls, ob M. Doerne die hier vorliegende Konzeption richtig getroffen hat, wenn er sagt: »Die ›Gemeinschaft der Gläubigen‹ gehört durchaus zum Wesen der Kirche, aber sie ist nicht das Wesen selbst«, dieses Wesen liege allein im Wort[11]. Sosehr die Kirche aus dem Wort lebt, sosehr hat sie nach Luther doch ihr Wesen in dem, was durch dieses Wort ständig Ereignis wird: in ihrem Leben als im Heiligen Geist versammeltes Volk der Christen. Das Wort ist nicht

---

8. In früheren Aussagen Luthers ist dieser Gedanke ungleich betonter, so etwa WA 6,295, und vor allem 297 (Von dem Papsttum zu Rom); auch noch im Großen Katechismus: BSLK, S. 657 (§ 5). Vgl. dazu: Fr. Wilh. Kantzenbach: Jesus Christus Haupt der Kirche, in: LuJ 1974, S. 7–44.

9. P. Althaus: Communio Sanctorum, München 1929; ders.: Die Theologie Martin Luthers, Gütersloh 1962, S. 254 ff.

10. Vgl. BSLK, S. 657,30.

11. M. Doerne: Gottes Volk und Gottes Wort. Zur Einführung in Luthers Theologie der Kirche, in: LuJ 1932, S. 61–98, obiges Zitat S. 67.

um seiner selbst willen da, sondern um der Menschen willen, die es zum geheiligten Volk Gottes sammelt.«Denn Gottes Wort kann nicht ohne Gottes Volk sein, wiederum Gottes Volk kann nicht ohne Gottes Wort sein, wer wollt's sonst predigen oder predigen hören, wo kein Volk Gottes da wäre?« (50,629,34). Luther geht also von dem wesensmäßigen Miteinander beider Größen aus, das einen Lebenszusammenhang anzeigt, in dem sich Gottes Heilswirken ereignet.

Zum Wort treten weitere »Zeichen« hinzu, die jenen Lebenszusammenhang der Kirche allererst umfassend in den Blick rücken: Taufe, Altarsakrament, Schlüssel, kirchliche Ämter, Gebet, Kreuz (vgl. 50,632,35ff.), nach »Wider Hans Worst« auch noch: Bekenntnis, Ehrung der Obrigkeit und Ehe (51,482,17ff.). Es handelt sich dabei durchweg um Institutionen und Aufträge Gottes, die den Ausdruck »christlich, heilig Volk« ekklesiologisch füllen[12], weil von ihnen her und in ihnen sich der Lebensvollzug der Christen als des heiligen Volkes ereignet.

2. Verborgenheit und Erkennbarkeit der Kirche

Luther spricht von dem die Kirche schaffenden Wort (und von den anderen Institutionen Gottes) unter dem Gesichtspunkt von äußerlichen »Zeichen, dabei man sollt' erkennen seine Kirchen oder sein christlich heilig Volk in der Welt« (629,19). Das weist darauf hin, daß die Erkennbarkeit der Kirche für Luther ein eigenes Problem darstellt. Dieses Problem ist damit gegeben, daß die Kirche als das heilige christliche Volk »ein Artikel des Glaubens« (628,18) und von daher nun eben keineswegs ohne weiteres erkennbar ist. »Es ist ein hoch, tief, verborgen Ding die Kirche, daß sie niemand kennen noch sehen mag« (51,507,31). Wir stehen an dieser Stelle vor dem in der Forschung vielverhandelten Problem der »Unsichtbarkeit« der Kirche[13]. Indem die Kirche ein Artikel

---

12. H. Schulz, a.a.O. S. 184. – Schulz nennt die »mandata et institutiones« »die strukturale Mitte der reformatorischen Ekklesiologie« (S. 208), was er anhand der Entwicklung des Kirchenbegriffs Luthers ausführlich belegt, und unterscheidet davon die christliche Lebensgestaltung aus diesen »mandata et institutiones« als die »dynamische Mitte« dieser Ekklesiologie (S. 195). Er konstatiert eine Akzentverschiebung bei Luther hin zu dem personal-existentialen Wesen der Kirche und ordnet die verschiedenen Gesichtspunkte so zusammen: »›Christlich heilig Volk‹ ist die aus Christi Kirchengründung resultierende Gemeinschaft oder Gesamtheit aller, deren Leben durch den verus ordo christianae vitae im Rahmen der institutiones, ordinationes et mandata Christi bestimmt ist« (S. 184). Man muß dabei allenfalls fragen, ob Schulz im Gesamt seiner Darstellung dem »nicht-institutionellen« Charakter des Kirchenverständnisses Luthers schon in genügendem Maße gerecht geworden ist.
13. Vgl. E. Rietschel: Luthers Anschauung von der Unsichtbarkeit und Sichtbarkeit der Kirche, in: Theol. Stud. u. Kritiken 1900, S. 404ff.; ders.: Das Problem der unsichtbaren Kirche bei Luther, 1932; F. Kattenbusch: Die Doppelschichtigkeit in Luthers Kirchenbe-

des Glaubens ist, wird man sie in bestimmter Hinsicht tatsächlich »unsichtbar« nennen müssen[14]. Es handelt sich um jene »Unsichtbarkeit«, die den Bereich des eschatologischen Handelns Gottes überhaupt kennzeichnet, um eine Verborgenheit für den, der ohne Glauben und Erleuchtung durch den Geist an die hier in Frage stehenden Phänomene herantritt[15]. »Es ist aber die Kirche eine solche Versammlung, die die menschliche Vernunft nicht erfassen kann, wenn es der Heilige Geist nicht offenbart hat.«[16] Nicht gemeint ist hingegen die »Unsichtbarkeit« des Seelisch-Innerlichen im Sinne des Idealismus, die gegen die »Sichtbarkeit« des Körperlich-Äußerlich abgehoben wäre. Man hat die »Unsichtbarkeit« der Kirche in diesem Sinne von ihrer »sichtbaren« Gestalt unterscheiden wollen[17]. Die Reformation hat sich jedoch immer wieder gegen die Unterstellung gewehrt, sie halte die wahre Kirche für eine »civitas platonica«[18]. Es ist deshalb unmißverständlicher, von der »Verborgenheit« der Kirche zu sprechen[19]. Verborgen ist die Kirche als eine solche, die in bestimmter Hinsicht durchaus für jedermann sichtbar ist. »Sie existiert und erscheint im Fleisch und ist dennoch nicht Fleisch; sie existiert und wird wahrgenommen in der Welt und ist dennoch nicht Welt.«[20] Sie ist so sichtbar und verborgen zugleich, wie Himmel und Erde als Schöpfung Gottes sichtbar und verborgen zugleich sind[21].

---

griff, in: Theol. Stud. u. Krit. 100, 1927/28, S. 197 ff.; *H. Olsson:* Sichtbarkeit und Verborgenheit der Kirche nach Luther, in: Ein Buch von der Kirche, Berlin 1950, S. 338 ff.; *J. Heckel:* Die zwo Kirchen, in: *ders.:* Im Irrgarten der Zwei-Reiche-Lehre, München 1957, S. 40 ff.

14. Darin hat z. B. *H. J. Iwand* recht: Zur Entstehung von Luthers Kirchenbegriff, in: Festschr. G. Dehn, Neukirchen 1957, S. 145 ff. Iwand überzieht freilich die Aussagen in »Von dem Papsttum zu Rom«, außerdem kommt die Bedeutung der Glieder der Kirche und ihrer Heiligung für Luthers Kirchenbegriff nicht zureichend in den Blick.

15. Vgl. *U. Asendorf:* Eschatologie bei Luther, Göttingen 1967, bes. S. 235 ff. Asendorfs Interpretation wird dem Kirchenbegriff des früheren Luther besser gerecht als dem des späten Luther.

16. »Est autem talis congregatio Ecclesia, quam nisi Spiritus sanctus revelavit, humana ratio nun potest apprehendere« (39 II,148,21).

17. Vgl. die Hinweise bei M. Doerne, a.a.O. S. 72 f.

18. Z. B. Melanchthon in Apol. Art. 7.

19. So schon *W. Elert:* Morphologie des Luthertums I, 1931, Neudr., München 1952, S. 229.

20. »Est et apparet in carne et tamen non est caro; est et cernitur in mundo et tamen non est mundus« (39 II,149,22).

21. Dieser Vergleich findet sich: WA 39 II,162,6. M. Doerne spricht von »verhüllter Sichtbarkeit«, a.a.O. S. 74. Vgl. auch *E. Kinder:* Die Verborgenheit der Kirche nach Luther, in: Reformation, Schicksal und Auftrag (Festg. J. Lortz, I), Baden-Baden 1958, S. 173 ff.; dazu *W. Stein:* Das kirchliche Amt bei Luther, Wiesbaden 1974, S. 59 und Anm. 253.

Auf diesem Hintergrund muß nun auch Luthers Rede von den »äußerlichen Zeichen« verstanden werden. Durch diese Zeichen tritt nicht eine im Prinzip »unsichtbare« Wirklichkeit punktuell in den Bereich der »Sichtbarkeit«. Vielmehr gibt es an dieser insgesamt durchaus sichtbaren Gemeinschaft von Menschen bestimmte untrügliche Merkmale, an die sich der Glaube (nicht etwa die bloße Vernunft) halten kann, um zu dem Urteil zu kommen: Hier habe ich tatsächlich und wahrhaftig das »christliche, heilige Volk Gottes« vor mir[22]. Es geht also nicht darum, daß an wenigen Stellen »die Welt Gottes, das Reich Christi selber« aus seiner wesenhaften Verborgenheit heraustritt[23]. Vielmehr geht es um Merkmale einer bestimmten, für jedermann sichtbaren Gruppe von Menschen, die dem Glauben untrüglich anzeigen: Hier ist tatsächlich »die Welt Gottes« verborgen da, und es wird mit Recht von »Kirche« gesprochen.

Bei der Angabe der »Zeichen« hat sich Luther nicht auf Wort und Sakramente beschränkt. Vielmehr sind, wie wir schon sahen, auch Ämter, Gebet, Kreuz, Bekenntnis, Ehrung der Obrigkeit, Fasten solche Zeichen[24]. Ob die Früchte der Heiligung (nach der 2. Tafel des Dekalogs) ebenfalls zu den Zeichen gehören, überlegt Luther, hält sie aber für verwechselbarer als die anderen Zeichen (50,643,6 ff.)[25]. Das besagt natürlich nicht, daß sichtbare Früchte der Heiligung nicht zur Kirche notwendig hinzugehören, nur ist bei ihnen die Eindeutigkeit des Merkmals nur eingeschränkt gegeben. Daß sich in solcher Erweiterung der Zahl der Zeichen bei Luther gegenüber früheren Äußerungen[26] (und auch z. B. gegenüber Apol. VII) »eine gewisse subjektivierende Wendung des Kirchenbegriffs«[27] zeigt, wird man so kaum sagen können. Vielmehr stellt Luther in diesen Zeichen ausnahmslos zusammen, was er seit jeher – wenn auch in unterschiedlichen Zusammenhängen – als göttliche Institutionen und Gebote angesehen hat, und er integriert diese Institutionen in sein Kirchenverständnis. Dadurch kommt nun gerade durch die hier als »Zeichen« zusammengestellten Institutionen einmal mehr zum Ausdruck, wie sehr die Kirche für Luther nach dem Willen und der Anordnung Gottes ein Gesamtzusammenhang von göttlicher Zuwendung einerseits, Heiligung, Hingabe, Dienst und Leiden von Gott berufener Menschen andererseits ist[28].

---

22. So ausdrücklich: WA 51,507,33.
23. Gegen M. Doerne, a.a.O. S. 74.
24. Das Bekenntnis als nota findet sich auch: WA 39 II,161,8.14.
25. Auch nach WA 39 II,178,14.25 ist die Liebe keine »ordinaria nota«.
26. Vgl. dazu im einzelnen *Fr. Wilh. Kantzenbach:* Strukturen in der Ekklesiologie des älteren Luther, in: LuJ 1968, S. 48–77, bes. 53 ff.
27. M. Doerne, nach Kantzenbach, ebd. S. 48.
28. Nach H. Schulz, a.a.O. (Anm. 3), fassen sich die verschiedenen institutiones et mandata in vier »Symbolen« zusammen: 1. Wort Gottes, 2. Sakramente, 3. verus ordo christianae vitae (Glaube, Liebe, Kreuz), 4. die drei Ämter (zwei Reiche), nämlich geistliches

Wie wenig Luther die Kirche lediglich als etwas Innerliches, Geistiges auffaßt, zeigt sich auch daran, daß es dieselbe eine Kirche ist, die zunächst als »christliches, heiliges Volk« gekennzeichnet wird, deren Erkennungszeichen sodann beschrieben werden, von der Luther schließlich aber auch sagt, daß sie äußerlich geordnet sein muß. Solche Ordnung ist gewiß eine »ander mehr äußerliche Weise« (649,7) der Kirche, und sie dient nicht eigentlich der Heiligung. Es soll eine Ordnung in aller Freiheit sein (649,30), wie Luther gegen die katholische Wertung kirchlicher Ordnung geltend macht. Sie hat ihren positiven Sinn vor allem für Kinder und einfältiges Volk (649,23) und dient der »Liebe und Freundlichkeit« (649,29) in der Kirche.

Eine Unterscheidung von »zwei Kirchen« in dem Sinne, daß eine »geistliche innerliche Christenheit« von einer »leibliche(n), äußerlich Christenheit« abgehoben, ihr aber gleichzeitig im Sinne positiver Analogie zugeordnet werden muß, wie sie Luther 1520 vornahm[29], findet sich beim späten Luther also nicht mehr. Das Problem, das zur Rede von den »zwei Kirchen« im Sinne dieser Zweischichtigkeit führte und das auch z. B. hinter dem doppelten Kirchenbegriff von Apol. VII steht[30]: nämlich die Einsicht in den Charakter der Kirche als corpus permixtum von Gläubigen und Heuchlern, wird vom späten Luther im wesentlichen als Problem des eschatologischen Gegensatzes von wahrer und falscher Kirche verhandelt, die ebenfalls als »zwei Kirchen« einander gegenüberstehen. Darin spiegelt sich in besonderem Maße jene am Anfang erwähnte Situation wider, in der der späte Luther sich zu ekklesiologischen Überlegungen genötigt sieht.

3. Das Gegeneinander und Miteinander von wahrer und falscher Kirche

»Es sind zweierlei Kirchen von der Welt an bis zum Ende, die S. Augustinus Kain und Abel nennet. Und der HERR Christus gebietet uns, daß wir nicht die falsche Kirche annehmen sollen und unterscheidet selbst zwei Kirchen, eine rechte und falsche, Matth. 7« (51,477,30). Diese Anwendung der augustinischen Lehre von den zwei civitates auf die Auseinandersetzungen in der Kirche begegnet bei Luther seit Beginn seines Kampfes mit Rom[31]. In der Gene-

---

Amt, Obrigkeit, Ehe (S. 165f., 261). Welche Auswirkung diese Einbeziehung auch der »weltlichen« Stände in den Kirchenbegriff Luthers hat, wird sich an anderer Stelle zeigen.

29. In der Deutung von WA 6,296,38 dürfte U. Asendorf, a.a.O. S. 273, in etwa das Richtige treffen.

30. Vgl. dazu unten zu Melanchthon.

31. Vgl. *U. Duchrow:* Christenheit und Weltverantwortung, Stuttgart 1970, S. 473ff., mit Verweisen u. a. auf die Arbeiten von W. Höhne und U. Asendorf und auf Belege bei Luther.

sis-Vorlesung verfolgt Luther diesen Gegensatz durch die gesamte Heilsgeschichte hindurch[32] und sieht ihn für seine Gegenwart in dem Widereinander von Papstkirche als der Synagoge des Satans und des Antichrists und von der wahren Kirche als den Bekennern des reinen, biblischen Evangeliums zugespitzt vor sich. Es ist das ein Gegensatz, der zutiefst in der eschatologischen Qualität des Wortes Gottes begründet ist[33]. Beide Kirchen sind freilich, trotz ihres fundamentalen Gegensatzes, untrennbar ineinander verschränkt. Luther sieht diese Verschränkung einmal so, daß auch die Anhänger der falschen Kirche aus der rechten, wahren Kirche gekommen sind, sofern sie nämlich mit den Gliedern der wahren Kirche zusammen getauft und darin durch das Blut Christi gewaschen sind (51,502,1; 505,25). Und sie sind und bleiben in der Kirche, auch wenn sie eine Verkörperung des »verfluchte(n) Endechrist« (505,29) sind. Hier wäre also die eine, universale Kirche das Bindeglied, das die beiden gegensätzlichen Kirchen zusammenbindet. Luther sagt, daß die päpstlichen Gegner zwar »in der Kirchen«, aber nicht »von der Kirchen oder Glieder der Kirchen« sind (505,27,30)[34]. Andererseits aber sieht Luther die rechte Kirche » unter so viel Greueln und Teufels Hurerei« (506,22), »unter dem Papsttum, da kein Bischof sein Amt kann noch ubet« (507,27), so daß hier das äußerlich Übergreifende die Unrechtsherrschaft des Papstes ist. Die Rede von der »unsichtbaren« Kirche erfährt in diesem Kontext eine neue Zuspitzung, desgleichen diejenige von den »notae externae«, an denen die wahre im Gegensatz zur falschen Kirche erkennbar ist (39 II,167,8). Auch unter dem Papst sind viele im rechten Glauben gestorben und gerettet worden (168,1). Wiederholt bezieht sich Luther auf die biblischen Aussagen vom »heiligen Rest« in Israel (38,221,36; 51,506,28).

Die Sakramente sind unter der Papstherrschaft nicht mehr uneingeschränkt heilswirksam. Insbesondere für die Eucharistie dürfte gelten, was Luther vom Mißbrauch der Sakramente sagt, der ihre Substanz zerstört, weil er die Institutio Christi verkehrt. »Die Sakramente haben ihre Wirksamkeit kraft der Einsetzung, die Gott so will, so vorgeschrieben hat. Wenn deshalb nicht die Einsetzung und der Wille zur Einsetzung voranginge, dann vermögen die Form, die Elemente und der Klang der Worte ganz und gar nichts. Die Papisten dagegen ändern die Einsetzung und gebrauchen das Sakrament in einer be-

---

32. Vgl. W. Maurer: Kirche und Geschichte I, a.a.O. S. 88–96.

33. Vgl. U. Asendorf, a.a.O. S. 226. 239.

34. Vgl. auch WA 38,219,4 (Von der Winkelmesse, 1533): Der Endchrist sitzt im Tempel Gottes. *W. Maurer* spricht von einem »Selbstwiderspruch« der ecclesia universalis: Der ekklesiologische Ansatz der abendländischen Kirchenspaltung nach dem Verständnis Luthers, in: *H. Jedin:* Ekklesiologie um Luther u. a. Aufs. (Fuldaer Hefte 18), Berlin und Hamburg 1968, S. 56.

stimmten neuen Weise gegen die Einsetzung Christi.«[35] Ähnliches gilt von der Evangeliumspredigt (51,493,27; 38,219,4 u. 231,18), während trotz der Verkehrung des Taufgebrauchs durch die Lehre und Praxis der Genugtuung (38,225,33; 51,487,24) offenbar die Gültigkeit der Taufe selbst und ihre Identität mit der aus der Schrift und der alten Kirche überkommenen Taufe von Luther nicht wirklich in Frage gestellt wird (51,502,16; 39 I, 195,27). Allerdings gilt auch hier die Regel, daß die Institutio Christi gewahrt bleiben muß.

Die wahre Kirche ist u. a. daran zu erkennen, daß sie sich in Übereinstimmung mit der »rechte(n) alte(n) Kirche« befindet, im Gegensatz zur Papstkirche als der »neue(n), falsche(n) Kirche« (51,487,20.23). In der wahren Kirche ist demnach die Kontinuität der einen Kirche durch die Zeiten hindurch gegeben. Mit großem Nachdruck bemüht sich Luther zunehmend[36], diese Kontinuität nachzuweisen. Der Streit mit der Papstkirche stellt sich streckenweise als Auseinandersetzung darüber dar, wer zu Recht das Prädikat der Kontinuität für sich in Anspruch nehmen kann. Es ist eine Kontinuität, die eigentlich und wesentlich als Kontinuität der Treue Gottes begriffen werden muß, der durch Evangelium und Sakramente durch die Zeiten hindurch Glauben wirkt[37]. Das Zusammengefügtsein der wahren mit der falschen Kirche macht diese Kontinuität zu einer Wirklichkeit, die in zugespitzter Weise in der Verborgenheit und im Leiden gegeben ist[38]. Es ist die Verborgenheit des eschatologischen Kampfes zwischen der Treue Gottes und dem Antichrist, wobei »durch ihre Tränen und Seufzer ... in der Kainskirche die Bußfertigen gerettet«[39] werden. Eine äußere Grenze zwischen wahrer und falscher Kirche kann und darf freilich nicht gezogen werden. Das hat nicht nur den Grund in unserem mangelnden Erkenntnis- und Unterscheidungsvermögen, sondern vielmehr und vor allem darin, daß beide Kirchen füreinander offen bleiben und also auch den Gliedern der falschen Kirche das Angebot der Umkehr und die Zugangsmöglichkeit zum Evangelium erhalten bleibt[40]. Luthers Kirchenbegriff ist in diesem Sinne »dynamisch-aktualistisch«[41] und zugleich auf das Eschaton aus-

---

35. »Sacramenta habent vim suam virtute institutionis, quam Deus sic vult, sic praescripsit. Ideo nisi praecederet institutio et voluntas institutionis, nihil porsus valeret forma, elementa et sonus verborum. Papistae retro transmutarunt institutionem et novo quodam modo utuntur sacramento contra institutionem Christi« (39 II,160,10; vgl. 51,490,24; 38,235,2).

36. Vgl. W. Maurer, ebd. S. 54 f.

37. W. Höhne, a.a.O. S. 25 ff.; W. Maurer: Kirche und Geschichte I, a.a.O. S. 86 f.

38. Diese Verborgenheit und dieses Leiden wird beim späten Luther nicht mehr direkt christologisch (nämlich von der Verborgenheit des in Christus offenbaren Gottes her) begründet: W. Maurer, Kirche und Geschichte I, S. 88.

39. Ebd. S. 96.

40. Ebd. S. 92 f. und die dort gegebenen Belege aus der Genesis-Vorlesung.

41. M. Doerne, a.a.O. S. 86.

gerichtet, in dem sich die Scheidung und endgültige Klärung vollziehen wird[42]. Auch eine konfessionskirchliche Absonderung einer evangelischen von der päpstlichen Kirche scheint Luther nicht ins Auge zu fassen[43].

4. Ämter in der Kirche

Zu den Kennzeichen der Kirche rechnet Luther in »Von den Konziliis und Kirchen« (nicht ausdrücklich jedoch in »Wider Hans Worst«) auch, daß die Kirche Ämter hat (50,632,35). Dabei hat Luther von vornherein eine Mehrzahl von Ämtern im Blick: Er nennt »Bischöfe, Pfarrer oder Prediger« (633,1) und spricht davon, es müßten »Apostel, Evangelisten, Propheten bleiben, sie heißen auch, wie sie wollen oder können, die Gottes Wort und Werk treiben« (634,13). Klar ist der Sinn dieses Erkennungszeichens der Kirche: Die genannten Ämter sollen »öffentlich und sonderlich die obgenannten vier Stück oder Heiltum geben, reichen und üben« (633,1), nämlich das Wort, die Taufe, das Abendmahl und die Schlüssel. Dabei besteht das Amt der Schlüssel in der – öffentlichen und geheimen – Heiligung der Sünder durch Lossprechung, im Ausschluß der Sünder aus der Gemeinde, die sich nicht bessern wollen, und in der Ermahnung zur Furcht Gottes (50,631,36; vgl. 30 II,503,17ff.). Diese Funktionen bilden das eigentliche Wesen der Ämter in der Kirche, alle institutionelle Ordnung ist auf diese Funktionen bezogen und hat nur sekundäre Bedeutung[44]. Das zeigt sich besonders dann, wenn wir fragen, wie Luther die Existenz und Notwendigkeit der Ämter in der Kirche begründet.

Wie kommt es also zu solchen Ämtern? Sie üben ihre Funktionen aus, sagt Luther, »von wegen und im Namen der Kirchen, viel mehr aber aus Einsetzung Christi, wie S. Paulus Eph. 4 sagt: ›Er hat den Menschen Gaben gegeben.‹ Er hat gegeben etliche zu Aposteln, Propheten, Evangelisten, Lehrern, Regierern etc. Denn der ganze Haufen kann solches nicht tun, sondern müssens einem befehlen oder lassen befohlen sein. Was sollte sonst werden, wenn ein jeglicher reden oder reichen wollte und keiner dem andern weichen« (633,2). In diesen Formulierungen laufen die beiden Linien der Begründung des Am-

---

42. W. Maurer: Kirche und Geschichte I, S. 96.

43. Vgl. U. Asendorf, a.a.O. S. 241; *K. G. Steck:* Luthers Beitrag zur Überwindung unseres Konfessionsbegriffs, in: EvTh 12, 1952/53, S. 554–572. M. Doerne verweist (a.a.O. S. 89ff.) auf Pläne Luthers von 1523, auf die er später nie wieder zurückkam.

44. Vgl. die Betonung des funktionalen Elements im Amtsbegriff Luthers bei W. Elert: Morphologie I, a.a.O. S. 301; ähnlich P. Althaus: Die Theol. Martin Luthers, a.a.O. S. 282. W. Stein, a.a.O. (o. S. 25 Anm. 21), hat gewiß recht, wenn er sagt, daß Luther zufolge »das Amt göttlicher Einsetzung … eines« sei, es also keinen im Neuen Testament begründeten Unterschied zwischen Bischof und Priester gebe (S. 212). Immerhin fällt die plurale Redeweise Luthers in seinen ekklesiologischen Spätschriften doch auf und wäre kritisch mit der These von Stein zu vermitteln.

tes in der Kirche zusammen, die sich bei Luther finden[45]. Auf der einen Seite ist der Ordnungsgesichtspunkt maßgebend, demzufolge einer »im Namen der Kirchen« ein Amt hat, weil es nicht alle zugleich ausüben können. Luther legt z. B. in »Von der Winkelmesse und Pfaffenweihe« (1533) dar, daß ein Pfarrer seine eigentliche Weihe in der Taufe erhält, sodann zu seinem Amt öffentlich berufen wird, in der Verwaltung des Abendmahls aber »unser aller Mund« (38,247,28) ist. Es ist die Linie, auf der Luther vom allgemeinen Priestertum der Gläubigen aus Gründen der Ordnung zum besonderen kirchlichen Amt bzw. zu den Ämtern kommt[46]. Auf der anderen Seite spricht Luther von einer »Einsetzung Christi«. Er beruft sich dafür auf eine der neutestamentlichen Stellen, in denen die Ämter aufgrund von Gott gegebener Charismen zustande kommen, und er denkt bei der Rede von einer »Einsetzung Christi« offensichtlich an diesen charismatischen Vorgang[47]. Es ist aber deutlich, wie nach Luther gerade auch die Einsetzung Christi ihre sachliche Begründung in der Notwendigkeit von Ordnung in der Gemeinde findet, damit allerdings das Ordnungsgeschehen selbst zu einem geistlichen Vorgang werden läßt. Man darf also die beiden Begründungsweisen, will man auf der Argumentationsebene Luthers bleiben, gerade nicht gegeneinander ins Feld führen. Außer dieser charismatischen Einsetzung durch Christus gehen die Ämter natürlich auch insofern auf Christus zurück, als Christus die von ihnen auszuübenden Funktionen oder »Heiltümer« eingesetzt hat[48]. Hingegen läßt sich nicht eindeutig belegen, daß es nach Luther der vorpfingstliche Christus gewesen wäre, der besondere Ämter (oder gar *ein* besonderes Amt) im Sinne einer persongebundenen Institution ausdrücklich gestiftet oder eingesetzt hat. Zumindest bezieht er die hier in Frage kommenden Schriftstellen regelmäßig auch auf den Auftrag, der allen Christen zuteil geworden ist: so in einer Predigt vom 4. April 1540 zu Joh 20,21: »Ich spreche nicht so sehr von jenen,

---

45. Vgl. *H. Lieberg:* Amt und Ordination bei Luther und Melanchthon, Berlin 1962, S. 237. Auch P. Althaus arbeitet beide Linien heraus: Die Theol. Martin Luthers, S. 279 f.
46. Belegstellen bei P. Althaus, a.a.O.
47. Ganz ähnlich argumentiert Luther in einer Predigt von 1535 über 1 Kor 12,1 ff. (WA 22,183,22 ff.). Luther spricht an dieser Stelle nicht von einer »ersten Stiftung Christi«, derzufolge das Amt eine in der Kirche obligatorische Dauerordnung wäre (gegen Lieberg, a.a.O. S. 107 Anm. 20, der dies dort im Anschluß an F. J. Stahl behauptet).
48. Nach W. Stein, a.a.O. (Anm. 21), hält sich bei Luther von Anfang an eine Sicht der Begründung des Amtes durch, nach der Christus der Kirche als *Gesamtheit* seine Gaben (Wort, Sakramente) anvertraut hat, was aber nicht jedem das Recht gebe, sie zu verwalten. Vielmehr ist es die von Gott gegebene Struktur des Leibes mit verschiedenen Gliedern und also verschiedenen Diensten und Aufträgen, wonach jeweils nur einigen, von der Gesamtheit dazu Beauftragten, dieser Dienst im Namen der Gesamtheit zusteht (S. 143). In diesem Sinn ist das Amt Auftrag Gottes *und* Auftrag der Kirche; es steht nicht über der Kirche, sondern handelt als Organ der Kirche (S. 202 f.).

die Amtsträger sind, sondern von allen Christen«[49] oder in »Wider das Papsttum zu Rom, vom Teufel gestiftet«, 1545, in Auslegung von Mt 18,18: »Denn wir haben hier den HErrn selbst über alle Engel und Kreatur, der sagt: Sie sollen alle gleiche Gewalt, Schlüssel und Amt haben, auch zwei schlechte Christen allein in seinem Namen versammelt« (54,251,31)[50]. Es ist vielmehr und eigentlich eine *apostolische* Anordnung, derzufolge nach Luther das Pfarramt einzelnen Personen in besonderer Weise übertragen werden soll, aber gerade auch *diese* Anordnung wird von Luther zugleich als göttliche Einsetzung und Ordnung angesehen[51].

Einen breiten Raum nimmt bei Luther die grundsätzliche Bestreitung der päpstlichen Rechtshoheit in der Kirche ein. Dabei geht es ihm vor allem darum klarzustellen, daß weder der Apostel Petrus von Gott einen entsprechenden jurisdiktionellen Vorrang in der Kirche zuerkannt bekam – Luther legt das in ausführlichen Erörterungen zu Mt 16,18 und weiteren in diesem Zusammenhang wichtigen neutestamentlichen Aussagen dar (54,244,14ff.) – noch auch die Stadt Rom von Gott in besonderem Maße hervorgehoben sei (254,13ff.). Aber selbst als Einrichtung de iure humano lehnt Luther das Papsttum ab. Denn mit einer solchen Einrichtung, sagt Luther in den Schmalkaldischen Artikeln, »wäre … der Christenheit nichts geholfen, und würden viel mehr Rotten werden denn zuvor« (50,216,22). An diesem Punkte hatte Melanchthon durch sein subscriptum seine unterschiedliche, versöhnlichere Haltung bekundet (253,11)[52].

Im übrigen ist es kennzeichnend für Luthers Kirchenbegriff, daß er die Wirksamkeit und Gültigkeit der von den Amtsträgern ausgeübten Funktionen nicht von der ethischen Beschaffenheit der betreffenden Personen abhängig macht (50,634,20), ja, Luther rechnet damit, das selbst »Teufels Glieder« das Amt ausüben und dennoch der Ordnung Christi kein Eintrag geschieht (38,241,14). Das gilt freilich dann nicht mehr, wenn die Lehre oder die Sakramente in ihrer Substanz verkehrt werden. »Christus, dein Herr, und der Heilige Geist redet und tuts alles, sofern er bleibt in der rechten Weise zu lehren und zu tun« (50,634,29). Auch rechnet Luther damit, daß ein Amtsträger wegen öffentlicher Laster ausgeschlossen wird (634,30).

---

49. »Non loquor tantum de illis, qui ministri, sed omnibus Christianis« (49,139,6).
50. Ausschließlicher auf das Predigtamt scheint Luther lediglich den Weideauftrag Joh 21,16 zu beziehen (vgl. WA 54,273ff., besonders etwa 278,20 oder 280,16ff.). Aber auch in diesem Zusammenhang gibt es weitergreifende Andeutung, etwa 273,34 den Hinweis auf alle 12 Jünger.
51. Vgl. W. Elert: Morphologie I, a.a.O. S. 300; H. Lieberg, a.a.O. S. 110f. (Belegstellen wenigstens für den jungen Luther); W. Stein, a.a.O. S. 202.
52. Vgl. zum Problem insgesamt auch: *Remigius Bäumer:* Martin Luther und der Papst, Münster 1972[2].

5. Lehrautorität in der Kirche

Im Zusammenhang der Amtsproblematik wird demnach auch die Frage nach der wahren und falschen Kirche noch einmal thematisch. Das zeigt sich besonders im Bereich der Lehrverantwortung. Indem nämlich der Amtsträger das Evangelium zu verkünden hat, hat er Sorge zu tragen für die Wahrheit und die rechte Lehre des Evangeliums. Und nur, wo das rechte, wahre Evangelium verkündet wird, ist die wahre Kirche.

Von daher kommt Luther in »Wider Hans Worst« zu steilen Aussagen über die Kirche als Säule und Grundfeste der Wahrheit und über die Sündlosigkeit eines rechten Predigers im Blick auf seine Verkündigung. »Darum kann und mag die heilige Kirche keine Lügen, noch falsche Lehre leiden, sondern muß eitel heilig, wahrhaftigs, das ist allein Gottes Wort, lehren, und wo sie eine Lüge lehret, ist sie schön abgöttisch und des Teufels Hurenkirche« (51,513,26). Diese Aussage ist nicht etwa eine unverantwortliche Glorifizierung der vorfindlichen Kirche, sondern ein entscheidendes Argument für Luthers These, daß die Papstkirche als solche nicht die heilige Kirche ist. Denn man findet in ihr »Irrtum, Lügen und Abgötterei« (515,32). In der heiligen Kirche gibt es aber keine falsche Lehre. Ebenso sind »rechte Prediger« nur die, die wegen ihrer Verkündigung nicht um Vergebung zu bitten brauchen. »Ein Prediger muß nicht das Vater unser beten, noch Vergebung der Sünden suchen, wenn er gepredigt hat (wo er ein rechter Prediger ist); sondern muß mit Jeremia sagen und rühmen: HERR, du weißest, daß, was aus meinem Munde gangen ist, das ist recht und dir gefällig. Ja, mit S. Paulo, allen Aposteln und Propheten trötzlich sagen: Haec dixit Dominus, Das hat Gott selbst gesagt … Hie ist nicht not, ja nicht gut, Vergebung der Sünde zu bitten, als wäre es unrecht gelehret …« (517,22). Dieses Textstück wird recht verstanden nur unter Beachtung jenes Vorbehaltes »wo er ein rechter Prediger ist«, und d. h. gleichzeitig, unter Beachtung des Bezuges auf jene unlösliche Verschränkung von wahrer und falscher Kirche ineinander. Luther unterscheidet in diesem Zusammenhang zwischen dem ethischen Bereich und dem Bereich der Lehre. Während die heilige Kirche im Blick auf ihren ethischen Zustand es ständig und prinzipiell nötig hat, um Vergebung ihrer Schuld zu bitten, gehört die Lehre nicht unter die Vergebungsbitte, denn »die Lehre muß nicht Sunde noch sträflich sein« (517,2), hier gibt es deshalb in der wahren Kirche auch keine Toleranzmöglichkeit[53]. Nur schließt das nach dem oben Ausgeführten im Sinne Luthers wohl nicht aus, daß die wahre Lehre in concreto ständig von der falschen Lehre bedrängt wird, so wie die wahre Kirche unter der falschen Kirche zu leiden hat. Man wird dann über Luther hinaus fragen müssen, ob solche Bedrängnis sich nicht auch als Zwiespalt im einzelnen Prediger äußern kann und dann faktisch doch unter die Vergebung gehört. Und man wird

---

53. Vgl. dazu ausführlich: H. Schulz, a.a.O. (o. S. 21 Anm. 3) S. 218ff.; bes. 220.

außerdem fragen, ob nicht auch insofern in Predigt und Lehre Unrechtes geschehen kann, als das Wort Gottes durch das Ungeschick oder Unvermögen, durch Eitelkeit oder Vorverständnis des Predigers verdunkelt und also mehr oder weniger klar zu Gehör gebracht werden kann.

In den ekklesiologischen Disputationen wendet Luther seine Grundsätze auf die mit Rom strittigen Fragen der bischöflichen Lehrautorität und der Autorität von Konzilien an. In beiden Bereichen gilt für Luther: »Von Personen auf die Sache ist ein Argument nicht gültig.«[54] Autorität auf den genannten Ebenen gibt es nicht aufgrund einer formellen Legitimation der betreffenden beteiligten Personen, sondern allein dort, wo eine Person oder ein Gremium in der Sache auf apostolischem Boden und d. h. in der wahren Lehre steht. »Keine Autorität nach Christus ist den Aposteln und Propheten gleichzustellen. Alle anderen Nachfolger dürfen nur als ihre Schüler angesehen werden.«[55] Die formelle Nachfolge der Personen als solche gilt nichts. »Die Nachfolge ist an das Evangelium gebunden.«[56] Wer nicht das Evangelium lehrt, ist zu meiden. Positiv aber gilt: »Wo das Wort ist, dort ist die Kirche.«[57] Das gleiche ist im Blick auf die Autorität von Konzilien zu sagen. Auch sie binden nicht automatisch, etwa aufgrund von Mehrheitsentscheidungen (39 I,185,32 = Th. 15; 187,21 = Th. 26), vielmehr können Konzilien irren (185,28). Daß ein Konzil im Heiligen Geist versammelt ist, ist nur dann der Fall, wenn es in der Sache des Evangeliums und auf dem Fundament der Apostel steht (186,18 = Th. 18). Positiv haben die Konzilien außer der Regelung von Ordnungsfragen (50,614,8) und nach dem Maßstab der Schrift in aufgekommenen Streitfragen Urteil zu sprechen (615,28), so wie es die »vier Hauptconcilia« (605,15) getan haben. Luther schätzte diese ersten vier ökumenischen Konzilien hoch ein und mit ihnen die Tradition der alten Kirche. In ihnen erschien ihm ein Stück geistgewirkter Kontinuität der wahren Kirche, und dies »war ein unentbehrliches Stück seines Glaubens«[58].

6. Der gesellschaftliche Auftrag der Kirche

Obwohl die Frage eines gesellschaftlich-politischen Auftrags der Kirche (wenigstens was Luthers positive Aussagen dazu betrifft) in den ekklesiologischen Spätschriften zurücktritt, soll um der aktuellen und auch kontroverst-

---

54. »A personis ad res non valet argumentum« (39 I,194,9).
55. »Nulla auctoritas post Christum est Apostolis et Prophetis aequanda. Caeteri omnes successores tantum discipuli illorum debent haberi« (39 I,184,4 = Th. 1 u. 2).
56. »Successio ad Evangelium est alligata« (39 II,176,5).
57. »Ubi est verbum ibi est Ecclesia« (39 II,176,8).
58. P. Althaus: Die Theol. Martin Luthers, a.a.O. S. 289. Zum Problem insgesamt auch: *K. G. Steck:* Lehre und Kirche bei Luther, 1963; ferner: H. Schulz, a.a.O. S. 179.210.

heologischen Bedeutung dieser Frage willen hier wenigstens auf zwei entscheidende Aspekte hingewiesen werden.

Der eine Aspekt kann mit U. Duchrow als die »Umwandlung der kirchlichen Gewalt zu einem reinen Dienst im Reich Christi« bezeichnet werden[59]. Die Kritik, die Luther bereits in frühreformatorischen Schriften an der vom Mittelalter überkommenen weltlichen Machtstellung der Kirche übt, dokumentiert sich beispielsweise auch in der Kontroverse mit Rom über das Amt der Schlüssel. Dabei kehren die etwa 1530 in »Von den Schlüsseln« formulierten Grundsätze auch in den Spätschriften häufig wieder. Danach gehört es zu den »Mißbräuchen« der Schlüssel, wenn sie als Vollmacht zu »gebieten und verbieten oder Gesetz und Gebot stellen über die Christenheit« (30 II,465,21) oder als »Gewaltschlüssel« auch über Kaiser, Könige, Fürsten verstanden und ausgeübt werden (488,3ff.). Solche Gesetzgebung und Gewalt wird von anderen Instanzen in genügendem Maße wahrgenommen, so daß Christus hier nicht noch etwas hinzuzufügen brauchte (470,17). Statt dessen stellen Binde- und Löseschlüssel die geistliche Vollmacht dar, den Sünder im Blick auf seine Sünde durch öffentliches Urteil zu strafen sowie vor allem ihn zu trösten und ihm zu vergeben (503,17). Die Aufgabe der Kirche liegt in der Verkündigung des äußerlich gewaltlosen Wortes als des geistlichen Regimentes Gottes[60].

Der andere hier zu nennende Aspekt ist gegenläufig: Die Kirche hat in Gestalt des Predigtamtes nach Luther auch die Aufgabe der Unterweisung der Gewissen im Blick auf das Weltverhältnis der Menschen[61]. In der Forschung mehrfach herangezogen wird eine Passage aus der »Predigt, daß man Kinder zur Schulen halten solle« (1530), deren Aussagen in den ekklesiologischen Spätschriften nicht ausdrücklich wiederkehren. Hier zeigt Luther, daß ein Prediger »alle Stände berichtet und unterweiset, wie sie äußerlich in ihren Ampten und Ständen sich halten sollen, damit sie für Gott recht tun«, und daß er »bestätigt, stärkt und hilft erhalten alle Oberkeit, allen zeitlichen Friede ...« (30 II,537,22)[62].

Es ist deutlich, daß diese Unterweisung und Gewißmachung über die Personen hinaus auch die gesellschaftlichen Institutionen betrifft und erreicht[63]. Und es ist bekannt, wie Luther selbst nach diesem Grundsatz verfahren ist. Gewiß will Luther damit nicht erneut eine weltliche Gewaltausübung der Kirche befürworten. Vielmehr geht es seinem Ansatz und seiner Intention nach um einen Dienst an der Gesellschaft, wonach die Kirche die im weltlichen Be-

---

59. A.a.O. (o. S. 27 Anm. 31) S. 481.
60. Ebd. S. 483. Aus Luthers Spätschriften vgl. etwa: WA 50,631,36ff.; 54,249,31ff., bes. 250,14; 51,497,25ff.
61. Vgl. dazu U. Duchrow, a.a.O. S. 556ff.62. Vgl. ebd. S. 559.
63. Darauf weist U. Duchrow, ebd. S. 557f., mit Recht hin.

reich tätigen Christen in ihrem Gewissen vor Gott und zur Wahrnehmung ihres Auftrags, dessen konkrete Maßnahmen durch die Vernunft entschieden werden, in der Verantwortung der Liebe zu rufen hat[64]. Dennoch wird man nicht übersehen dürfen, daß die enge Verflochtenheit, ja numerische Koinzidenz von bürgerlicher und geistlicher Gemeinde, als Erbe des mittelalterlichen Corpus Christianum, sowie ein vielfältiges wechselseitiges Teilhaben – des Landesherrn an der Sorge um das Evangelium mit dem ihm als Landesherrn zu Gebote stehenden Mitteln, der geistlichen Gemeinde an Obliegenheiten des bürgerlichen Gemeinwesens (z. B. in Fragen der Schule, der Gerichtsbarkeit, des sozialen Wohls) – seinen Niederschlag auch in Luthers theologischen Aussagen findet. Das ist der Fall etwa in Luthers Ausführungen über die gottesfürchtigen Fürsten, die, wie David im Lichte von Ps 101, die Aufgabe haben, die reine Lehre zu fördern, indem sie ihr Freiheit und Raum verschaffen, den Irrlehren aber – mit obrigkeitlicher Gewalt! – zu wehren (51,234,18; 238,11)[65].

Auch auf die Einbeziehung der weltlichen Stände als göttliche Institutionen in den Bereich des Lebens der Kirche wäre hier zu verweisen[66]. Dadurch entsteht eine unaufgelöste Spannung zur oben erwähnten Kritik Luthers am Mißbrauch des Schlüsselamtes in der damaligen katholischen Kirche. Diese Verflochtenheit stellt allerdings auch eine Warnung vor einer Interpretation der Zwei-Reiche-Lehre Luthers dar, die auf eine Eigengesetzlichkeit des weltlichen Bereichs hinausläuft[67]. Die gewandelte Situation im 20. Jahrhundert stellt das Problem allerdings noch einmal ganz neu.

7. Zusammenfassung und kritische Würdigung

Überblicken wir Luthers ekklesiologische Konzeption in den Spätschriften, so sind *vier* Schwerpunkte festzuhalten:

1. Die Kirche ist ihrem eigentlichen Wissen nach Versammlung der Christen, heiliges christliches Volk, geschaffen und erhalten durch das Wort (zusammen mit den Sakramenten), dessen Verkündigung allen Christen aufgetragen ist, aber besonders durch die Ämter in der Kirche wahrgenommen wird. 2. Die

---

64. Vgl. *P. Althaus:* Die Ethik Martin Luthers, Gütersloh 1965, S. 153.

65. Charakteristisch ist auch Luthers Auslegung des 4. Gebotes im Großen Katechismus, das nach Luther zusammen mit Eltern, Lehrern und Obrigkeit auch die kirchlichen Amtsträger als geistliche Väter meint (BSLK, S. 601,24 ff.). Luther befürwortet z. B. auch ein Mitwirken der weltlichen Obrigkeit im Zusammenhang der Ordination (vgl. W. Stein, a.a.O. S. 194 f. 203).

66. Vgl. H. Schulz, a.a.O. S. 201 u. ö.

67. Das ist in der neueren Literatur mit Recht kritisiert worden, zuletzt besonders überzeugend von U. Duchrow, a.a.O.

Kirche ist in doppeltem Sinne verborgen. Sie ist als geistliche Wirklichkeit nur dem Glauben zugänglich, für diesen freilich an bestimmten Merkmalen eindeutig erkennbar. Und sie steht als wahre Kirche in Kampf und Auseinandersetzung mit der sie bedrängenden widergöttlichen Kirche, ohne daß eine äußerliche Trennung in Betracht käme. 3. Ihre Wahrheit und ihre Autorität als lehrende und verkündigende Kirche reicht nur so weit, als solche Lehre und Verkündigung in sachlicher Übereinstimmung mit dem maßgebenden Zeugnis der Apostel (und der dieses bewahrenden kirchlichen Tradition) steht. 4. Ihr Dienst im weltlichen Bereich ist der Dienst der Unterweisung der Gewissen, ohne das Recht und die Möglichkeit äußerer Gewaltanwendung.

Der Hintergrund des ekklesiologischen Selbstverständnisses und der ekklesialen Praxis der römischen Kirche in der ersten Hälfte des 16. Jahrhunderts sowie der harten Auseinandersetzung der Reformatoren mit dieser Kirche ist deutlich sichtbar, hat aber ganz offensichtlich zu einer am Zeugnis der Heiligen Schrift orientierten konzentrierten Neubesinnung auf das geistliche Wesen der Kirche geführt. Es ergeben sich indessen auch kritische Überlegungen, von denen wenigstens die folgenden notiert seien:

1. Es ist zu bedauern, daß der Gesichtspunkt der communio der Christen miteinander, wie er beim jüngeren Luther sehr ausgeprägt da ist, in den Spätschriften zurücktritt. Insbesondere wäre nach der Bedeutung des Herrenmahls für die Kirche als communio des Lobens und Dankens und der brüderlichen Liebe zu fragen. Luther hatte im Abendmahlssermon von 1519 dazu erstaunliche Gesichtspunkte herausgearbeitet, die aber im Zuge der Auseinandersetzung mit den Schweizern um das Abendmahlsverständnis und ebenso im Zuge des Kampfes gegen den römischen Meßopfergedanken völlig in den Hintergrund traten.

2. Luther wußte um die Notwendigkeit von Ordnungen in der Kirche, das zeigte sich uns im Zusammenhang der Begründung des geistlichen Amtes; es kommt darüber hinaus in Luthers Bejahung (und eigenen Mitgestaltung) neuer Kirchenordnungen in den reformatorischen Gemeinden zum Ausdruck, wobei z. T. ein (bereits an Calvin erinnerndes) hartes Verfahren institutionalisiert ist[68]. Theologisch wird solche kirchliche Ordnung auch durch Luthers Institutionenlehre sowie durch seine Auslegung des 4. Gebotes begründet[69]. Im Verlauf des reformatorischen Kampfes ist es indessen zur Zerstörung der übergreifenden, gesamtkirchlichen Ordnung (z. B. des Bischofsamtes) gekommen, so daß die Grenzen der Territorien nun zugleich die Grenzen kirchlicher Organisationsmöglichkeiten werden. Und auch in Luthers Kirchen-

---

68. Vgl. z. B. die Wittenberger Kirchenordnung.
69. Vgl. dazu *A. Peters*: Kirche und Welt im Lichte des eschatologischen Richter- und Erretterhandelns Gottes, in: NZSTh 9, 1967, bes. S. 288 ff.; ferner die erwähnte Arbeit von H. Schulz. Zum 4. Gebot vgl. oben S. 36 Anm. 65.

begriff haben wir hier eine leere Stelle, was angesichts der innerevangelischen und der ökumenischen Einigungsbemühungen im 19. und 20. Jahrhundert als eine echte Schwäche in Erscheinung getreten ist.

3. Der Faktor »Welt« kommt für Luthers Kirchenbegriff einmal – negativ – auf der Linie Augustins im Sinne der falschen Kirche als der civitas diaboli in den Blick, zum anderen – positiv – im Sinne eines Auftrags der Kirche an der Gestaltung des politischen und sozialen Lebens. Es fehlt aber die missionarische Dimension des Kirchenbegriffs, auch wenn es richtig ist, daß Luther an und für sich auch um den Auftrag zur Mission gewußt hat[70]. An dieser Stelle wird sich, bedingt durch die geistes- und gesellschaftsgeschichtlichen Wandlungen seit der Reformation, der Unterschied zur Ekklesiologie des 20. Jahrhunderts besonders bemerkbar machen.

---

70. Vgl. W. Elert: Morphologie I, a.a.O. S. 336 ff.

II. Philipp Melanchthon

Die Auffassung von der Kirche, die wir beim späten Melanchthon finden, spiegelt unverkennbar den fortschreitenden Vorgang der Bildung eines eigenen evangelischen Kirchentums wider. Es war insbesondere Melanchthon, der die Entwicklung zum deutschen evangelischen Landeskirchentum unter dem landesherrlichen Kirchenregiment praktisch gefördert und theoretisch in einem prinzipiellen Sinne gutgeheißen hat[1]. Die Kirche, über die Melanchthon in zunehmendem Maße recht eigentlich nachdenkt, ist die sichtbar-verfaßte Kirche, wie sie in den evangelischen Landeskirchen in Erscheinung tritt. Es waren freilich bestimmte Elemente in Melanchthons Theologie selbst, die diese Akzentsetzung mit veranlaßt haben[2]. Hinzu kommt als Motiv die Abwehr wiedertäuferischer und schwärmerischer Kritik an Kirche überhaupt. Das alles gibt der Ekklesiologie der Spätschriften Melanchthons ein anderes Gepräge als der Ekklesiologie Luthers. Neben den Loci praecipui theologici von 1559 (mit den dazugehörigen Definitiones von 1552/53; StA II,1–II,2, bes. 474ff.), auf die sich die folgende Darstellung hauptsächlich bezieht, werden zur Ergänzung vor allem die einschlägigen Schriften aus den 50er Jahren herangezogen: die »Responsiones ... ad impios articulos Bavariae inquisitionis« von 1558 (StA VI,285ff.), das »Examen ordinandorum« (deutsch) von 1553 (StA VI,168ff.), die »Confessio doctrinae Saxonicarum ecclesiarum« von 1551 (StA VI,80ff.) sowie auch frühere Äußerungen, wo es zur Verdeutlichung der Entwicklung Melanchthons als notwendig erscheint.

1. Die Kirche als visibilis coetus vocatorum

Melanchthon hat seit Anfang der 30er Jahre in immer neuen Formeln und Definitionen zusammenzufassen versucht, wie er das Wesen der Kirche verstand. Dabei wird eine deutliche Entwicklung von den Aussagen des Art. VII der Apologie der Augsburgischen Konfession, der für unsere Betrachtung den Ausgangspunkt bildet, bis zu den Formulierungen der Jahre 1558 und

---

1. Vgl. *F. Lau:* Melanchthon und die Ordnung der Kirche, in: Philipp Melanchthon. Forschungsbeitr. zur 400. Wiederkehr seines Todestages (hg. von *W. Elliger*), Berlin 1961, S. 98f.
2. Vgl. dazu *F. Hübner:* Natürliche Theologie und theokratische Schwärmerei bei Melanchthon, Gütersloh 1936.

1559 sichtbar[3]. In Apol. VII ringen ein prädestinatianischer und ein antiprädestinatianischer Kirchenbegriff miteinander[4]. Dem ersteren gebührt nach Melanchthon der Vorzug: »proprie« und »principaliter« ist die Kirche als »regnum Christi« eine »congregatio sanctorum« (Apol. VII, 16[5]; so schon die Kirchendefinition von CA VII) bzw. eine »societas fidei et spiritus sancti in cordibus« (VII,5), und wenn sie definiert werden soll, muß sie als »vivum corpus Christi« definiert werden, der dem Namen *und* der Sache nach Kirche ist (12). Dem steht eine in der Sache deutlich abwertende Beschreibung und Bezeichnung der Kirche als »societas externarum rerum ac rituum sicut aliae politiae« gegenüber, zu der neben den Gliedern der eigentlichen Kirche auch »impii« gehören, die aber eben *in Wahrheit* gerade nicht als Kirche anzusprechen sind (8,17[6]). Indessen hat die »ecclesia proprie dicta« »externae notae«, an denen sie erkannt werden kann: nämlich die reine Lehre des Evangeliums und die evangeliumsgemäße Verwaltung der Sakramente (5.20), und sie darf daher nicht als »civitas Platonica« mißverstanden werden (20). Diese Erkennungszeichen sind zugleich jene »Instrumente«, durch die – nach CA V – der Heilige Geist gegeben und Glauben geweckt und also Kirche als »societas fidei et spiritus sancti in cordibus« allererst und immer neu konstituiert wird. Wort und Sakramente sind aber auch Zeichen der Kirche als »societas externarum rerum ac rituum«, an ihnen haben auch »hypocritae et mali« teil (3). Und Melanchthon fügt als drittes Kennzeichen dieser äußeren Kirche die »professio« hinzu (ebd). Die Differenz zwischen den beiden Weisen, von Kirche zu reden, liegt vor allem in der Art und Weise, in der jeweils auf die Glieder bzw. auf die Zugehörigkeit von Menschen zur Kirche reflektiert wird: Ist Kriterium der Gliedschaft lediglich die äußere Anteilhabe an Wort, Bekenntnis, Sakramenten (bzw. die nicht erfolgte Exkommunikation), oder ist es die wirkliche »sanctitas«, d. h. die den Gliedern der Kirche widerfahrende Erneuerung, Heiligung und Leitung durch den Heiligen Geist (vgl. 5)? Die Frage ist also nicht die, ob überhaupt im Kirchenbegriff auf die Glieder reflektiert wird, ob die Frage der »Zugehörigkeit oder Nichtzugehörigkeit von Menschen legi-

---

3. Zu dieser Entwicklung vgl. etwa *O. Ritschl:* Dogmengeschichte des Protestantismus I, Leipzig 1908, S. 310 ff.

4. Zu CA VII und Apol. VII vgl. z. B. *Kl. Haendler:* Ecclesia consociata verbo Dei. Zur Struktur der Kirche bei Melanchthon, in: KuD 8, 1962, bes. S. 175 ff.; *H. Fagerberg:* Die Theologie der luth. Bekenntnisschriften von 1529 bis 1537, Göttingen 1965, S. 273 ff. Fagerberg unterscheidet allerdings besonders im Blick auf Luther zuwenig die doppelte Weise, in der von den »zwei Kirchen« geredet werden kann, wie sie U. Asendorf, a.a.O. S. 235 ff., gut herausgearbeitet hat.

5. Die in Klammern gegebenen Zitationsnachweise beziehen sich zunächst auf die einzelnen Paragraphen des Art. VII der Apologie (vgl. die Bezifferung in: Die Bekenntnisschr., a.a.O.).

6. Zum Begriff »societas« s. unten S. 52 ff.

tim«[7] ist, sondern in welcher Hinsicht diese Zugehörigkeit in Betracht kommt.

Der doppelschichtige Kirchenbegriff der Apologie von 1531 ist als Verständnishintergrund aller späteren Kirchen-Definitionen unentbehrlich. In zunehmendem Maße entfernt sich Melanchthon nämlich in dem, was er »eigentlich« Kirche nennen will, von der Apologie. In den Loci von 1535 unterscheidet er noch zwischen der Kirche als »Versammlung aller, die das Evangelium bekennen und nicht ausgeschlossen sind, in welcher Gute und Böse beieinander sind«, und dem, was »Kirche« »proprie et principaliter« meint: die »Versammlung der Gerechten, die Christus wahrhaft glauben und durch den Geist Christi geheiligt werden« mit den beiden Erkennungszeichen Wort und Sakramenten[8]. In den Loci von 1543 redet Melanchthon nur noch von der »ecclesia visibilis« als der »Vereinigung (coetus) derer, die das Evangelium annehmen, dem Evangelium gehorchen und durch den Heiligen Geist wiedergeboren sind, welcher Vereinigung in diesem Leben eine große Menge von Nicht-Wiedergeborenen beigemischt ist, die aber dennoch in bezug auf die Lehre übereinstimmen«[9]. Neu ist jetzt der Begriff »coetus«, der die Sichtbarkeit der hier beschriebenen Kirche unterstreicht[10]. Konstitutiv für diesen »coetus« bleiben indessen die sancti bzw. die obedientes Evangelio und re-

---

7. K. Haendler, a.a.O. S. 176f. Haendler scheint mir hier die Fragestellung von vornherein zu verlagern und verbaut sich so den Blick für die Verschiebungen bei Melanchthon.

8. »Ecclesia etiam in scripturis interdum in gerere significat congregationem omnium, qui profitentur Evangelium et non sunt excommunicati, in qua promiscue boni et mali sunt ... Sed Ecclesia proprie et principaliter significat congregationem istorum, qui vere credunt Christo et sanctificantur spiritu Christi. Atque haec Ecclesia habet externas notas, purum verbum Dei et legitinum usum Sacramentorum« (II,2,476 Anm.). Im folgenden beziehen sich die in Klammern gegebenen Zitationsnachweise auf Melanchthons Werke in Auswahl. Studienausgabe, hg. von R. Stupperich, Gütersloh 1951 ff. Es werden Band-, Seiten- und Zeilenzahl angegeben, bei wiederholten Angaben aus demselben Band nur Seiten- und Zeilenzahl.

9. »... coetus amplectentium Evangelium Dei et oboedientiam Evangelio et renatorum Spiritu sancto, cui coetui admixta est in hac vita magna multitudo non renatorum, sed tamen de doctrina consentientium« (ebd.). In den von Melanchthon verfaßten Thesen zur Promotionsdisputation von Joh. Macchabäus Scotus, 1542, heißt es: »Ecclesia visibilis est coetus sanctorum, cui multi hypocritae admixti sunt ...« (WA 39 II,146,2 = Th. 1).

10. Das »visibilis« dieser Definition könnte grammatisch auch zu »coetus« gehören, was anderen Formulierungen bei Melanchthon entspräche, z. B. in den Loci von 1543: »Est igitur visibilis et certus coetus ecclesia« (II,2,474 Anm.), oder in den Responsiones von 1558: »Veram ecclesiam ... esse visibilem coetum« (VI,287,31; vgl. 288,12; 289,5). Dann wäre also »ecclesia« ohne Apposition absolut gebraucht und bestimmt. In den Definitiones 1552/53 heißt es: »Ecclesia visibilis est coetus visibilis ...« (II,2,795,14), und in den Loci 1559 spricht Melanchthon mehrfach von der »ecclesia visibilis«.

nati Spiritu Sancto (und in *diesem* Sinne die amplectentes Evangelium), während die hypocritae und non renati diesem coetus nur beigemischt, also nicht selbst seine Glieder sind.

In den Schriften der 50er Jahre schließlich gehören zu den amplectentes Evangelium und den recte utentes Sacramentis sowohl Wiedergeborene, Erwählte als auch Nicht-Wiedergeborene, die ausdrücklich als »in eo coetu« befindlich – und nicht nur ihm beigemischt – erscheinen. Die in den Loci 1559 gegebene Definition lautet: »Die sichtbare Kirche ist die Vereinigung derer, die das Evangelium Christi annehmen und die Sakramente recht gebrauchen, in welcher Gott durch das Amt des Evangeliums wirksam ist und viele zum ewigen Leben erneuert, in welcher Vereinigung dennoch viele nicht wiedergeboren sind, aber in bezug auf die wahre Lehre übereinstimmen.«[11] Die Wiedergeborenen oder »electi« sind nicht mehr bestimmend für den Kirchenbegriff. Die Ecclesia nennt Melanchthon jetzt auch den »coetus vocatorum, qui est Ecclesia visibilis«, und er fügt hinzu: »Und wir träumen nicht, daß jene Auserwählten irgendwo anders als in dieser sichtbaren Vereinigung sind.«[12] Durch die Bestimmung der Kirche als »coetus vocatorum« – nicht mehr als »coetus electorum« – hat sich der einlinig antiprädestinatianische Kirchenbegriff durchgesetzt[13]. Statt den Kirchenbegriff im Blick auf die electi und sancti zu bilden, wird nun die heilseffektive Wirksamkeit Gottes durch sein Wort genannt, die in jedem Falle in der ecclesia visibilis zum Zuge kommt. Es ist der Kirche wesentlich, daß in ihr mehr geschieht als bloße vocatio, nur markieren diejenigen, an denen eine wirkliche regeneratio Ereignis wird, nicht die Grenzen der Kirche. Ferner ist auffällig, daß in Melanchthons Kirchendefinition das Amt Erwähnung findet. Damit haben wir zwei weitere Charakteristika des spätmelanchthonschen Kirchenbegriffs vor uns.

---

11. »Ecclesia visibilis est coetus amplectentium Evangelium Christi et recte utentium Sacramentis, in quo Deus per ministerium Evangelii est efficax et multos ad vitam aeternam regenerat, in quo coetu tamen multi sunt non renati, sed de vera doctrina consentientes« (II,2,476). Die Responsiones haben eine fest gleichlautende Definition, aber sagen gegen Ende fast noch deutlicher: »Et sunt in eo coetu multi electi et alii non sancti« (VI,285,16).
12. »... nec alibi electos ullos esse somniemus nisi in hoc ipso coetu visibili« (II,2,474,26).
13. Die von K. Haendler auch für den späten Melanchthon behauptete Doppelheit im Kirchenbegriff – Kirche als societas interna (durch den Glauben der Glieder gekennzeichnet) und als societas externa –, die freilich *logisch* gleichzeitig bestehen, finde ich so in den herangezogenen Spättexten nicht mehr (gegen Haendler, a.a.O. S. 181 ff., bes. 198 f.). Die Kirche ist eben *nicht* mehr »congregatio der Glaubenden«.

2. Wort und Lehre

Die Kirche ist und wird Kirche allein durch das Wort des Evangeliums[14]. Die vocati sind durch das Wort berufen, die electi als die glaubenden Wiedergeborenen sind mittels des Wortes des Heiligen Geistes teilhaftig geworden. Das gilt in gleichem Maße für den Melanchthon der Apologie von 1531 wie für den der Loci von 1559, so daß das Wort (samt der ihm eignenden Geist und Glauben vermittelnden efficacia) die »ekklesiologische Konstante« genannt werden kann[15]. Gemeint ist von Melanchthon konkret das mündlich und öffentlich in den Versammlungen laut werdende Evangelium, durch das Gott sich offenbart und heilswirksam ist und wodurch allein wir ihn erkennen und anrufen dürfen (475,2; 478,36). Das Wort ruft aber nicht nur die Kirche hervor, sondern es hat sie als sichtbare – nämlich in Gestalt der jedermann zugänglichen Versammlungen der vocati – auch zur Voraussetzung[16].

Das in den Versammlungen ergehende Wort des Evangeliums hat den Charakter der Lehre. Mit der reinen und wahren Lehre übereinzustimmen, ist Grundbedingung für die Gliedschaft der vocati in der Kirche (476,17.20; 477,3 u. ö.). A. Ritschl hatte an dieser Stelle einen Bruch zwischen dem früheren und dem späteren Melanchthon feststellen wollen, wonach mit »doctrina evangelii« etwa in CA und Apol. eine nicht-lehrhafte »praedicatio evangelii«, ab etwa 1537 dagegen eine lehrhafte »doctrina de evangelio« im Sinne einer Reihe von Dogmen als menschlicher Erkenntnisse gemeint sei[17]. Demgegenüber hat schon W. Elert mit Recht auf die falsche von Ritschl aufgestellte Alternative hingewiesen und festgestellt, daß bereits in der CA der Begriff »doctrina evangelii« das lehrhafte Moment selbstverständlich einschließt und dieses der damaligen kirchlichen Gesamtauffassung entspricht[18]. Was hingegen beim späteren Melanchthon stärker ausgebaut wird, ist die Einsicht, daß die gegenwärtige Lehre des Evangeliums normiert ist an der durch das göttliche Offenbarungshandeln gesetzten Überlieferung, und zwar nicht nur an der Überlieferung der prophetisch-apostolischen Verkündigung in der Heiligen

---

14. »Ecclesia ad ipsum Evangelium Dei alligata est« (II,2,479; Haendler, a.a.O. S. 187).

15. So *K. Haendler:* Wort und Glaube bei Melanchthon, Gütersloh 1968, S. 19. Gegen Haendler, ebd. S. 21, muß allerdings gesagt werden, daß der Glaube für den späten Melanchthon zumindest nicht im selben Maße Definitionselement der Kirche ist wie das Wort.

16. »Ubi nullae sunt congregationes, vox Evangelii conticescit« (II,2,476,5). Es kehrt demnach jener Doppelbezug wieder, den in der Kirchendefinition von CA VII der mit »in qua...« beginnende Relativsatz hat, nur daß statt der »congregatio sanctorum« jetzt der »coetus vocatorum« die Bezugsgröße ist.

17. Belege bei *K. Haendler:* Melanchthons Kirchenverständnis im Lichte seiner Auslegungsgeschichte, in: NZSTh 8, 1966, S. 126ff.

18. W. Elert: Morphologie I, a.a.O. S. 235ff.

Schrift – Melanchthon subsumiert die Schrift seit den 30er Jahren immer stärker unter die Kategorie der Tradition[19] –, sondern ebenso an deren Auslegung in der Tradition der Kirche. Auf letztere weist im ekklesiologischen Traktat der Loci von 1559 die Betonung der »articuli fidei«, nämlich der altkirchlichen Bekenntnisse, hin (z. B. 475,25; 483,28). Jedoch müssen diese Äußerungen im Lichte einer Fülle sonstiger Zeugnisse verstanden werden, derzufolge Melanchthon geradezu als »Urheber eines formalen Traditionalismus in der evangelischen Theologie« bezeichnet worden ist[20].

Die Reinheit und Unversehrtheit der Lehre des Evangeliums ist nötig, weil und sofern in ihr das »fundamentum« gelegt wird, von dem Paulus 1 Kor 3,11 f. spricht und das kein anderer als Jesus Christus selbst ist (M. bezieht sich mehrfach ausdrücklich auf die genannte Stelle: so etwa II,2,483,21; VI,285,27)[21]. Dieses fundamentum wird dann auch mit den »articuli fidei« und den »mandata divina« gleichgesetzt[22] unter Ausschluß jeglichen »cultus idolorum« (II,2,483,27; 484,7; VI,285,29; 291,27), und im consensus darüber ist die »unitas Ecclesiae Catholicae« gegeben (VI,291,26). Von diesem »fundamentum« unterscheidet Melanchthon im Anschluß an Paulus das, was an Gold oder Stroh darauf gebaut ist. Dabei gehören die Riten weithin zum Stroh, das alsbald von Flammen vernichtet wird, ohne daß durch solche nichtsachgemäßen Riten notwendigerweise das Fundament in Frage gestellt wäre (II,2,483,33; 484,16). Als beständiges Gold hingegen wird vor allem die sachgemäße Auslegung der »doctrina necessaria« hingestellt, wie man sie z. B. bei Polykarp findet (484,10) und wie sie gegenwärtig die »doctrina de iustitia fidei« darstellt (484,29)[23].

Welche Folgen diese Betonung von Lehre und Überlieferung (deren Wurzel im Offenbarungsverständnis Melanchthons zu suchen ist[24]) für die von

---

19. Vgl. K. Haendler: Wort und Glaube, a.a.O. S. 150. Das deutet sich in Formulierungen Melanchthons an wie »te, Deus, oro, ut auditores Prophetarum cerves et in eis obsignes doctrinam tuam Prophetis *traditam*« (II,2,478,23).

20. O. Ritschl, a.a.O. S. 276; kritisch korrigierend dazu K. Haendler: Wort und Glaube, S. 150 Anm. 9; vgl. ferner die Ausführungen und zahlreichen Belege bei Haendler, ebd. S. 147 ff., 186 ff., 211 ff., und zusammenfassend S. 391 ff.

21. Zu den bei Melanchthon vorfindlichen unterschiedlichen Bestimmungen des »fundamentum« vgl. O. Ritschl, a.a.O. S. 304 f.

22. Vgl. H. Lieberg: Amt und Ordination, a.a.O. S. 254, und die dort angegebenen Belegstellen (bes. Anm. 69); ferner O. Ritschl, a.a.O. S. 305.

23. Obwohl als »doctrina vera et necessaria« bezeichnet, scheint M. sie an dieser Stelle doch nicht zum fundamentum als solchem zu rechnen, sondern zu dem auf diesem fundamentum gründenden unvergänglichen Gold. An anderen Stellen hingegen ist sie selbst das fundamentum (Ritschl, S. 305).

24. Das hat K. Haendler überzeugend nachgewiesen (vgl. o. Anm. 20).

Melanchthon entwickelte Konzeption der Kirche hat, zeigt sich besonders in seiner Lehre vom Amt.

3. Das Amt

Unmittelbar mit der die Kirche begründenden Funktion und Kraft des Wortes ist für Melanchthon die Funktion und Bedeutung des Amtes gegeben. Diese enge Verknüpfung ergibt sich, wie auch bei Luther, schon aus der Tatsache, daß das Evangelium seinem Wesen nach öffentlich gesprochenes Wort ist[25]. Damit aber das Evangelium öffentlich erklingen kann, gehört ein öffentlicher Dienst des Evangeliums (Amt als ministerium) und gehören öffentliche Versammlungen wesensmäßig zu ihm hinzu[26]. Melanchthon kann von daher die »Stimme« des Evangeliums geradezu mit dem »Amt« des Evangeliums gleichsetzen (478,17) oder davon sprechen, daß das Evangelium »in ministerio« erklingt (479,32). Das Amt ist dazu selbstverständlich auf den Willen Gottes zurückzuführen, es ist von Gott eingesetzt (VI,170,12). Denn wie Gott will, daß sein Sohn von den Menschen erkannt wird, so will er, daß das Amt des Evangeliums öffentlich und sichtbar sei (VI,288,5). Niemals gab es eine Kirche ohne ministerium (II,2, 477,10), vielmehr ist die Kirche an die Stimme bzw. das Amt des Evangeliums gebunden (478,16). Dabei spricht Melanchthon grundsätzlich von *dem* Amt in der Einzahl.

Diese Feststellungen bedürfen nach mehreren Seiten hin einer präzisierenden Interpretation. Zunächst fällt die totale funktionale Bindung des Amtes an das durch es zum Klingen gebrachte Wort auf. Man könnte die Frage stellen, ob mit »ministerium« überhaupt etwas anderes als die Funktion der Evangeliumsverkündigung (zu der die Sakramentsverwaltung gehört) ohne jede institutionelle Festschreibung gemeint ist. So sagt K. Haendler: »Das Amt ist ... nicht nur Amt, sofern es seine Funktionen wahrnimmt und so im Vollzug, in actu ist, vielmehr *ist* es überhaupt nur Funktion, Vollzug, actus. Es ist das Geschehen und der Vollzug der media salutis, speziell der Verkündigung, als der seine substantia ausmachenden und es konstituierenden Funktionen. Es *ist* das Geschehen des Wortes.«[27] Auch die Publizität des Amtes sei nicht erst mit seiner Institutionalität, sondern bereits mit der Publizität des Wortes gegeben[28]. Dies wäre dann vor allem auch kontroverstheologisch von Bedeutung: Da die Kirche an das ergehende Evangelium gebunden ist, ist sie nicht

---

25. »Sciamus oportere inter homines publice sonare Evangelii vocam.« (II,2,475,8).
26. »Sciamus oportere ministerium Evangelii publicum et publicas congregationes esse« (II,2,475, 10).
27. Wort und Glaube, S. 346.
28. Ebd. S. 348 ff.; S. 353 der Hinweis auf die Bedeutung dieses Sachverhaltes für die Auslegung von CA XIV.

gebunden an bestimmte Titel oder an die successio ordinaria (480,1). Das Amt sei »primär ein Bestandteil der Lehre vom Wort« und erst sekundär ein Bestandteil der Lehre von der Kirche[29].

Indessen hat Melanchthon das Wort vermutlich niemals auf dieser rein funktionalen Ebene gedacht. Der Übergang von der rein funktionalen zur institutionellen Betrachtung wird sichtbar, wo Melanchthon feststellt, daß Gott, damit das Evangelium auch wirklich erklinge, Eph 4 zufolge »aliquos recte docentes« erweckt hat (479,31). Das Amt als Funktion benötigt Personen, Lehrende, ministri, um zum Zuge zu kommen, und diese erweckt Gott. Auf solche »lehrenden« Amtsträger der Kirche bezieht Melanchthon z. B. auch das Sendewort Christi an die Apostel Joh. 20,21 und läßt diesen Auftrag damit von der Stiftung Christi her an bestimmte Personen gebunden sein (vgl. VI,172,30)[30]. Es ist ferner auf die immer wiederkehrende Aufteilung der Kirche in Lehrende und Hörende hinzuweisen, zumal im Zusammenhang des berühmten Vergleichs der Kirche mit einem »coetus scholasticus«, in welchem es den Unterschied zwischen Lehrenden und Hörenden und damit Abstufungen (gradus) gibt[31]. Die geistliche Dualität von Wort und Gehör führt demnach zu einer strukturell-institutionellen Dualität von Lehrenden und Hörenden, von Amtsträgern und Gemeindegliedern in der Kirche.

Eine dritte Präzision der melanchthonischen Amtsauffassung, die die eben erwähnte strukturelle Dualität noch von einer anderen Seite her untermauert, betrifft das Verhältnis des Amtes zum allgemeinen Priestertum der Gläubigen. Es scheint in der Melanchthonforschung eine Klärung dieser Frage dergestalt herbeigeführt zu sein, daß Melanchthon im Unterschied zu Luther das Amt nicht aus dem allgemeinen Priestertum herleitet und es sozusagen nur »als die öffentliche Ausübung der mit dem sacerdotium grundsätzlich gegebenen Rechte und Pflichten« verstehe[32]. Vielmehr betont Melanchthon die unterschiedlichen Funktionen von Amt und allgemeinem Priestertum[33]. Demnach

---

29. Ebd. S. 280.

30. So ganz deutlich im Examen Ordinandorum (VI,172,30). Weitere Belege bei H. Lieberg, a.a.O. S. 280 Anm. 42.

31. »Mansura est igitur vox Evangelii et ministerii, et erit aliquis visibilis coetus Ecclesia Dei, sed ut coetus Scholasticus. Est ordo, est discrimen inter docentes et auditores, et sunt gradus« (II,2,481,5; vgl. VI,289,8, wo die Kirche außerdem mit einer Monarchie – unter Christus – und einer Aristokratie – der Amtsträger – verglichen wird).

32. K. Haendler: Wort und Glaube, S. 362; vgl. Lieberg, a.a.O. S. 259ff.

33. Ein besonders sprechender Text stammt bereits von 1542/43: »Differunt ministerium externum et sacerdotium. Nam sacerdotium est ius singulorum credentium, ad invocandum et sacrificandum ... Sed ministerium est executio muneris docendi, ubi postulat vocatio. Hoc ministerium publicum tantum ad illos pertinet, qui sunt rite vocati.« En. in Ps. 110–118, zu 110,4 (CR 12,1278); zit. bei Haendler: Wort und Glaube, S. 368 Anm. 381; ebenso bei Lieberg, a.a.O. S. 266 Anm. 147.

ist die Lehre überhaupt nicht Sache des Priestertums, vielmehr ist sie eine besondere, »öffentliche« Funktion, deren Ausübung einer besonderen Berufung bedarf[34]. Diese Differenzierung hängt ohne Zweifel mit dem Gewicht zusammen, das die Lehre im Sinne der Verantwortung für die Überlieferung als Aufgabe des ministerium bekommen hat. Dies ist nämlich eine Aufgabe, die sich tatsächlich strukturell von der Bekenntnispflicht eines jeden Christen unterscheidet und auch gar nicht von jedem Christen wahrgenommen werden *kann*[35]. Wenn Melanchthon bezüglich der Berufung in dieses Amt davon sprechen kann, daß der »minister Evangelii« eine »persona ordinata a Deo mediate vel immediate« ist, so hat Melanchthon bei der »unmittelbaren« Ordination an die Berufung von Propheten und Aposteln gedacht, während es gegenwärtig nur die mittelbare Ordination als Berufung durch die Kirche in das ihr von Gott gegebene Amt gibt[36]. Eph 4 wird dabei herangezogen als Beleg dafür, daß Gott immer wieder neue Personen ins Amt sendet und damit das Amt für die Kirche erhält[37].

4. Die Zeichen der Kirche

Gleichsam als Quintessenz des über ecclesia visibilis, Wort und Amt Dargelegten können Melanchthons Aussagen über die Zeichen (signa oder auch notae), an denen man die Kirche erkennt, angesehen werden. Diese Zeichen sind nämlich nicht nur Erkennungsmerkmale, sondern sie sind so etwas wie spezifische Wesenseigenschaften, die nicht fehlen dürfen, wo immer eine Definition von Kirche versucht wird (II,2,477,24). Diese Koinzidenz von »Erkennungsmerkmalen« und »Wesenseigentümlichkeiten« ist selbst eine Folge der Konzentration des Kirchenbegriffs auf die »ecclesia visibilis«: deren Wesentliches *muß* ja dann sozusagen auch sichtbar, erkennbar sein. Melanchthon gibt die Zeichen in verschiedener Weise an. Teilweise nennt er zwei Zeichen: entweder – wie in früheren Schriften[38] – das unversehrte Evangelium und den sachgemäßen Gebrauch der Sakramente (492,35) oder etwa die Erkenntnis der Christusverheißung und das Amt des Evangeliums (477,26), wobei offenbar die Wort- und die Sakramentsfunktion des Amtes zu einem Merkmal zusammengezogen sind. An anderen Stellen spricht er dagegen von drei notwendigen Zeichen. So nennt er in den Responsiones von 1558 »doctrinae

---

34. Zum Begriff »Öffentlichkeit« vgl. außer K. Haendler auch *Wolfg. Huber:* Kirche und Öffentlichkeit, Stuttgart 1973, bes. S. 51 ff.
35. Vgl. Haendler: Wort und Glaube, S. 367.
36. H. Lieberg, a.a.O. S. 321.
37. Ebd. S. 282. Über das Ordinationsverständnis Melanchthons im einzelnen und weiteren vgl. ebd. S. 340 ff.
38. Vgl. dazu O. Ritschl, a.a.O. S. 316 f.

Evangelii incorrupta professio, usus Sacramentorum conveniens divinae institutioni et obedientia debita ministerio Evangelii« (VI,286,34; ebenso im Examen ordinandorum: VI,212,33). Deutlich ist dabei, wie sich in der Nennung des Gehorsams dem Amt gegenüber jene Zweiteilung von lehrender und hörender Kirche (und das Bild von der Kirche als Schule) widerspiegelt. Indem dieses dritte Kennzeichen bei Melanchthon erst im Laufe der Zeit zu den beiden anderen hinzugekommen ist, erweist es sich als Folge der oben beschriebenen Wandlung des Kirchenbegriffs hin zum Verständnis der Kirche als einer auch im Blick auf ihre Glieder sichtbaren und umschreibbaren societas[39]. Es signalisiert zugleich eine erhebliche Aufwertung des Amtes[40]. Ob man im Blick auf den hier erwähnten Gehorsam von einem illegitimen ekklesiologischen Synergismus sprechen darf[41], ist deshalb ein wirkliches Problem, weil es sich ja hier um eine Gehorsamsforderung handelt, die nicht in jedem Falle den vom Geist gewirkten Glauben des Gehorchenden voraussetzen kann – wenn es auch ein Gehorsam dem berufenden Wort gegenüber ist. Es erhebt sich die Frage, welche anderen Motive als das innere Angerührtsein vom Wort Anlaß zu solchem Gehorsam sein könnten. Steht etwa staatsbürgerliche Opportunität im Hintergrund[42]? Die Frage verschärft sich bei der in diesem Zusammenhang erfolgenden Erwähnung des Bekenntnisses. Der Begriff »professio« erscheint zwar in der zitierten Nennung der drei Kennzeichen in Verbindung mit der Lehre des Evangeliums, jedoch wird er an anderer Stelle von Melanchthon eher auf den hörenden Teil der Kirche – gewissermaßen als Auslegung des Gehorsams und der Erkenntnis der Verheißungen – angewandt (II,2,475,29.32). Man wird den Begriff »Bekenntnis« daher wohl als lehrende und hörende Kirche verbindend anzusehen haben, er ist kennzeichnend für die Gesamtheit des »coetus vocatorum, id est, profitentium Evangelium Dei« (475,6). Aber gerade hier erhebt sich erneut die Frage nach der Motivation – nämlich im Blick auf diejenigen, die, ohne wirklich zu glauben, sich zum Evangelium bekennen.

---

39. Ebd. S. 319. Eine Erweiterung der Kennzeichen unter Berücksichtigung der Wirkungen von Wort und Sakrament an den Gliedern der Kirche stellten wir auch bei Luther fest, jedoch zeigt sich bei Melanchthon so etwas wie eine Veräußerlichung oder Formalisierung dieses Aspekts (vgl. die im Text folgenden Bemerkungen).

40. Vgl. F. Hübner, a.a.O. S. 81ff.

41. Dieser Vorwurf z. B. noch bei *O. Weber:* Die Treue Gottes in der Geschichte der Kirche (Ges. Aufs., Bd. 2), Neukirchen 1968, S. 29; dem Vorwurf tritt entgegen K. Haendler: Ecclesia consociata, a.a.O. (o. S. 40 Anm. 4) S. 194.

42. Vgl. zum Problem und der damit zusammenhängenden Frage der Theokratie unten S. 52ff.

5. Die Unterscheidung von wahrer und falscher Kirche

Aus der Angabe der Zeichen im Sinne der entscheidenden Wesensmerkmale der Kirche ergibt sich auch, daß und wie Melanchthon zwischen wahrer und falscher Kirche unterscheidet. In dem Abschnitt »Contra Donatistas« der Loci von 1559 geht er von seinem Grundsatz aus, daß die Kirche als coetus vocatorum visibilis ein Gemisch aus Heiligen und Nicht-Wiedergeborenen darstellt. Von daher wehrt er das donatistische Postulat einer »reinen« Kirche ab, das er in bestimmten Forderungen der Wiedertäufer wiederkehren sieht (489,16). Auch wenn man die Nicht-Wiedergeborenen »tote Glieder« der Kirche nennen muß, gehören sie dennoch zur »externa societas Ecclesiae«, sofern sie nur nicht von der rechten Lehre des Evangeliums abweichen (487,23). Dies ist nun auch für die Amtsträger der Kirche und die Wirksamkeit ihres Dienstes geltend zu machen, wie Melanchthon unter Berufung auf die Gleichnisse vom Unkraut unter dem Weizen und vom Fischnetz, Mt 13, einschärft[43]. Damit werden die Aussagen von CA VIII aufgenommen, sie werden nun aber in den Rahmen eines Kirchenbegriffs gerückt, der ihnen unmittelbarer entspricht als derjenige von CA VII.

Die Grenze der Kirche und der Gliedschaft in ihr wird indessen bei Melanchthon dort sichtbar – und dieser Gesichtspunkt ist vom antidonatistischen Argument streng zu trennen –, wo die Lehre des Evangeliums und damit das Amt verfälscht wird. Die Irrlehrer sind zu meiden, weil sie zu Götzendienst anstiften. Melanchthon beruft sich auf 1 Kor 10,14 in Zusammenhang mit Gal 1,9 (II,2,491,26; 477,8; VI,287,15). An dieser Stelle entsteht der Gegensatz von wahrer und falscher Kirche. An einigen Formulierungen in diesem Zusammenhang wird dabei deutlich erkennbar, wie die zur eigenen Konfessionskirche gewordenen lutherischen Kirchen im Hintergrund der Argumentation stehen. Auf die Frage der »bayrischen Inquisition«, wo die katholische Kirche derzeit zu finden sei, auf seiten derer, die in Gemeinschaft mit dem Papst stehen, oder auf seiten der Gegner der römischen Kirche, antwortet Melanchthon: Die Kirchen, die unser Bekenntnis angenommen haben, sind wahrhaftig Glieder der katholischen Kirche, ja, zu dieser Zeit sind sie geradezu selbst die wahre Kirche, da ja die Lehre unserer Kirche mit derjenigen der alten Kirche übereinstimmt (VI,292,6.14; vgl. 290,27). Rückwirkend wird dabei zugleich deutlich, wie diese fortgeschrittene Entwicklung hin zur Konfessionskirche[44] offensichtlich die Betonung der »professio« im Zusammenhang

---

43. »Sciendum est Evangelium et Sacramenta efficacia esse propter promissionem Dei, non propter ministri personam ... Etiamsi sunt in ministerio hypocritae, tamen valere functionem ipsam« (II,2,488,13.28).

44. *M. Jacobs:* Der Kirchenbegriff bei Johann Gerhard, Diss. Hamburg 1958, S. 69, bestreitet mit Recht, daß Melanchthon schon von Konfessionskirchen im Sinne der Aufklärung spricht. Das Angeführte zeigt jedoch, daß M. von den lutherischen Kirchen als

der »Zeichen« der Kirche mit veranlaßt hat. Melanchthon schließt im übrigen nicht aus, daß es auch unter der Papstkirche Anhänger der Wahrheit und also Glieder der katholischen Kirche gegeben hat (292,29). Ja, er gibt zu, daß die Sakramentsverwaltung – wenigstens was die Taufe betrifft – in der römischen Kirche weithin in Ordnung und daher gültig geblieben ist (II,2,491,34), auch wenn die Kirche sich dennoch davon abwenden muß (492,21). Die Frage nach der positiven ekklesiologischen und ökumenischen Bedeutung einer auch bei den Häretikern als gültig anerkannten Taufe bleibt hierbei allerdings offen.

6. Lehrautorität und Lehrvollmacht in der Kirche

Eine andere Konsequenz aus den Bestimmungen Melanchthons über Wesensmerkmale und Erkennungszeichen der Kirche ist die Zurückweisung des ordo Episcoporum, des päpstlichen Primates und der ordinaria successio der Bischöfe als solche Wesensmerkmale und Kennzeichen (II,2,480,1; 493,11; VI,287,7). Es handelt sich bei diesen Institutionen um menschliches Recht (VI,287,8.12: humana auctoritas), das in jedem Falle dann seine verpflichtende Kraft verliert, wenn von den so hervorgehobenen Personen die apostolische Lehre des Evangeliums angetastet wird. Denn die Kirche ist an das Evangelium, nicht an bestimmte menschliche Setzungen gebunden (II,2,479,31). Darüber hinaus erhebt Melanchthon den Vorwurf, daß die Kirche durch solche Bindung an bestimmte, die verantwortlichen Personen betreffende Formalstrukturen in unsachgemäßer Weise den politischen Gemeinwesen angeglichen werde (vor allem II,2,480,4). Diese sind tatsächlich gegründet auf eine »successio ordinaria Regum«, und in Auslegung der Gesetze sowie in der Entscheidung von Streitfragen gilt die »vox Regis«. Die römische Kirche unter dem Papst hat sich diesem Vorbild angeglichen, »amat enim humana ratio talem picturam Ecclesiae congruentem cum civilibus opinionibus« (480,23). Die Auseinandersetzung mit dieser römischen Konzeption ist es, die Melanchthon veranlaßt, in den Loci 1559 den Vergleich der Kirche mit einem »coetus Scholasticus« vorzunehmen (480,31; 481,6)[45]. In einer allein der gemeinsamen Suche nach Wahrheit verpflichteten Gemeinschaft wie einer Schule gilt nämlich weder eine formale Autorität, noch können Mehrheitsverhältnisse letztlich ausschlaggebend sein, weil oft diejenigen in der Mehrzahl sind, die das Licht des Evangeliums verdunkeln (481,17). Wer ist dann aber Richter in der Wahrheitsfrage? Melanchthon antwortet: »Ipsum

---

selbständigen, konfessionsbestimmten »ecclesiae« als Teilen der einen catholica ecclesia, aber gerade im Gegensatz zu der sich Kirche nennenden römisch-katholischen Kirche spricht. – Der von Jacobs vermutete »doppelte Begriff von sichtbarer Kirche« (S. 71) ist in den von uns herangezogenen Texten nicht nachweisbar.
45. Zum Vergleich der Kirche mit einer Schule s. auch O. Ritschl, a.a.O. S. 322ff.

verbum Dei est iudex, et accedit confessio verae Ecclesiae«, nämlich das Bekenntnis der alten, reinen Kirche (481,24; 482,28), ja, Gott selbst ist der Richter der Kirche (481,33). Ganz deutlich erscheint hier erneut das Traditionsprinzip neben dem Schriftprinzip[46]. Nur *die* Stimme gilt etwas in der Kirche, die mit dem Wort Gottes und dem Bekenntnis der Frommen übereinstimmt (482,2). Dieser Grundsatz und der Unterschied zum politischen Gemeinwesen wird von Melanchthon auch der Autorität eines Konzils gegenüber geltend gemacht, konkret etwa im Blick auf bestimmte Beschlüsse des Trienter Konzils (VI,293,17; 294,21). Dem Anspruch der römischen Kirche und des Papstes gegenüber, *die* allgemeine und katholische Kirche zu sein, wird im übrigen von Melanchthon ausdrücklich auch auf die griechische Ostkirche verwiesen (290,9).

Daß das Wort Gottes in der Kirche der eigentliche Richter ist, hebt nicht die Notwendigkeit der lehrenden Kirche als einer Wächterin über das Wort Gottes auf (II,2,483,18.21)[47]. Sie hat nicht nur die Tyrannis verderblicher Gewohnheit zu verhindern, sondern ebenso, »daß verwegenen Geistern der Zügel lockergelassen wird«, die die Kirche nicht hören und Lehren erfinden, die zu keiner Zeit in der Kirche Geltung hatten (wie bei M. Servet, dessen Verurteilung Melanchthon billigte, den Wiedertäufern u. a.; 483,6). Wo ist jedoch diese lehrende Kirche zu suchen? Allein dort, wo der Heilige Geist das »donum interpretationis« schenkt (493,34)! Diese Gabe unterscheidet sich grundlegend von jener potestas, die wie im politischen Bereich mit einem bloßen ordo oder Titel verbunden ist (493,36). Das das Evangelium zur Geltung bringende »donum interpretationis« dagegen gründet in jener Autorität, die der Vater dem Sohn und dieser den Aposteln gegeben hat, die wir hören und deren Schüler wir sein sollen (494,4). Das bedeutet, daß wir die »doctrina per Apostolos tradita« festhalten und nicht Auslegungen hinzudichten, die mit diesen in Widerstreit liegen (494,14). Diese Gabe der Interpretation ist im tiefsten unverfügbar. Sie ist ein Licht, das der Heilige Geist in den Herzen derer anzündet, die dem Evangelium mit Furcht und Glauben zustimmen (494,22; 495,23). Solche Aussagen fügen sich in Melanchthons Auffassung vom Amt, den Amtsträgern und ihrer Berufung durch die Kirche nur so ein, daß das »donum interpretationis« die von Gott selbst gewirkte Voraussetzung dafür ist, daß die Kirche jemanden zum ministerium des Wortes und der Sakramente beruft. Sie steht indessen in unverkennbarer Spannung zu jenem antidonatistischen Argument, demzufolge sogar »tote Glieder« der Kirche rechte Amtsträger sein können, wie überhaupt zu dem betont antiprädestinatianischen

---

46. Es ist die Autorität der gewordenen, historischen Kirche, die für Melanchthon zunehmend an Bedeutung gewinnt (Ritschl, ebd. S. 276. 291).
47. Die große Bedeutung der Kirche als »ecclesia doctrix« zeigt ebenfalls Ritschl, ebd. S. 292f. 299.

Kirchenbegriff des späten Melanchthon. Gewiß handelt es sich beidemal um verschiedene Fragestellungen und Blickrichtungen, aber es erhebt sich doch die Frage, ob im Ernst mit der Geistesgabe des donum interpretationis gerechnet werden kann, wo der Geist einen Menschen noch gar nicht zum Glauben bewegt hat.

Wo es um die Lehrvollmacht der Kirche geht, schlägt das Herz des Nachdenkens Melanchthons über die Kirche. Für ihn *ist* nämlich die Kirche wesentlich und eigentlich lehrende Kirche: nämlich eine solche, die das Evangelium lehrt und verkündigt. Es ist die Kirche, von der es Mt 18,17 heißt: »Dic ecclesiae« (481,10.15; VI,288,8). Von ihr sagt Melanchthon: »Diese lehrende (Kirche) hören wir und lieben wir, und wir verbinden unsere Anrufung und unser Bekenntnis mit ihren Bitten und ihrem Bekenntnis.«[48] Denn außerhalb ihrer gibt es die Stimme des Evangeliums nicht, gibt es auch keine Anrufung Christi und ist deshalb auch kein ewiges Leben zu erlangen (478,18).

7. Die Kirche und das Ziel der Gesellschaft

Es muß abschließend noch auf eine Dimension des melanchthonischen Kirchenverständnisses hingewiesen werden, die über die Ekklesiologie im engeren Sinne hinausführt, die aber offensichtlich einen der Begründungszusammenhänge für die zunehmende Gleichsetzung von Kirche überhaupt und sichtbar-vorfindlicher Kirche bei Melanchthon darstellt.

Die Notwendigkeit, vom *Staat* zu reden, begründet Melanchthon zu Beginn des Kapitels »De magistratibus civilibus« bemerkenswerterweise mit dem Hinweis auf das Bekenntnis der wahren Lehre, das inmitten der Gesellschaft zu hören sein soll und wodurch sich Gott seine Kirche sammelt (689,33). Bereits hier deutet sich an, was sich sodann als Gesichtspunkt durch die Gesellschafts- und Staatslehre Melanchthons hindurchzieht: daß Staat und Gesellschaft ihren Sinn und ihr Ziel in der Kirche bzw. in dem, was durch sie gelehrt und verwirklicht wird, haben. Das zeigt sich zunächst am Gebrauch des in diesem Zusammenhang entscheidenden Begriffs »societas«, zu dessen Sinn- und Zielbestimmung es gehört, daß die Menschen einander über Gott unterrichten, damit Gott erkannt und verehrt werden kann[49]. Das »Konsoziations-

---

48. »Hanc docentem audiamus et diligamus et nostram invocationem et confessionem ipsius precibus et confessioni aggregemus« (II,2,475,25).

49. Melanchthon formuliert programmatisch: »Deus condidit genus humanum ad societatem et huius societatis vincula esse voluit generationem, educationem, gubernationem, contractus, artes ... Colligata est ... hominum natura aeternis vinculis. Sed ad quem finis preacipuum? Ad hunc: ut ad generationem et educationem opus est societate, tia coetu ad docendum. Vult Deus agnosci et celebrari; ut igitur alii alios de Deo et de aliis rebus bonis doceant sunt homines ad societatem, cuius vincula sunt Magistratus, Leges, politica officia« (II,2,718,3).

motiv«[50] und das Motiv der Gotteserkenntnis sind so aufeinander bezogen, daß die Gotteserkenntnis Ziel und Sinn der menschlichen Konsoziation ist. Beide Motive sind zunächst gewiß naturrechtlich begründet (vgl. z. B. 691,10; 721,18; 728,8). Aber zugleich ist die Gotteserkenntnis, die hier im Blick ist, doch mehr und anderes als eine bloße natürliche religiöse Erkenntnis. Es ist vielmehr die in der »confessio nostra« sich artikulierende »notitia Dei et Filii eius Domini nostri Jesu Christi« (718,17). Daß diese confessio in der societas zum Leuchten komme, ist deren »causa finalis« (720,1; vgl. 706,1). Ohne daß die Kirche immer ausdrücklich genannt wird (vgl. jedoch z. B. 689,32; 711,6), wird deutlich, wie sie – gerade in ihrer Lehrfunktion – ein wesentlicher und integrierender Teil der societas ist, da sie eine für sie und ihr Gelingen schlechterdings entscheidende Funktion hat.

Unentbehrlich für die societas ist freilich ebenso die staatliche Gewalt (Magistratus civilis), die mit der Kirche zusammen ihren Sinn im Dienst an der societas humana – die dann deren »gemeinsamer Oberbau« wäre[51] – findet. Während der Staat jedoch lediglich für äußere Ordnung und äußeren Frieden aufgrund der bestehenden Gesetze und mit den Mitteln äußerer Gewalt zu sorgen hat (693,17; 727,17), trägt die Kirche allein mit der Gewalt des Wortes und der Sakramente Sorge für die Berufung zum ewigen Leben (727,12). Das schließt nun aber für Melanchthon nicht aus, daß der Staat über *beide* Tafeln des Gesetzes zu wachen hat (727,21), daß er also mit seinen Mitteln ebenfalls für die Ehre Gottes Sorge trägt (727,24) und der Kirche dient[52]. Melanchthon beruft sich dabei u. a. auf alttestamentliche Vorbilder, insbesondere auf den König David, der zu seiner Zeit die Kirche geschützt habe (710,11; 719,8). Er betont, daß ein »Magistratus pius vere sit membrum ecclesiae« (729,24), der sich ebenso nach der Norm des Evangeliums zu richten habe wie die Kirche, die freilich die Funktion eines Richters in diesem Zusammenhang hat (729,20). Wir stehen damit vor *der* Dimension des melanchthonischen Kirchenverständnisses, die man mit einem gewissen Recht als »theokratisch« qualifiziert hat[53]. Diese Konzeption basierte auf der Voraussetzung einer auch

---

50. W. Elert: Morphologie II, a.a.O. S. 308f. Vgl. zur Sache auch F. Hübner, a.a.O. S. 106ff.

51. So *W. Elert:* Societas bei Melanchthon, in: Das Erbe Martin Luthers (Festschr. L. Ihmels, hg. von *R. Jelke*), Leipzig 1928, S. 107; aufgenommen von F. Hübner, a.a.O. S. 108.

52. Vgl. die anderweitig bei Melanchthon begegnenden Formulierungen: »Magistratus in Republica minister et executor est ecclesiae« und »Vult Deus politias existere propter Ecclesiam«; dazu die Nachweise bei W. Elert, Societas, a.a.O. S. 106; F. Hübner, a.a.O. S. 76; F. Lau, a.a.O. (o. S. 39 Anm. 1) S. 109. Auch Luther ist, wie wir sahen (o. S. 36 u. Anm. 65) der Meinung, daß der Obrigkeit eine Verantwortung für die Belange der Kirche zukommt.

53. So bes. F. Hübner, a.a.O. passim.

für Staatsmänner einsichtigen Eindeutigkeit des Evangeliums als oberster Norm der Gesellschaft[54]. Sie erwies sich jedoch als eminent gefährlich in dem Moment, in dem die Träger der weltlichen Gewalt sich in ihrem politischen Handeln nicht mehr ohne weiteres an das von der Kirche verkündete Evangelium gebunden wußten, sondern aufgrund der ihnen zuerkannten Wächterfunktion auch über die erste Tafel des Dekalogs ihre eigenen Vorstellungen von Religion entwickelten und die Kirche als Erfüllungsgehilfen ihrer Ziele verstanden.

Es ist in diesem Zusammenhang ferner darauf zu verweisen, daß naturrechtliche Kategorien für Melanchthons Konzeption der Kirche auch noch an einer anderen Stelle wichtig geworden sind: nämlich bei der Begründung und Durchführung der Ordnung in der Kirche. Hatte Luther an dieser Stelle mit dem Gesichtspunkt der Liebe und des Friedens argumentiert, so verweist Melanchthon darauf, daß es die »natura hominum« ist, die die Ordnung erkennt und liebt (744,32), und daß also in den Kirchen solche Ordnungen einzurichten seien, die dieser »natura hominum« entsprechen (733,13). Es ist eine Art »zweites ius divinum« (neben der durch das Gegenüber von Amt und Gemeinde gesetzten göttlichen Grundordnung), das hier in der Kirche zum Tragen kommt[55] und von dem zu fragen ist, ob es bei Melanchthon in genügendem Maße am Christusrecht der Liebe orientiert ist – das aber andererseits als ein Versuch zu würdigen ist, von der lex charitatis Christi her zu konkreten Rechts- und Ordnungsnormen vorzustoßen[56].

Die mit dem allen angedeutete Verknüpfung von Ekklesiologie und Gesellschaftslehre bei Melanchthon läßt es noch einsichtiger werden, warum Melanchthon die Kirche seit den 30er Jahren in zunehmendem Maße als äußerlich-sichtbare Institution des Lehrens und Hörens betrachtete. Von hier aus wird rückblickend bereits die doppelte Anwendung des Begriffs »societas« auf die Kirche in Apol. VII sowie der dort vorgenommene ausdrückliche Vergleich mit anderen gesellschaftlichen Gemeinwesen (»sicut aliae politiae«) bedeutsam. Insofern kann der zunächst überraschenden Behauptung W. Elerts, daß der Sozietätsbegriff Melanchthons »Lehre von der Kirche beherrscht«[57], eine Berechtigung nicht einfach abgesprochen werden. Wenn es letztlich auch beim Nachdenken über die Kirche um die »societas humana« geht, dann ist einsichtig, daß dabei die sichtbare Institution Kirche und ihr Dienst an der Gesellschaft und den einzelnen die entscheidende ekklesiolo-

---

54. Vgl. F. Lau, a.a.O. S. 109.
55. So K. Haendler: Ecclesia consociata, a.a.O. (o. S. 40 Anm. 4) S. 192; dort auch weitere Belege.
56. Ebd. S. 200 f.
57. Morphologie II, a.a.O. S. 28. Die Verknüpfung von Ekklesiologie und Gesellschaftslehre beim späten Melanchthon unterstreicht auch W. Huber, a.a.O. S. 59.

gische Größe ist. Die Frage ist, ob damit dem, was im Lichte Jesu von Nazareth und des neutestamentlichen Zeugnisses überhaupt über die Kirche zu sagen ist, sachgemäß entsprochen ist.

8. Zusammenfassung und kritische Würdigung

Wir stellen die wichtigsten Punkte der ekklesiologischen Konzeption Melanchthons noch einmal zusammen, indem wir sie gleichzeitig mit Luther vergleichen.

1. Während für Luther der Gedanke des »christlichen, heiligen Volkes« im Mittelpunkt seiner Aussagen über die Kirche steht, ist es für den späteren Melanchthon die Kirche als »coetus scholasticus« von Lehrenden und Hörenden, die als zentrale Vorstellung alle anderen Aussagen bestimmt. Gewiß ist es für beide Reformatoren allein das Wort Gottes, das die Kirche zur Kirche macht. Aber für Luther bedeutet das, daß als Kirche in Wahrheit nur die durch das Wort geheiligte Gemeinde, in der Früchte wirklicher Heiligung wachsen, angesehen werden kann. Melanchthons Begriff des »visibilis coetus vocatorum« dagegen macht den durch das Wort ergehenden *Ruf* zur Grundlage, der zwar auf Glauben und Heiligung aus ist, dem jedoch lediglich eine äußerlich wahrnehmbare Bekenntnis-Antwort entsprechen muß, damit von Kirche die Rede sein kann. Und an diesem äußerlich wahrnehmbaren Gegenüber von Wort und Bekenntnis ist Melanchthon interessiert. Die »Zeichen« der Kirche sind nach Luther demzufolge auch nicht einfach identisch mit den Wesensmerkmalen der Kirche, während das bei Melanchthon der Fall ist. Möglicherweise wirkt sich hier eine Differenz im Rechtfertigungsverständnis aus. Ist bei Luther nicht Rechtfertigung und Heiligung enger miteinander verschränkt als bei Melanchthon, was bei diesem dann zu einer einseitigen Herausstellung des »objektiven« Wortes führt und die Kirche nicht mehr »von dem Gerechtfertigt-Sein ihrer Glieder her« versteht[58]? Man wird fragen müssen, ob der bei Melanchthon sich zeigende Ansatz zu einem anstaltlichen Kirchenbegriff nicht das *Mittel* (nämlich das Wort) zum eigentlichen Zweck und Wesen der Kirche werden läßt und ob nicht hinter den Kategorien von Lehren und Hören bzw. Gehorsam der *Lebensvollzug* der Kirche, der gerade nach dem Neuen Testament ihre Besonderheit als Volk Gottes und als Leib Christi wesentlich ausmacht, in unzulässiger Weise in den Schatten rückt. Ein Defizit im Blick auf den Communio-Charakter der Kirche und die diesbezügliche Bedeutung der Eucharistie, den wir schon beim späten Luther feststellten, tritt bei Melanchthon noch wesentlich stärker zutage, ist aber eben durch seine ekklesiologische Konzeption selbst bedingt.

---

58. Haendler: Ecclesia consociata, a.a.O. S. 186; vgl. S. 184.

2. Dieses Defizit ist bei Melanchthon zunächst um so erstaunlicher, als er die Kirche sehr weitgehend in seine Konzeption der Gesamtgesellschaft einbaut. Gerade hier sollte man erwarten, daß der Charakter der Kirche als neuer Gemeinschaft zum Tragen kommt. Statt dessen erweist sich jedoch gerade die Betonung des institutionell-anstaltlichen Charakters der Kirche als Folge oder Entsprechung einer Auffassung der Gesellschaft, die diese selbst als eine Art Schule begreift (II,2,693,40) und vielmehr die Erkenntnis des wahren Gottes, als eine bestimmte Weise, mit und vor Gott zu leben, als deren Sinn und Ziel hinstellt. Demgegenüber dominiert bei Luther die Lösung der Kirche aus Zielstellungen und Methoden der Gesamtgesellschaft, ohne daß damit freilich ein Auftrag der Kirche an dieser Gesellschaft überhaupt geleugnet würde. Aber es findet sich bei Luther keine eigentliche »Theorie« der Gesellschaft, deren Bestandteil die Kirche und ihr Auftrag wären, vielmehr steht bei ihm die Vorläufigkeit aller weltlichen (wenn auch von Gott gestifteten) Ordnung im Vordergrund, von der die Kirche, als das in der Verborgenheit lebende Volk Gottes, durch eine eschatologische Differenz unterschieden ist.

3. Mit der Differenz im Kirchenverständnis ist zugleich die Differenz im Amtsverständnis gegeben. Charakteristisch ist für Melanchthon (im Unterschied zu Luther) bereits, daß das Amt in der *Definition* der Kirche erscheint. Vor allem wird es bei Melanchthon als Lehramt vom Ansatz her dem allgemeinen Priestertum gegenübergestellt, während Luthers Amtsverständnis immer auch von dem allen Christen mit ihrer Taufe gegebenen Verkündigungsauftrag ausgeht. Man wird zugeben, daß Melanchthon mit Recht die Bedeutung der Funktion der Lehre für die Kirche stärker als Luther in den Vordergrund gerückt hat. Nur wäre zu fragen, ob Lehre (in dem spezifischen Sinn der besonderen Verantwortung für die Wahrheit der Schrift und der Tradition) als eine Art stiftungsmäßiges Gegenüber zu den nur belehrten und hörenden Gliedern der Gemeinde zu werten ist. Oder handelt es sich nicht vielmehr um einen speziellen Dienst in der Gemeinde, der sich mit Notwendigkeit aus dem an *alle* ergangenen Verkündigungsauftrag ergibt und der erst in der Folge – schon aus ganz äußeren Gründen des Vermögens der einzelnen, des Zu- und Miteinanders der verschiedenen Gaben in der Gemeinde – die Gestalt des besonderen Dienstes *einiger* in der Gemeinde gewinnt? Eine solche Auffassung würde die »Lehre« des Evangeliums stärker in die Gemeinde als das Volk Gottes einbinden.

4. Eine Differenz zwischen Luther und Melanchthon besteht schließlich in der Auffassung des – bei beiden sich findenden – Gegeneinanders von wahrer und falscher Kirche. Obwohl die Argumentation in der Kritik am römisch-katholischen Legitimitätsanspruch bei beiden gleichlautend ist, spiegelt sich auch an dieser Stelle bei Melanchthon deutlich die weitergegangene kirchengeschichtliche Entwicklung wider. Gewiß kennt Melanchthon noch nicht die aufklärerische Vorstellung von Konfessionskirchen, die im wesentlichen

gleichberechtigt als Ausformungen der unsichtbaren Kirche nebeneinanderstehen und gegenseitige Toleranz erheischen[59]. Jedoch steht bei Melanchthon schon die »wahre Kirche« des evangelischen Bekenntnisses als eigene kirchentümliche Formation der Papstkirche als der »falschen Kirche« gegenüber, *unter* der es allenfalls auch Glieder der wahren Kirche in der Zerstreuung gibt. Luthers Konzeption ging dagegen noch wesentlich stärker von dem Miteinander von wahrer und falscher Kirche in einem und demselben Kirchentum aus, das ein Miteinander des eschatologischen Kampfes ist und das die wahre Kirche zur ecclesia pressa, zur leidenden, unterdrückten Kirche werden läßt[60]. In beiden Konzeptionen wird ein Grundmotiv Augustins je eigentümlich variiert. Daß im Unterschied von Melanchthon Luther die wahre Kirche als unter der falschen Kirche »verborgen« ansieht, kann für späteres bzw. heutiges Nachdenken zwar nicht die Konsequenz zeitigen, beim Reden von Kirche von den gewordenen Konfessionskirchen abzusehen. Aber es kann Hinweis darauf sein, daß auch keine Konfessionskirche die wahre Kirche sozusagen »unverborgen« darstellt, und es kann uns dementsprechend vor konfessioneller Selbstgerechtigkeit bewahren.

---

59. Vgl. oben S. 49f. Anm. 44.
60. Allerdings gibt es den Gesichtspunkt der Kirche unter dem Kreuz auch bei Melanchthon; vgl. bes. im Examen ordinandorum: VI,214f.

III. Johannes Calvin

In noch wesentlich stärkerem Maße als bei Melanchthon spiegelt sich in Calvins Darlegungen über die Kirche in der Institutio letzter Hand (1559) die Situation des Aufbaus eines eigenen evangelischen Kirchentums wider, an dem Calvin erst in Straßburg, sodann in Genf maßgeblich beteiligt war. An manchen Punkten ist dabei der Einfluß M. Bucers unverkennbar[1]. Schon der äußere Aufriß der Ekklesiologie im IV. Buch der Institutio läßt das schwerpunktmäßige Interesse für die Fragen der Gestaltung, der Funktionen und rechtlichen Vollmachten der Institution Kirche erkennen: Nur ein knappes Sechstel des Traktats behandelt die ekklesiologischen Grundsatzfragen (IV,1 und 2), ein reichliches Drittel des Ganzen ist der Ämterordnung gewidmet (IV,3 bis 7), und die Hälfte der Abhandlung handelt von der Vollmacht der Kirche bezüglich Lehre, Gesetzgebung, Rechtsprechung, Zucht und vom Sinn der Gelübde (IV,8 bis 13).

1. Sichtbare und unsichtbare Kirche

Dementsprechend ist das eigentliche Thema der Ekklesiologie in der Institutio von 1559 die »ecclesia visibilis« (OS V,7,5 = Inst. IV,1,4)[2]. Darin unterscheidet sich die Institutio letzter Hand von deren erster Ausgabe von 1536, in welcher im Gegensatz gegen den römischen Immanentismus Kirche wesentlich als »die unsichtbare Einheit der in Christus Erwählten« verstanden und beschrieben wird[3]. Jedoch geht Calvin nicht so weit wie Melanchthon, der 1559 von der ecclesia *nur* noch im Sinne des coetus visibilis spricht. Vielmehr handelt er von der ecclesia visibilis in deutlicher und ausdrücklicher Bezugnahme darauf, daß die Kirche, von der das Glaubensbekenntnis spricht, keineswegs

---

1. So bei der Lehre vom vierfachen Amt; vgl. *O. Weber:* Calvins Lehre von der Kirche, in: *ders.:* Die Treue Gottes in der Geschichte der Kirche (Ges. Aufs. 2), Neukirchen 1968, S. 32.
2. Die im folgenden im Text vermerkten Belege und Zitatnachweise geben jeweils 1. die Seiten- und Zeilenzahl nach Joh. Calvini Opera Selecta (ed. P. Barth u. G. Niesel), Bd. V, München 1936, und 2. Buch (röm. Ziffer) sowie Kapitel und numerierten Abschnitt der Institutio an. Wird in deutscher Übersetzung (nach der von *O. Weber* besorgten Ausgabe: *J. Calvin:* Unterricht in der christlichen Religion, Neukirchen 1955, ²1963) zitiert, dann erfolgt der Nachweis nach den Opera Selecta in den Anmerkungen.
3. *Alexandre Ganoczy:* Ecclesia ministrans. Dienende Kirche und kirchlicher Dienst bei Calvin, Freiburg 1968, S. 147. – Vielfach wird als Wendepunkt das Jahr 1539 angegeben, so etwa bei *Jos. Bohatec:* Calvins Lehre von Staat und Kirche, Breslau 1937, S. 276.

allein die sichtbare Kirche meine, sondern auch (und darüber hinaus) »alle Auserwählten Gottes, unter deren Zahl auch die einbegriffen werden, die bereits verstorben sind« (IV,1,2)[4]. Und dies ist die Kirche im wahren und eigentlichen Sinne (12,9 = IV,1,7). Die Rede von der Kirche im Sinne einer »electorum turba« (4,2 = IV,1,2) fungiert als eine Art kritisches Gegenüber zur Rede von der ecclesia visibilis[5]. Dies gilt zunächst in dem Sinne, daß diese »electorum turba« an Umfang die ecclesia visibilis bei weitem übergreift. Zu ihr gehören nämlich auch die Vollendeten[6]. Jedoch hat dieses kritische Gegenüber auch eine andere Seite. Das wird in dem entscheidenden Abschnitt IV,1,7 deutlich[7]. In der Schrift, so sagt Calvin hier, wird zweifach von der Kirche geredet. Zur Kirche, wie sie »in Wahrheit vor Gott Kirche ist«, gehören nur die, »die durch die Gnade der Aufnahme in die Kindschaft Gottes Kinder und die durch die Heiligung des Geistes wahre Glieder Christi sind«[8]. Das sind alle electi seit Anfang der Welt, aber eben auch *nur* diese. Und das heißt gleichzeitig: Die Kirche im eigentichen Sinne ist an Umfang kleiner als die Kirche, wie sie jedermann vor Augen steht. Denn das ist nun die zweite Weise, wie die Schrift von der Kirche redet: Kirche ist eine »multitudo in orbe diffusa«, die durch Bekenntnis zu Christus, Taufe, Abendmahl, Übereinstimmung im Wort Gottes, Amt gekennzeichnet ist (12,14). Zur Kirche in diesem Sinne gehören aber auch viele Heuchler (12,19). Es wäre demnach ungenügend, hier nur von zwei Seiten *derselben* Gemeinschaft zu sprechen, da es sich um Größen unterschiedlichen Umfangs handelt[9]. Die Kirche im zuerst genannten Sinn ist unsichtbar, allein für Gottes Augen wahrnehmbar und für uns Gegenstand des Glaubens (12,25). Sie ist gekennzeichnet durch die Erwählung ihrer Glieder durch Gott, durch deren Verbundensein mit Christus zu dem einen Leibe Christi sowie durch die Gabe des Heiligen Geistes zur Heiligung[10]. Dennoch meint das Glaubensbekenntnis nach Calvin nun doch nicht ausschließlich die »unsichtbare Kirche«. Der Zusatz des Glaubensbekenntnisses über die »sanctorum communicatio« (5,2 = IV,1,3) bezieht die externa ecclesia mit ein,

---

4. »… omnes … electos Dei, in quorum numero comprehenduntur etiam qui morte defuncti sunt« (OS V, 2,6).
5. Vgl. *W. Niesel:* Die Theologie Calvins, München 1938, S. 183.
6. Nach Belegen bei J. Bohatec, a.a.O. S. 275, gehören auch die Engel dazu.
7. Dieser Abschnitt war zuerst in der Ausgabe der Institutio von 1543 enthalten; vgl. A. Ganoczy, a.a.O. S. 158.
8. »Interdum cum (sc. sacrae literae) ecclesiam nominant, eam intelligunt quae re vera est coram Deo, in quam nulli recipiuntur nisi qui et adoptionis gratia filii Dei sunt, et Spiritu sanctificatione, vera Christi membra« (OS V, 12,9).
9. Gegen *W. Kolfhaus:* Christusgemeinschaft bei Johannes Calvin, Neukirchen 1939, S. 87, sowie *Heinr. Quistorp:* Sichtbare und unsichtbare Kirche bei Calvin, in: Ev Th 9, 1949/50, S. 85.
10. Vgl. die ausführliche Darstellung bei J. Bohatec, a.a.O. S. 267 ff.

und zwar in dem Sinne, daß die Gemeinschaft mit Christus und die Mitteilung der Wohltaten Gottes daran gebunden ist, daß die Christen *miteinander* Gemeinschaft haben; denn »die Heiligen werden nach *der* Ordnung zur Gemeinschaft mit Christus versammelt, daß sie all die Wohltaten, die ihnen Gott gewährt, gegenseitig einander mitteilen« (IV,1,3)[11]. Hier liegt für Calvin die geistliche Bedeutung und Notwendigkeit der sichtbaren Kirche und der Überschritt von der unsichtbaren zur sichtbaren Kirche begründet. In der ecclesia visibilis manifestiert sich die durch Christus gewirkte Gemeinschaft von Menschen, und sie ist der Ort, an dem die Christen einander an den Wohltaten Gottes teilgeben[12]. Und für diesen Ort interessiert sich Calvin 1559 im besonderen. Dieser Ort, diese äußere Gemeinschaft hat ihre bestimmten Strukturen, Ordnungen, Ämter, in denen und durch die jene Kommunikation erfolgt. Ohne diese äußere Gemeinschaft kommt es nicht zur »inneren« Teilhabe an den beneficia Dei. Deshalb und in diesem Sinne nennt Calvin die sichtbare Kirche die »piorum omnium mater« (1,7 = Überschr. IV,1) und nimmt die Sentenz Cyprians auf, daß »wer Gott zum Vater hat, der muß auch die Kirche zur Mutter haben« (IV,1,1)[13]. Außerhalb dieser sichtbaren Kirche gibt es weder Vergebung noch Heil (7,13 = IV,1,4).

Es ist nun die Aufgabe der sichtbaren Mutter Kirche, ihre Glieder durch Lehre und Leitung, durch Predigt und Versammlungen zu erziehen, damit sie zum Mannesalter Christi heranwachsen (8,7 = IV,1,5). Gott könnte zwar die Seinen in einem einzigen Augenblick zur Vollendung kommen lassen (8,6 = IV,1,5), aber das will er nicht. Der Erziehungsgedanke mit dem Ziel der Heiligung der Christen und der Vollkommenheit ihrer Gemeinschaft ist grundlegend für Calvins Kirchenverständnis[14]. Er gibt ihm zugleich seinen spezifischen Akzent gegenüber Melanchthon, bei dem nicht die Verbesserung der Lebensführung und der Gemeinschaft der Christen, sondern ihre Erkenntnis des Gnadenwortes Gottes Absicht und Ziel der anstaltlichen Kirche ist, aber ebenso gegenüber Luther, der zwar die Heiligung stark in den Mittelpunkt rückt, aber ihr eine entsprechende Erziehungsfunktion der Institution Kirche gerade nicht zuordnet.

Dennoch ist die Heiligung bei Calvin dann auch wieder ganz als Werk des Geistes Gottes verstanden. Gewiß unterstreicht Calvin die Selbstbindung des Geistes Gottes an den Dienst von Menschen gegenüber den Schwärmern (9,9ff. = IV,1,5). Andererseits sind es aber nicht die Menschen, sondern es ist

---

11. »... hac lege aggregari sanctus in societatem Christi, ut quaecunque in eos beneficia Deus confert, inter se mutuo communicent« (OS V, 5,5).
12. Vgl. ebd. S. 281. 285.
13. »... ut quibus ipse (sc. Deus) est Pater, Ecclesia etiam mater sit« (OS V, 2,1).
14. Vgl. ebd. S. 366: »Weil und soweit die Kirche Heilsanstalt ist, ist sie auch Heiligungsanstalt.« Zur Einschränkung dieses Gedankens vgl. unten S. 62.

Gottes Gnade selbst und allein, die es zu Früchten des Geistes und zum Glauben kommen läßt (11,35 = IV,1,6). Hier wirkt sich Calvins Lehre von Wort und Geist auf den Kirchenbegriff aus. Einerseits kann nämlich »der Geist durchaus nicht ohne das Wort kommen«, andererseits aber gilt, »daß der Geist durchaus nicht mit dem Worte kommen *muß*«[15]. Ekklesiologisch heißt das: Es können »*nur* die Glieder der sichtbaren Kirche... zur unsichtbaren Kirche gehören«, andererseits aber »gehören *nicht alle* Glieder der sichtbaren Kirche auch zur unsichtbaren«[16]. Damit hat Calvin von Anfang an die Unentbehrlichkeit und entscheidende Bedeutung, aber zugleich – dies vor allem in kritischer Wendung gegen den römisch-katholischen Anspruch – die Relativität der sichtbaren Kirche, der sein Interesse gilt, markiert. Relativ und unentbehrlich zugleich ist sie im Blick auf die eigentlich von Gott gewollte und gemeinte »electorum turba«, ebenso wie das Wort im Blick auf den Geist relativ ist[17]. Gerade dann muß man freilich fragen, mit welchem Recht die sichtbare Kirche über das Angebot des Wortes hinaus als Erzieherin an allen ihren Gliedern wirksam wird, also auch an solchen, die nicht zu den electi gehören.

2. Kennzeichen der Kirche

Wegen der Wichtigkeit der sichtbaren Kirche für das Heil kommt auch nach Calvin den Zeichen (notae, quasi symbola), an denen man sie eindeutig erkennen kann, besondere Bedeutung zu (12,28 = IV,1,8). Im Blick auf die Mitgliedschaft in der Kirche gibt es freilich keine für uns eindeutigen Merkmale. Denn Gott allein kennt die Seinen, wir dagegen sind auf das »iudicium charitatis« verwiesen, demzufolge wir als Glieder der Kirche anerkennen, »die durch das Bekenntnis des Glaubens, durch das Beispiel ihres Lebens und durch die Teilnahme an den Sakramenten mit uns den gleichen Gott und Christus bekennen« (IV,1,8)[18]. Charakteristisch für Calvin ist der Hinweis auf das Beispiel des Lebens. Bemerkenswert ist im übrigen, wie an dieser Stelle im Grunde noch einmal die »unsichtbare Kirche« thematisch wird; denn gefragt ist hier eigentlich nach der Gliedschaft am Leibe Christi, die nur Gott selbst wirklich bekannt ist. Alle äußere von uns wahrnehmbare Kirchengliedschaft ist relativ zu jener eigentlichen geistlichen Gliedschaft, aber mit ihr nicht einfach deckungsgleich[19].

---

15. *Werner Krusche:* Das Wirken des Heiligen Geistes nach Calvin, Berlin 1957, S. 311.
16. Ebd. S. 313.
17. Gegen O. Weber, der a.a.O. S. 26 der Meinung ist, Calvin sehe die Kirche in erster Linie als Institution.
18. »... qui et fidei confessione, et vitae exemplo, et sacramentorum participatione eundem nobiscum Deum ac Christum profitentur« (OS V,13,17).
19. Dazu J. Bohatec, a.a.O. S. 352ff., der auch die unterschiedlichen Akzente zwischen früherem und spätem Calvin darlegt.

Sodann kommt Calvin auf die »ipsius corporis notitia« zu sprechen, also auf »den Leib selbst« im Unterschied zu seinen Gliedern und ihrer Mitgliedschaft (13,21 = IV,1,8). Hier steht die Kirche hinsichtlich ihrer Sichtbarkeit zur Debatte (IV,1,9)[20]. Diese ist nach Calvin an zwei Zeichen erkennbar: nämlich daran, daß das Wort lauter gepredigt und gehört wird, und daran, daß die Sakramente nach der Einsetzung Christi verwaltet werden (13,24 = IV,1,9). Solches kann nämlich nicht geschehen, ohne daß Frucht wächst und Gottes Segen ergeht (14,24 = IV,1,10). Selbst in diesem Zusammenhang wird also von Calvin die Relativität des allen sichtbaren Geschehens auf die »unsichtbare« geistliche Wirkung unterstrichen. Die Kirchenzucht wertet Calvin nicht als eine dritte nota, wie es dann in reformierten Bekenntnissen geschah[21], sosehr freilich für Calvin die Kirche ohne Kirchenzucht undenkbar ist (212,21 = IV,12,1; 215,5 = IV,12,4). Das ist wohl in dem Sinne zu verstehen, daß für Calvin die Zucht ein (unentbehrlicher) *Hilfs*dienst für das Geschehen von Wort und Sakrament und die durch solches Geschehen gewirkte Heiligung ist (vgl. die Bilder von Sehnen, Zügel, Rute in IV,12,1). Immerhin erwähnt Calvin bei Nennung der Kennzeichen der Kirche neben der Predigt auch das Hören des Evangeliums und zeigt damit, daß »im Geschehen der Predigt der Mensch stets eingeschlossen« ist[22]. Es handelt sich bei diesem Hören zweifellos um den äußeren Hörvorgang, gehört es doch zu den Merkmalen, die »für unsere Augen sichtbar« sind. Damit kommt es – als menschliche Antworthaltung – durchaus in Parallele zu dem von Melanchthon in seiner Kirchendefinition genannten Gehorsam zu stehen, und die Frage des Synergismus stellt sich hier ebenso wie dort[23].

Zu den Kennzeichen der Kirche gehört auch nicht ihre Fehlerlosigkeit. Wie Melanchthon wendet sich Calvin in Schärfe und Ausführlichkeit gegen Donatisten und Wiedertäufer, ihren Heiligkeitswahn und ihre unsinnige Hoffahrt (17,2.9 = IV,1,13). Vielmehr sind erstens nach Mt 13 in der Kirche Gute mit Bösen gemischt (17,24 = IV,1,13). Zweitens aber sind auch die Gläubigen selbst so unvollkommen, daß sie ständig um die Vergebung ihrer Sünden bitten müssen (24,19 ff. = IV,1,21; 26,1 ff. = IV,1,23 ff.). Allerdings widerspricht das nicht jenem bereits erwähnten grundlegenden Erziehungsmandat der Kirche, wie es in ihrer Zuchtvollmacht konkret wird, und ebensowenig der Verpflichtung, Übeltäter aus der Kirche auszuschließen – wobei Calvin beklagt, daß die Hirten hier manchmal allzu nachgiebig sind (19,6 = IV,1,15). Man hat nicht zu Unrecht einen »relativen Perfektionismus« Calvins von einem »absoluten

---

20. Calvin spricht von der »conspicua oculis nostris Ecclesiae facies« (OS V,13,23).
21. Vgl. O. Weber, a.a.O. S. 28 f.; W. Krusche, a.a.O. S. 305 f.
22. O. Weber, S. 28.
23. Dies muß kritisch gegen O. Webers diesbezügliche Bemerkungen, a.a.O. S. 29, geltend gemacht werden. Vgl. bereits oben S. 48 und Anm. 41.

Perfektionismus« der Täufer unterschieden[24]. Solche Maßnahmen sind jedoch nicht Sache der einzelnen Gläubigen, die sich vielmehr selbst zu prüfen haben (19,19 = IV,1,15).

Bedeutsam ist, daß Calvin von zu tolerierenden Fehlern (vitia) selbst im Blick auf Lehre und Sakramentsverwaltung spricht (16,5 = IV,1,12). Er unterscheidet von den »eigentlichen Lehrstücken der Religion«, also solchen fundamentalen Lehrstücken, die unerschütterlich und unzweifelhaft feststehen müssen (wie: Existenz Gottes, Gottessohnschaft Christi, Gottes Barmherzigkeit als Grund unseres Heils), andere Lehrstücke, »über die unter den Kirchen Meinungsverschiedenheiten herrschen, die aber die Einheit im Glauben nicht zerreißen« (wie z. B. die Frage des Aufenthaltsortes der abgeschiedenen Seelen; 16,8.11 = IV,1,12). Bezüglich dieser zweiten Gruppe sind »ignorantiae nubecula« (16,22) unvermeidlich, aber sie sind kein Grund zur Trennung von der Kirche. Calvin geht hier weiter als z. B. Melanchthon, bei dem im Zusammenhang der Rede vom fundamentum der Kirche eine Toleranzmöglichkeit nur im Blick auf Riten und Zeremonien sichtbar wird, während für ihn die wahre Lehre des Evangeliums als solche klar und unteilbar zu sein schien. Die Calvinsche Unterscheidung von Fundamentalartikeln des Glaubens und anderen nicht fundamentalen Wahrheiten[25] stellt ein gewisses Gegengewicht gegen eine sonst bei Calvin zu beobachtende Gesetzlichkeit im Blick auf die konkrete Gestalt der Kirche dar. Sie ist auch ökumenisch von großer Bedeutung, hat ihre Entsprechung in der Lehre von der »hierarchia veritatum« des II. Vaticanum gefunden[26] und spielt in der gegenwärtigen ökumenischen Diskussion eine erhebliche Rolle. Es kommt hier so etwas wie eine legitime Lehrpluralität in der Kirche in den Blick.

3. Wahre und falsche Kirche

Die Unterscheidung von fundamentalen und nicht-fundamentalen Lehrstücken begründet für Calvin freilich keinen Ökumenismus um jeden Preis. Im Gegenteil: Wie Luther und Melanchthon unterscheidet Calvin zwischen wahrer und falscher Kirche. Wenn »in das Bollwerk der Religion die Lüge eingebrochen, die Hauptsumme der notwendigen Lehre verkehrt worden und die Übung der Sakramente zusammengestürzt ist«[27], dann ist das »ecclesiae

---

24. So J. Bohatec, a.a.O. S. 303.
25. Er übernimmt sie von Bucer und Erasmus (vgl. O. Weber, a.a.O. S. 61).
26. Vgl. dazu *U. Valeske:* Hierarchia veritatum, München 1968.
27. »Atqui simulac in arcem religionis mendacium irrupit, summa necessariae doctrinae inversa est, sacramentorum usus corruit: certe ecclesiae interitus consequitur ... Si ecclesiae fundamentum est Prophetarum et Apostolorum doctrina, qua salutem suam in uno Christo reponere fides iubentur, illam doctrinam tolle, quomodo amplius aedificium constabit?« (OS V,31,5.12).

fundamentum«, nämlich die Lehre der Propheten und Apostel, zerstört, und da muß die Kirche zusammenbrechen (IV,2,1). Genau das ist aber in der Papstkirche der Fall (31,20 = IV,2,2). Über die Differenzen in der Wahrheitsfrage darf nicht der Mantel der christlichen Liebe gebreitet werden. Vielmehr hängt die »charitatis coniunctio« von der »fidei unitas« ab, »daß diese ihr Anfang, ihr Ziel, kurzum, ihre einzige Richtschnur sein muß« (IV,2,5)[28]. Ebenso wie Luther und Melanchthon weist auch Calvin die Berufung auf die »perpetua Episcoporum successio« zurück, wenn sie nicht auf dem in der Lehre der Apostel und Propheten ergehenden Wort und in echter Nachfolge begründet ist (32,4; 32,30ff. = IV,2,2; IV,2,3f.). Außerdem weist Calvin kritisch auf das Schisma zwischen Rom und der griechischen Ostkirche hin, das zeigt, wie zur Bedeutung der apostolischen Sukzession für römisches Verständnis die Anerkennung der päpstlichen Vorherrschaft als Bedingung kirchlicher Einheit und wahren Kircheseins hinzukommt (32,20 = IV,2,2). Der Vorbehalt der Übereinstimmung mit der apostolischen Lehre gilt auch gegenüber der Autorität der – durchaus irrtumsfähigen – Konzilien (150,28ff. = IV,9), sosehr allerdings die altkirchlichen Konzilien einer entsprechenden Prüfung standhalten und daher bezüglich ihrer Glaubenssätze von Calvin für heilig gehalten werden[29]. Überhaupt muß von einer außerordentlichen Hochschätzung der alten Kirche durch Calvin gesprochen werden. Die alte Kirche gilt ihm, wie vor allem etwa seine ausführliche Berufung auf ihre Ämterordnung zeigt (57,30ff. = IV,4), als Manifestation wahrer Kirche und wird neben dem Neuen Testament kritisch der späteren Entwicklung der römisch-katholischen Kirche entgegengehalten (73,6ff. = IV,5ff.)[30].

Hinter dieser kritischen Beurteilung der Papstkirche steht wie bei Melanchthon die bereits erfolgte kirchliche Trennung (vgl. 36,32ff. = IV,2,6). Aber ebenso wie Melanchthon schränkt Calvin die schroffe Verurteilung der Papstkirche dadurch ein, daß er aufgrund der Taufe und anderer Überreste »vestigia Ecclesiae« (41,1 = IV,2,11) in ihr konstatiert. Ja, er scheint über Melanchthon insofern hinauszugehen, als er das Vorhandensein von »Ecclesiae« unter dem Papsttum zugibt und der Papstkirche lediglich den Titel »Ecclesia« nicht einfach und schlechthin zubilligen will (41,12 = IV,2,12). Hier spielt die Unterscheidung der »Ecclesia universalis« von den »singulae Ecclesiae« herein, über die Calvin bereits an früherer Stelle gehandelt hatte (13,31; 14,2 = IV,1,9). In dieser doppelten Weise stellt sich für ihn nämlich die

---

28. »... ut haec illius initium, finis, unica denique regula esse debeat« (OS V,36,20).
29. Calvin sagt von den Konzilien: »... libenter amplectimur, reveremurque ut sacrosanctas, quantum attinet ad fidei dogmata« (OS V,156,32).
30. Zur Schätzung der alten Kirche durch Calvin und zu seiner Katholizität vgl. auch O. Weber, a.a.O. S. 63.

wahre Kirche dar. Calvin denkt also nicht nur im Blick auf die geschichtliche Kontinuität, sondern auch im Blick auf die horizontale Erstreckung der je gegenwärtigen Kirche durchaus gesamtkirchlich[31]. Nur verzichtet er im Unterschied zum römisch-katholischen Modell auf die Entfaltung einer die Gemeinde übergreifenden Organisation (wie sie ja in den altkirchlichen Bischöfen bis zu einem bestimmten Grade angelegt war).

4. Amt und Ämter in der Kirche

Die (sichtbare) Kirche, die Calvin die »piorum omnium mater« nennt (1,7 = IV,1 Überschr.), ist »Amtskirche«[32]. Darin unterscheidet sich Calvins Sicht von der Luthers, der wesentlich stärker vom allgemeinen Priestertum der Gläubigen her denkt, nicht jedoch von der Melanchthons. Das Amt (officium, munus, magisterium, ministerium) und die Amtsträger (ministri; vgl. die verschiedenen Termini in IV,3,2 u. 3) gibt es in der Kirche nach dem Willen des Herrn (42,21 = IV,3,1). Durch sie tut Gott selbst sein Werk an und in der Kirche (42,29 = IV,3,1). Menschen repräsentieren Gottes Person (43,6): sowohl weil wir Menschen ihm lieb und wert sind; als auch um unsere Demut zu üben, weil es eben *nur* Menschen sind, durch die wir den Schatz der himmlischen Weisheit empfangen; vor allem aber als Band der Einheit der Kirche, denn »zur Aufrechterhaltung der gegenseitigen Liebe war nichts geeigneter, als die Menschen durch das Band miteinander zusammenzuhalten, daß einer zum Hirten eingesetzt wird, um die anderen zusammen zu unterweisen« (IV,3,1)[33]. Neben dem Gesichtspunkt der Vermittlung des Lebens von Gott her tritt demnach der Gesichtspunkt der Einheit der Kirche als Begründung für das Amt bemerkenswert in den Vordergrund. All die genannten Gesichtspunkte begründen zugleich ein deutliches Gegenüber von Amt und Gemeinde, von Klerus und Volk (212,15 = IV,12,1); einschränkend immerhin der Hinweis, daß 1 Petr 5,3 von Petrus die ganze Kirche »Klerus« genannt wird: 66,3 = IV,4,9). Das Amt der Kirche existiert nach Calvin in vier Gestalten bzw. Ämtern, die es ständig in der Kirche gibt: Hirten, Lehrer, Älteste, Diakone (46,31 = IV,3,4 und 50,20 = IV,3,8)[34]. Diese Lehre von den vier Ämtern hat Calvin von M. Bucer übernommen[35]. Sie reibt sich natürlich mit der Drei-Ämter-Struktur, die Cal-

---

31. Vgl. auch J. Bohatec, a.a.O. S. 299.
32. O. Weber, a.a.O. S. 31.
33. »... nihil ad fovendam mutuam charitatem aptius erat quam hoc vinculo homines inter se colligari, dum unus constituitur pastor qui reliquos simul doceat« (OS V,43,4.11.25).
34. Dazu vgl. im einzelnen A. Ganoczy, a.a.O. S. 247 ff.; O. Weber, a.a.O. S. 32 ff.
35. O. Weber, S. 32.

vin in der alten Kirche findet[36]. Calvin hilft sich so, daß sich nach seiner Darstellung die altkirchlichen Presbyter in Hirten und Lehrer einerseits, Älteste andererseits aufteilen (58,16=IV,4,1). Daneben gab es das Amt des Diakons, das auch für Calvins Ämterordnung grundlegend ist (58,18=IV,4,1; 61,16ff.=IV,4,5). Die Bischöfe, denen ebenfalls der Dienst am Wort oblag, stellen nach Calvin eine Art Vorsitz-Institution im Presbyterkollegium dar, die aber nur eine zeitbedingte menschlich-kirchliche Einrichtung ist[37].

Das Amt der Hirten oder Pastoren ist das wichtigste und grundlegende Amt. Ihm obliegt es, das Evangelium zu verkündigen und die Sakramente zu verwalten (48,14=IV,3,6). Die Hirten haben das eigentliche Vorsteheramt in der Kirche im Sinne der Leitung der Ortsgemeinde inne (»praeesse Ecclesiae«: 48,25=IV,3,6), wozu außer der Verantwortung für Lehre und Sakramente auch gehört, daß sie richtige Disziplin halten (48,27=IV,3,6). Von dieser umfassenden Funktionsbestimmung her kann man sagen, daß »das Amt des Pastors das gesamte Handeln der Kirche umschließt«, und »alle anderen Amtsträger nehmen lediglich am ministerium des Pastors teil«[38].

Das letztere gilt insbesondere für das Amt des Lehrers (»doctor«), das von Calvin ohnehin recht spärlich beschrieben wird: Dem Lehrer obliegt die Auslegung der Schrift, »damit die lautere und gesunde Lehre unter den Gläubigen erhalten bleibt« (IV,3,4)[39]. Die Funktion eines theologischen Lehrers der Kirche, die in dieser Aufgabenbestimmung im Ansatz gegeben ist, kam in Genf zur Zeit Calvins als eigene Institution praktisch nicht zum Zuge, da die Lehrer zur Unterweisung der Jugend eingesetzt wurden, etwa im Sinne unseres heutigen Katechetenstandes[40]. Auch das Amt der »gubernatores« (Regierer) oder »seniores« (Ältesten) stellt im Grunde einen Hilfsdienst für die Hirten dar, der darin besteht, zusammen mit diesen die »censura morum« und die »exercenda disciplina« wahrzunehmen, wie Calvin in Auslegung der in 1 Kor 12,28 erwähnten »Kyberneten« darlegt (50,22=IV,3,8). Calvin nennt diese Funktion auch »iurisdictio in corrigendis vitiis« (50,27). Immerhin haben diese Ältesten im Genf Calvins eine sehr bedeutsame eigengewichtige Stellung innegehabt, und auch im Verlauf der ekklesiologischen Darlegungen in der Institutio wird ihrer Tätigkeit ausgiebig gedacht (vgl. bes. 195,1ff.=IV,11f.). Die Selbständigkeit und die Bedeutung dieses Amtes und seiner Funktionen

---

36. Daß Calvin lediglich eine Dreiämtertheorie entwickelt habe, wie J. Bohatec meint (a.a.O. S. 466), kann zwar durch die Aussage Calvins in IV,4,1 (= OS V,58,14) gestützt werden, wird aber dem sonst vorliegenden Tatbestand bei Calvin nicht gerecht.

37. »... pro temporum necessitate ... humano consensu inductum« (OS V,58,38 = IV,4,2).

38. O. Weber, a.a.O. S. 34.

39. »... ut syncera sanaque doctrina inter fideles retineatur« (OS V,46,35).

40. Vgl. A. Ganoczy, a.a.O. S. 310ff.

weist erneut hin auf die für Calvins Kirchenbegriff so charakteristische Hervorhebung der Erziehung zur Heiligung als Aufgabe der Kirche. Die Verschränkung des Dienstes von Hirten und Ältesten wirkt sich praktisch darin aus, daß sie im Genf Calvins als Presbyterium (Consistoire) zusammenwirken, so daß also ein Amtsträger niemals allein tätig ist, sondern immer in der Gemeinschaft der Amtsträger und Ämter. Nur fehlt in der Institutio (und auch sonst weithin) eine wirkliche Theorie des Presbyteriums[41]. Die Diakonen schließlich haben in doppelter Weise die Aufgabe des Dienstes an den Armen und Kranken: durch Verwaltung der Almosen und durch direkte Fürsorge (50,31 ff. = IV,3,9). Dieser Dienst hat in seiner Funktion dem Hirtenamt gegenüber eine stärkere Eigenständigkeit als die Dienste des Lehrers und des Ältesten, ist ihm indessen selbstverständlich untergeordnet.

Zur Begründung dieser Vier-Ämter-Ordnung beruft sich Calvin primär auf das neutestamentliche Zeugnis, nicht freilich in biblizistischer Übernahme sämtlicher im Neuen Testament aufgeführter Ämter[42], sondern so, daß er aus diesen diejenigen heraushebt, ohne die die Kirche nicht sein kann (46,32 = IV,3,4). So bleiben von den fünf in Eph 4,11 genannten Ämtern nur zwei Dauerämter: die Hirten und die Lehrer, in die Calvin die Funktionen von Aposteln, Propheten und Evangelisten teilweise integriert denkt (46,16 = IV,3,4; 47,3 = IV,3,5). Aus Röm 12,7 f. und 1 Kor 12,28 ergeben sich zusätzlich Älteste (Regierer) und Diakone als Dauerämter (50,15 = IV,3,8). Als Kriterium für die Dauerhaftigkeit von Ämtern führt Calvin auf der einen Seite den Auftrag Christi an, zu predigen, zu taufen, Abendmahl zu feiern – ein Auftrag, den Christus ursprünglich den Aposteln erteilt hat (47,24 = IV,3,6). Der Auftrag der Ältesten wird auch mit Hinweis auf Mt 18,15–18 begründet im Sinne einer Implikation der Schlüsselgewalt (195,26 = IV,11,1). Andererseits beruft sich Calvin im Blick auf das Ältestenamt auf die Erfahrung[43].

Eine Herleitung der kirchlichen Ämter aus dem allgemeinen Priestertum dergestalt, daß hier nur der Ordnung halber etwas einzelnen delegiert würde, was im Prinzip Sache aller ist, findet sich, im Unterschied zu Luther[44], bei Calvin ebensowenig wie bei Melanchthon. Es geht um grundsätzlich und nach des Herrn Verfügung nur einzelnen zukommende Dienste. Wenn Calvin in diesem Zusammenhang von der »institutio Christi« spricht (45,31 = IV,3,4), dann denkt er offensichtlich sowohl an die sich in Eph 4,11 widerspiegelnde charismatische Erweckung der Ämter wie an die Aufträge, die der vorpfingstliche

---

41. Zum Presbyterium vgl. O. Weber, a.a.O. S. 41.
42. Das wird mit Recht in der Calvin-Literatur immer wieder unterstrichen.
43. »Porro eiusmodi ordinem non unius seculi fuisse, experientia ipsa declarat. Est igitur et hoc gubernationis munus seculis omnibus necessarium« (OS V,50,28 = IV,3,8).
44. Allerdings sahen wir, wie bei Luther der Ordnungsgesichtspunkt seinerseits eingebunden ist in den Gesichtspunkt der Verfügung Christi.

Jesus Christus den Aposteln gegeben hat. Eine notwendige Folge dieser Verfügung durch den Herrn ist es, daß es zur Wahrnehmung eines Amtes in der Kirche einer besonderen Berufung bedarf. Calvin unterscheidet eine verborgene Berufung vor Gott und eine öffentliche Berufung vor dem Angesicht der Kirche. Die zuerst genannte, über die sich Calvin jedoch nicht des näheren ausläßt (52,23 = IV,3,11), besteht im Zeugnis unseres Herzens, daß wir das angebotene Amt nicht aus Ehrgeiz oder Habsucht, sondern in einer Gott und der Kirche gegenüber guten Gesinnung annehmen (52,24 = IV,3,11). Ferner erwähnt Calvin die Gaben, mit denen Gott die ausrüstet, die dann von der Kirche berufen werden (53,9 = IV,3,12). Der verborgene Vorgang ist aber auf das öffentlich angebotene Amt ausgerichtet. In dieses nun wird man von der Kirche »rechtmäßig berufen« (»rite vocatus«: 52,7 = IV,3,10) und erhält es damit als Auftrag des Herrn (52,13 = IV,3,10)[45]. Über den Vorgang der Berufung äußert sich Calvin ausführlich (53,4 ff. = IV,3,12–16). Entscheidend ist, daß die Gemeinde, wenn auch nicht unbedingt in direktem Sinne durch ein Wahlverfahren (wegen der damit verbundenen Gefahren), so doch durch ihre ausdrückliche Zustimmung an der Berufung beteiligt ist und daß eine Ordination mit Handauflegung durch die Hirten stattfindet (55,10 ff. = IV,3,15 f.)[46].

5. Kirchenzucht

Etwa die Hälfte der Ekklesiologie Calvins in der Institutio von 1559 handelt »De potestate Ecclesiae« (IV,8–13). Jedoch ist dieser Teil in vielen neueren Darstellungen nicht oder kaum berücksichtigt[47]. Gewiß ist vieles, wozu sich Calvin – vor allem in Auseinandersetzung mit damaligen römisch-katholischen Auffassungen – ausführlich äußert, nur von zeitbedingtem Interesse. Aber zumindest die Bereiche von Rechtsprechung (iurisdictio) und Kirchenzucht (disciplina) sind schon deshalb von grundsätzlicher Bedeutung, weil sie den besonderen Charakter der Ekklesiologie Calvins im Unterschied zu Luther und zu Melanchthon noch einmal besonders deutlich werden lassen.

Drei Bereiche sind in diesen umfänglichen Kapiteln »De potestate Ecclesiae«

---

45. O. Weber weist, a.a.O. S. 35, darauf hin, daß Calvin im Epheser-Kommentar das Amt ausdrücklich als eine Gabe versteht und Institution hier eine Form des Charismas ist. Dazu auch W. Krusche, a.a.O. S. 322 f. Jedoch tritt dieser Gesichtspunkt in der Institutio zurück.

46. Vgl. O. Weber, S. 37 ff.; A. Ganoczy, S. 257 ff.

47. So bei *P. Barth*: Calvins Verständnis der Kirche, in: ZZ 8, 1930, S. 216 ff.; ebenso bei W. Kolfhaus, H. Quistorp, W. Krusche, O. Weber, A. Ganoczy, jeweils a.a.O., auch W. Niesel ist a.a.O. verhältnismäßig knapp. Eine Ausnahme stellt J. Bohatec dar (a.a.O.).

thematisch. Calvin handelt als erstes von der Lehrautorität der Kirche (IV,8–9), insbesondere von den Konzilien, die nicht nur unter das apostolische Wort als kritische Instanz gerückt werden, sondern auch eine positive Würdigung in dem Sinne erfahren, daß ihnen in anstehenden Streitfragen hinsichtlich der Auslegung der Heiligen Schrift in jedem Falle mehr Gewicht als den Urteilen einzelner zukommt (161,11 = IV,9,13). Immerhin: Eine letzte Garantie für die Wahrheit bildet eine Konzilsabstimmung nicht (162,10 = IV,9,13). Zweitens handelt Calvin über die gesetzgebende Gewalt der Kirche (IV,10). Wie Luther und Melanchthon bestreitet er kirchlichen Ordnungen den Anspruch, die Gewissen vor Gott zu binden (164,14; 165,28; 168,16 = IV,10,1.2.5). Sie verpflichten allenfalls »fratris respectu« (167,21 = IV,10,4). Sie dienen der Förderung der Frömmigkeit und dem Frieden in der Gemeinde und sind darin dem Kriterium der Liebe unterstellt (184,16; 185,23; 191,2; 193,16 = IV,10,21.22.28.31). Eine naturrechtliche Argumentation im Sinne Melanchthons begegnet bei Calvin in diesem Zusammenhang nicht.

Schließlich handelt Calvin von Rechtsprechung (iurisdictio: IV,11) und Kirchenzucht (disciplina: IV,12) und kommt damit auf die Funktion, die insbesondere die Ältesten in der Kirche wahrzunehmen haben, zurück. Bereits die Rechtsprechung, um die es Calvin hier geht, betrifft die »disciplina morum« (195,6 = IV,11,1). Es geht in ihr also um den Lebenswandel der Gemeindeglieder, und sie hat ihren wesentlichen modus im Ausschluß vom Hl. Abendmahl bzw. in der Zulassung zu ihm (»disciplina excommunicationis«: 198,10 = IV,11,2). Den Auftrag an die Kirche, solche Rechtsprechung am einzelnen Gemeindeglied zu üben, findet Calvin in der Übertragung der Schlüsselgewalt Mt 18,18, und dies im Unterschied zu Mt 16,19 und Joh 20,23, wo von der Sündenvergebung in der Predigt die Rede sei (195,26 ff. = IV,11,1). Als Beispiele für die Notwendigkeit des Ausschlusses vom Abendmahl führt Calvin z. B. einen Betrunkenen und einen Unzuchtsünder an, und zwar jeweils, sofern ein solcher kein Zeichen von Buße erkennen läßt (199,12 = IV,11,3). Daneben gibt es dann weitere Zuchtmaßnahmen besonders für leichtere Vergehen, wo keine Exkommunikation nötig ist. Hier kann es sein, daß zunächst lediglich eine Ermahnung angebracht ist (213,10 = IV,12,2). Außerdem muß zwischen verborgenen und öffentlichen Sünden unterschieden und vor allem bei den erstgenannten nach Mt 18,15 ff. eine Stufung der Kirchenzucht vorgesehen werden (213,25.34 = IV,12,2.3). Solche Zucht ist für die Kirche noch wichtiger als für andere Gemeinschaften, da der Zustand der Kirche »quam ordinatissimum esse decet« (212,24 = IV,12,1). Wie die Lehre Christi die Seele der Kirche ist, so kann die Zucht mit den Sehnen verglichen werden, durch die die Glieder des Leibes miteinander verbunden leben. Oder Calvin nennt sie eine Art Zügel oder väterliche Rute, mit der das Volk in Schranken gehalten wird (212,24 ff. = IV,12,1). Und er fügt fast beschwörend hinzu: »Wer die Hoffnung hat, die Kirchen könnten ohne dies Band der Zucht lange bestehen bleiben, der täuscht sich in seiner Meinung« (IV,12,4)[48] – und dies zumal, da der Herr selbst dies Hilfsmittel für die Kirche vorgesehen hat. Calvin äußert sich auch konkret dazu, was er als Sinn und Ziel solcher Zucht ansieht. Drei Dinge sollen erreicht werden: Es soll die Schändung des Heiligen durch einen Unwürdigen vermieden werden, es sollen die Guten in der Gemeinde nicht verdorben werden, und es sollen die Sünder zur Reue geführt werden (215,10ff.=IV,12,5). Dabei unterstreicht Calvin, daß das kirchliche Urteil über einen Lebenswandel niemals das Urteil Gottes vorwegnehmen oder etwa einen Ausschluß aus der Zahl der Erwählten bewirken kann (220,10=IV,12,9). Auch geht es bei solcher Kirchenzucht nur um den Lebenswandel, nicht aber um die beteiligten Personen als solche, wie es bei der Verfluchung der Fall wäre (221,4=IV,12,10). Und Calvin fordert die Verantwortlichen auf, bei aller nötigen Strenge doch den Geist der Milde nicht zu verlassen (218,33=IV,12,8).

Bei dem allen fragt man sich, ob und inwieweit es Sache kirchlich-amtlicher Tätigkeit sein darf, mit administrativen Maßnahmen auf die Heiligung der einzelnen Christen einzuwirken. Daß die Gemeinde als Ganze mit kirchlichen Maßnahmen vor offensichtlichem Ärgernis geschützt wird, ist etwas anderes als das Vorhaben, einzelne sozusagen um ihrer eigenen Heiligung und ihres eigenen Heiles willen kirchlichen Disziplinarmaßnahmen zu unterwerfen. Dies letztere steht aber offensichtlich auch als Motiv hinter Calvins Lehre von kirchlicher Erziehung und Zucht. Es ist jener bereits erwähnte »relative Perfektionismus«, der hier Maßnahmen und Mittel befürwortet, von denen zu fragen ist, ob sie nicht der Freiheit der Gewissen vor dem Anspruch des Wortes Gottes zu nahe treten.

Diese Frage verschärft sich dadurch, daß Calvin in diesem Zusammenhang auch staatliche Maßnahmen ins Auge faßt. Calvin geht dabei von einer Gesamtkonzeption von Gesellschaft sowie von staatlicher und kirchlicher Gewalt in ihr aus, die durchaus verwandte Züge zu den entsprechenden Gedanken Melanchthons aufweist. Ein Volk hat danach die weltliche Obrigkeit und die geistlichen Lehrer der Kirche als zwei leitende Organe, die mit den zwei Augen oder den zwei Armen desselben Körpers verglichen werden können[49]. Calvin unterscheidet beide »Regimente« nach Ziel und Methode sehr deutlich: Das eine Regiment richtet sich auf den inneren Menschen, während das andere, weltliche Regiment für die bürgerliche, äußerliche Gerechtigkeit der Sitten zu sorgen hat (471,12=IV,20,1). Und die weltliche Obrigkeit hat im Unterschied zur Kirche das Schwertrecht, Zwangsgewalt, Gefängnisstrafe und ähnliches (199,5=IV,11,3). Dennoch wirken beide in enger Verbundenheit

---

48. »Sine hoc, inquam, disciplinae vinculo qui diu stare posse Ecclesiae confidunt, opinione falluntur« (OS V,215,5).
49. Vgl. J. Bohatec, a.a.O. S. 611ff., und die dort angegebenen Belege.

und gegenseitiger Dienstleistung miteinander zum Wohle des Ganzen[50]. Im Unterschied zu mittelalterlichen und römisch-katholischen Vorstellungen lehnt Calvin die Konzeption einer die ganze Gesellschaft umfassenden und tragenden Kirche – sei es im Weltmaßstab, sei es auf regionaler Ebene – ab[51]. Ebensosehr wehrt er sich freilich auch gegen eine die geistlichen Belange der Kirche übergreifende staatliche Gewalt – sei es in Form des römischen Weltreiches, des staatskirchlichen Absolutismus im Stile Heinrichs VIII. oder des landesherrlichen Kirchenregiments in Deutschland[52]. Dennoch hat nach Calvin der Staat die Sorge für beide Tafeln des Gesetzes übertragen bekommen (479,34 = IV,20,9), so daß er auch für die öffentliche Verehrung Gottes zu sorgen und die wahre Religion und Lehre zu schützen und zu fördern hat (473,13 = IV,20,2)[53]. Darüber hinaus hat die staatliche Gewalt den Auftrag, an der »disciplina« in der Kirche mitzuwirken, wo wahre Wirksamkeit dann in derselben Richtung liegt wie diejenige der Ältesten oder Regierer in der Kirche (475,18 = IV,20,4). Gewiß sollen die weltlichen Herrscher, die auch Calvin als »praecipua membra Ecclesiae« bezeichnen kann[54], ihre Macht Christus unterwerfen (476,4 = IV,20,5). Jedoch hat das zugleich zur Folge, daß die staatliche Gewalt die Kirchenzucht in der Kirche und die Sorge für Gottesverehrung und wahre Lehre durchaus mit den Mitteln der ihr eigentümlichen Gewalt durchführt (199,30 = IV,11,3) – bis hin zum Mittel der Todesstrafe.

Nun unterscheidet Calvin allerdings sorgfältig zwischen dem Menschheitskörper bzw. dem Volksganzen und dem geistlichen Körper Christi[55]. Gott will zwar letztlich alle Menschen unter dem Haupt Christus vereinigen, und die Christen sollen in diese Richtung arbeiten[56]. Aber das geistliche Reich Christi und die bürgerlichen, ja selbst die kirchlichen Ordnungen sind doch eben zwei voneinander zu unterscheidende Dinge (vgl. noch einmal 471,12 = IV,20,1; 220,10 = IV,12,9). Nur das geistliche Reich Christi ist unvergänglich, während alle bürgerlichen Ordnungen der Vergänglichkeit unterworfen sind (472,13 = IV,20,1). Hier wirkt die grundlegende Bedeutung des prädestinatianischen Kirchenbegriffs bei Calvin, der, wie wir sahen, von Anfang an auch die sichtbare Kirche relativiert, als ein kritischer Faktor innerhalb der gesellschaftlichen Einheitskonzeption. Darin liegt auch ein Unterschied zu dem

---

50. »Quemadmodum magistratus puniendo et manu coercendo purgare debet Ecclesiam offendiculis: ita verbi minister vicissim sublevare debet magistratum, ne tam multi peccent« (OS V,199,30 = IV,11,3).
51. Ebd. S. 600ff., S. 613.
52. Ebd. S. 608f., S. 615ff.
53. Ebd. S. 619ff.
54. Ebd. S. 618.
55. Ebd. S. 598.
56. Ebd.

Entwurf Melanchthons. Dennoch bleibt die Frage nach der Angemessenheit der Mittel, die nach Calvin für die Kirche und die Gläubigen in ihr zum Einsatz gebracht werden sollen. Müßte nicht das Reich Christi als geistlicher Sinn auch der sichtbaren Kirche stärker einen kritisch-regulierenden Einfluß auf den Modus des Handelns der sichtbaren Kirche (und auf die Art und Weise möglicher flankierender Maßnahmen von seiten der Staatsgewalt) haben? Die hier fälligen Konsequenzen sind möglicherweise von Calvin nicht in zureichendem Maße gesehen worden.

6. Zusammenfassung und kritische Würdigung

Indem wir abschließend die wichtigsten Aussagen der Ekklesiologie Calvins noch einmal zusammenstellen, beleuchten wir gleichzeitig deren Verhältnis zu den Aussagen Luthers und Melanchthons und versuchen, auf offene Fragen hinzuweisen.

1. Calvins Ekklesiologie ist weitgehend durch die Auseinandersetzung mit der römisch-katholischen Ekklesiologie und dem ekklesialen Anspruch der römischen Kirche bestimmt. Dies ergibt sich aus der konkreten geschichtlichen Situation, in der er über die Kirche nachdenkt. Darin befindet er sich zunächst in derselben Situation wie Luther und Melanchthon. Wie Luther und Melanchthon lehnt auch Calvin den päpstlichen Anspruch ab, kraft göttlichen Rechtes das menschliche Haupt der Kirche und der Garant der allein wahren Kirche zu sein. Desgleichen stellt er wie Luther und Melanchthon die Autorität der Bischöfe und der Konzilien unter das Kriterium des apostolischen Wortes. Er bekennt sich wie Luther und Melanchthon zur Katholizität der Kirche in dem Sinne, daß in den evangelischen Gemeinden (und nicht im römischen Katholizismus) die Kontinuität der einen Kirche gewahrt ist, wie sie vor allem auch an Lehre und Gestalt der alten Kirche ablesbar ist.

Wie bei Melanchthon – dies im Unterschied zu Luther – spiegelt sich in Calvins Ekklesiologie die Konsolidierung eines eigenständigen evangelischen Kirchentums wider. Außerdem tritt als eine zweite Front, gegen die es sich ekklesiologisch abzugrenzen gilt, die Bestreitung institutioneller Kirchlichkeit durch radikale evangelische Gruppen mehr und mehr in den Vordergrund. Beide Faktoren tragen zu dem starken Gewicht bei, das die sichtbare Institution Kirche in der ekklesiologischen Reflexion des späten Calvin wie des späten Melanchthon bekommt.

In der so fortgeschrittenen Entwicklung hin zu einer konfessionskirchlichen Pluralität stellt sich das Problem der Einheit der Kirche in neuer Weise. Es finden sich bei Calvin Ansätze, die über die Einheitskonzeption bei Luther und auch bei Melanchthon hinausweisen: die Unterscheidung von fundamentalen und nicht-fundamentalen Lehrstücken; der Gesichtspunkt des Dienstes an der Einheit als eines wichtigen Momentes des Amtsverständnisses. Nicht zu

Unrecht hat man Calvin immer wieder als »Mann der Ökumene« bezeichnet[57]. Es muß aber über ihn hinaus gefragt werden, was diese Ansätze etwa für das Gespräch mit dem römisch-katholischen Partner (und mit anderen »katholischen« Kirchen) über kirchliche Einheit bedeuten und welche weiteren Gesichtspunkte und Kriterien (z. B. die Bedeutung eines Konzils) bei solchem Gespräch einzubringen wären.

2. Für Calvin sind es wie für Luther und Melanchthon das Wort des Evangeliums und die Sakramente, durch die sich Christus seine Kirche baut. Dabei unterscheidet Calvin zwischen der »sichtbaren« Kirche als der Gemeinschaft derer, die sich zu Christus bekennen, das Wort hören und an den Sakramenten teilhaben, und der »unsichtbaren« Kirche der von Gott Erwählten, die allein im wahren Sinne Kirche (als der Leib Christi) sind. Demgegenüber spricht der späte Melanchthon von Kirche nur noch im Sinne des »coetus vocatorum«, während für Luther Kirche das (in doppelter Weise verborgene) heilige Volk der Christen ist. Welche ekklesiologische Bedeutung hat also das vorfindlich-sichtbare Kirchentum? In welcher Weise ist es legitim und notwendig, vom sichtbaren Kirchentum eine Schar der Erwählten zu unterscheiden – eine Unterscheidung, auf die das Neue Testament, etwa im Gleichnis vom Unkraut unter dem Weizen (Mt 13,24 ff.), nur in einer bemerkenswert ambivalenten Weise hinweist und die im Kirchenbegriff des späten Luther sowie – wenn auch anders – des späten Melanchthon eigentümlich zurücktritt? Gibt es die Möglichkeit, angesichts der »bloß« getauften, der »Randsiedler« und der praktizierenden Christen zu einer im Blick auf ihre Glieder einheitlichen Rede von der Kirche zu kommen? Aber *ist* die Kirche überhaupt von ihren Gliedern her zu erfassen, ist sie primär Gemeinde – oder etwa primär Heilsinstitution?

3. Für Calvins Kirchenbegriff spielt der Gedanke der Erziehung der Gläubigen zur Heiligung eine grundlegende Rolle und bedingt das große Gewicht, das in seiner Konzeption der Kirchenzucht zukommt. Hierin liegt eine spezifische Differenz zu Luther einerseits, Melanchthon andererseits vor. Für Luther ist das »christliche, heilige Volk« notwendigerweise durch ein unübersehbares Maß an Heiligung ausgezeichnet, ohne daß in seinem Kirchenbegriff besondere erzieherische Maßnahmen zur Förderung der Heiligung eine Rolle spielen[58]. In Melanchthons Kirchenbegriff spielt im Unterschied dazu die Heiligung eine konstitutive Rolle, jedoch ist in seinem Vergleich der Kirche mit einer Schule das Moment der Erziehung mitenthalten, wenn es auch ganz auf

---

57. Z. B. ebd. S. 633; vgl. auch O. Weber, S. 58 ff.

58. Damit ist natürlich nicht bestritten, daß Luther die Erziehung im christlichen Glauben für sehr wichtig hielt und z. B. die diesbezüglichen Bemühungen Bugenhagens hochschätzte. Dennoch dürften sie theologisch bei ihm einen anderen Rang haben als bei Calvin.

den Vorgang des Hörens und Erkennens des Wortes ausgerichtet ist. Hier stellen sich zwei Fragen. Das eine ist die Frage nach dem Heilsverständnis: Will das verkündete Wort primär und eigentlich zur glaubenden Erkenntnis Gottes, seiner Gnade und Barmherzigkeit führen, oder dient es vor allem dazu, neue Menschen vor dem Angesicht Gottes zu schaffen? Anders gefragt: Ist das Heil, das in der Kirche manifest wird, primär und eigentlich als Rechtfertigung oder als Heiligung – oder wie sonst – zu bestimmen? Wozu ist der Dienst der Kirche eigentlich da? Die andere Frage ist die, ob es dem Wesen des im Evangelium gegebenen Heils entspricht, wenn es mit erzieherischen Maßnahmen der Kirche unterstützt wird, und welche Art von Maßnahmen gegebenenfalls als sachgemäß anzusehen wären.

In diesem Zusammenhang sei noch vermerkt: Obwohl in Calvins Überlegungen zur Exkommunikation der ekklesiale Bezug des Hl. Abendmahls in den Blick kommt, ist es auffällig, daß der Gesichtspunkt der eucharistischen communio – und darüber hinaus der communio überhaupt – im Spätwerk aller drei Reformatoren ebenso zurücktritt wie der Gesichtspunkt der Anbetung und des Lobes. Welche Rolle müßten diese Gesichtspunkte in einer Wesensbeschreibung der Kirche spielen?

4. Die Lehre Calvins von den vier Ämtern spiegelt, vor allem im Nebeneinander von Hirten und Ältesten, den auf Heiligung und Erziehung ausgerichteten Kirchenbegriff wider. Mit dieser Lehre unterscheidet er sich sowohl von Luthers wie von Melanchthons Amtslehre, die als Lehre vom »Predigtamt« (das gilt auch dort, wo z. B. Luther von Ämtern im Plural spricht) ganz auf den Dienst der Verkündigung ausgerichtet ist. Umgekehrt stimmt Calvin mit Melanchthon in der ausschließlichen Herleitung des Amtes bzw. der Ämter von der Einsetzung des Herrn überein, während Luther ganz stark den Gedanken des allgemeinen Priestertums zum Ausgangspunkt nimmt. Drei Fragen bleiben: Ist im Ansatz von *einem* Amt oder von einer Mehrzahl von Ämtern zu sprechen, und wie wäre gegebenenfalls der Dienst des einen Amtes zu bestimmen? Welchen Stellenwert hat der Dienst des »Regierens« und der »Diakonie« in der Kirche? In welchem Sinne ist im Blick auf Amt und Ämter von einer Stiftung Christi zu reden?

5. Calvin hat ebenso wie Melanchthon (und auch Luther) den Dienst der Obrigkeit für das Evangelium und die Kirche in Anspruch genommen, wie auch umgekehrt die Kirche der im Staate verfaßten Gesellschaft Nutzen bringt. Dies ist bei Calvin (wie auch bei Melanchthon) in einer umfassenden Theorie der (christlichen) Gesellschaft begründet. Hier stellt sich nicht nur verschärft das Problem der Angemessenheit der (staatlichen) Mittel als »flankierender« Maßnahmen für Verkündigung und Heiligung. Es bleibt vor allem offen, wie sich das Verhältnis von Staat und Kirche unter den Bedingungen eines säkularen Staates und einer säkularen Gesellschaft darstellen würde. An dieser Stelle wird die Bindung der reformatorischen Ekklesiologie an ihre Zeit be-

sonders sichtbar. Von hier aus erklärt es sich auch, daß der missionarische Gedanke keine tragende Bedeutung in der reformatorischen Ekklesiologie hat. Es wird das sich ganz neu gestaltende Verhältnis von Kirche und Welt sein, an dem die Differenz zwischen der Ekklesiologie des 16. und des 20. Jahrhunderts besonders eindrücklich deutlich wird.

B. Ekklesiologie bei evangelischen Dogmatikern in der Mitte des 20. Jahrhunderts

Es sollen nun den Aussagen der Reformatoren über Wesen, Auftrag und Gestalt der Kirche entsprechende Überlegungen aus der Theologie des 20. Jahrhunderts gegenübergestellt werden. Dabei soll es nicht nur um eine Kenntnisnahme der Gedanken von Theologen unseres Jahrhunderts gehen, sondern vor allem auch um die Herausarbeitung von Unterschieden in der Sicht der Kirche, von neuen Akzentsetzungen, neuen Problembereichen, und um eine kritische Einschätzung der zutage tretenden Differenzen – gleichsam im Sinne von Prolegomena zu einer künftigen Ekklesiologie. In Teil B werden zunächst die ekklesiologischen Konzeptionen führender evangelischer Dogmatiker aus der Mitte des 20. Jahrhunderts vorgestellt. Dabei repräsentieren Werner Elert und Paul Althaus zwei verschiedene Weisen, besonders die lutherische Tradition für die Gegenwart fruchtbar zu machen. Karl Barth ist demgegenüber stärker der reformierten Tradition verpflichtet. Und Paul Tillich ist der Theologe, der in besonders eindrücklicher und umfassender Weise das Erbe des sog. Kulturprotestantismus des 19. Jahrhunderts in das Gespräch des 20. Jahrhunderts eingebracht hat. Die folgende Darstellung erfolgt im wesentlichen anhand der zusammenfassenden Gesamtdarstellung der Dogmatik, wie sie von jedem der vier Theologen vorliegt.

I. Werner Elert

1. Die Kirche als Stiftung und als Gesamtheit

Die Lehre von der Kirche eröffnet in der Dogmatik von W. Elert den Hauptabschnitt, der mit dem Stichwort »Existenzwandel« überschrieben ist (CG 393)[1]. Es ist die Lehre vom Werk des Heiligen Geistes als der Zueignung des in Christus erschienenen Heils, die traditionell so genannte Lehre von der »gratia spiritus sancti applicatrix« (397), innerhalb deren nach Elert sachgemäß von der Kirche zu handeln ist. Das Werk des Heiligen Geistes ist es, die Menschen zur Versöhnung mit Gott und damit zur Freiheit zu rufen (396). Die Kirche ist

---

1. Belegnachweise im Text beziehen sich größtenteils auf Elerts Werk: Der christliche Glaube. Grundlinien der lutherischen Dogmatik, 3. Aufl. (hg. v. E. Kinder), Hamburg 1956 – angegeben wird die Seitenzahl, an wenigen Stellen mit dem Zusatz »CG«. – Außerdem begegnen Nachweise aus Elerts Werk: Das christliche Ethos. Grundlinien der lutherischen Ethik, Tübingen 1949 – angegeben wird die Seitenzahl mit dem Zusatz »CE«. – Nachweise aus anderen Schriften Elerts erfolgen in den Anmerkungen.

das Mittel, dessen sich der Heilige Geist für sein Werk bedient. Sie ist nicht etwa auch das Ziel des Werkes des Geistes. Elert grenzt sich unter Berufung auf die CA von Anfang an mit Entschiedenheit von Augustin und Calvin ab, weil die Kirche dort wesentlich auch als Ziel des Geisteswirkens in Betracht komme (397). Wie sehr nach Elert die Kirche *lediglich* das Mittel für das Heilshandeln Gottes an den einzelnen Menschen ist, zeigt sich auch im Aufriß der Dogmatik, in der die Behandlung der Kirche derjenigen von Rechtfertigung und ordo salutis vorgeordnet ist. Die Kirche ist der »›Raum‹ ...‚ in dem sich das Wirken des Geistes an den einzelnen vollzieht« (398). Bereits an dieser Stelle ist eine grundlegende Entscheidung für Elerts Kirchenverständnis gefallen. Denn welches Bild von »Kirche« verbirgt sich hinter der These, daß sie ausschließlich Mittel und Raum für das Heil des einzelnen Menschen sei?

Elert charakterisiert die Kirche unter dem eben genannten Vorzeichen als einen Verband, den der irdische Christus gestiftet hat. Es werden »Stiftungsmaßnahmen« Christi genannt: die Verleihung der Schlüsselgewalt, der Befehl zu taufen und das Abendmahl zu feiern sowie vor allem die Aussendung der Jünger zur Verkündigung des Evangeliums (402). Diese von Christus gestifteten Funktionen sind neben dem Stifterwillen selbst (und der durch jene Funktionen erzeugten Beziehungen der Glieder untereinander) zugleich die »Bindemittel dieses Verbandes« (402). Bereits seit seiner Frühzeit betont Elert die konstitutive Bedeutung besonders des Wortes für die Kirche, und das Wort (zusammen mit den Sakramenten) ist dabei in einem Funktion, Entstehungsgrund und Kennzeichen der Kirche[2]. Die diese Funktionen vollziehenden Menschen nennt Elert die »Organe des Verbandes« (402). Elert begründet demnach die Kirche als Mittel des Heiles und als Verband gewissermaßen heilspositivistisch in einer Setzung des vorpfingstlichen Christus, und zwar speziell mit dem Hinweis auf die Stiftung der die Kirche konstituierenden Funktionen durch Christus – ohne indessen auf die in diesem Zusammenhang anstehenden historischen Probleme einzugehen.

Diese Stiftungen stellen eine »neue Ordnung« dar, nämlich die »aus seinem Versöhnungstode hervorgehende Ordnung des Friedens zwischen Gott und den Menschen« (402), eine Ordnung, die mit sonstigen menschlichen Rechtsordnungen nur bedingt vergleichbar ist. Es handelt sich um ein Seins-, nicht um ein Sollgefüge[3]. Diese neue Ordnung bedingt zugleich, daß es nicht die einzelnen Christen sind, die kraft eigenen Entschlusses zur Kirche zusammentreten (401, gegen Schleiermacher). Vielmehr fügt Christus, der in jener

---

2. Vgl. *Joachim E. Wiebering:* Die Lehre von der Kirche bei Werner Elert. Eine Untersuchung zum Verständnis der Kirche im Luthertum des 20. Jahrhunderts, Diss. Rostock 1960, S. 26 f. Die Dissertation von J. Wiebering, die das Material zum Kirchenbegriff Elerts umfassend aufarbeitet, wird im folgenden ständig dankbar benutzt.
3. Vgl. ebd. S. 51 f. – Zum Ordnungsbegriff siehe weiter unten S. 84 f.

Ordnung durch seinen Geist selbst am Werk ist, Menschen zu einem Verband zusammen, der von Elert als »Gesamtheit« (universitas) gekennzeichnet wird (404). Der Begriff »Gesamtheit« ist bei Elert an die Stelle der früheren Verwendung des Begriffs »Organismus« getreten und zeichnet sich diesem gegenüber vor allem durch zweierlei aus: erstens dadurch, daß das durch ihn Bezeichnete weniger in sich selbst schwingt, sondern die »Begründung und Erhaltung von außen« als wesentliches Merkmal bei sich hat; zweitens dadurch, daß gegenüber der stark naturhaften Vorstellung des Organismus die ethisch-willentliche Komponente eine wichtige Rolle spielt[4]. Dem entspricht der betonte Rückgriff Elerts auf das neutestamentliche Bild vom Leibe Christi, demzufolge »die Kirche ihr Leben von dem alle einzelnen Glieder transzendierenden Haupte her empfängt und verwirklicht« (404). Gleichzeitig wehrt er die Verwendung des »societas«-Begriffs für die Kirche ab, der nach seiner Meinung den Kirchenbegriff Gefahr laufen läßt, zu stark von den Mitgliedern der Kirche her (statt von dem allein wesentlichen Handeln Christi her) entworfen zu sein, und der in den Kirchenbegriff eine auf eine Gesellschaftsutopie hinauslaufende Zielvorstellung einführt[5]. Genau in dieser Richtung liegt nach Elert auch die Gefahr, die Calvin für das Kirchenverständnis bedeutet[6].

In den späten Veröffentlichungen Elerts über Abendmahls- und Kirchengemeinschaft in der alten Kirche tritt besonders die Anteilhabe am Leibe Christi in der Eucharistie in den Vordergrund, »die alle mit Christus, aber deshalb auch alle untereinander« vereinigt[7], verbunden mit einer besonders betonten Abkehr vom Gemeinschaftsbegriff Schleiermachers und mit der Interpretation des Ausdrucks »communio sanctorum« im Apostolikum im Sinne solcher sakramentalen »Teilhabe an den heiligen Dingen (sancta)«[8].

Im Kontext des Elertschen Denkens stellt allerdings der von der Leib-Christi-Vorstellung her gefüllte Begriff der »Gesamtheit« eine Auffüllung der Mittel-Funktion der Kirche dergestalt dar, daß nun zugleich das in der Kirche sich realisierende Leben mit Christus herausgearbeitet wird[9], was der Kirche unversehens doch einen bemerkenswerten Eigen-Sinn verleiht.

---

4. Wiebering, a.a.O S. 49 und 50.

5. Das zeigen besonders Elerts frühere Äußerungen zum Begriff »societas« bei Melanchthon: Societas bei Melanchthon, in: Das Erbe Martin Luthers. Festschr. L. Ihmels, Leipzig 1928, S. 101–115; Morphologie des Luthertums II, München 1953 (1931), S. 28f., 306ff.

6. Die Abwehr Calvins ist ungewöhnlich scharf; vgl. CG 397f., 401.

7. Abendmahl und Kirchengemeinschaft in der alten Kirche, in: Koinonia. Arbeiten des ökumenischen Ausschusses der VELKD zur Frage der Kirchen- und Abendmahlsgemeinschaft, Berlin 1957, S. 57ff., hier: S. 63.

8. Abendmahl und Kirchengemeinschaft in der alten Kirche, besonders des Ostens, Berlin 1954, S. 13f.

9. Vgl. dazu J. Wiebering, a.a.O. S. 48.

2. Die Gliedschaft in der Kirche

Das besondere Profil des Elertschen Kirchenbegriffs zeigt sich vor allem im Zusammenhang der Frage nach der Gliedschaft in der Kirche. Elert ist allen Definitionen der Kirche gegenüber skeptisch, »die entweder ausschließlich oder doch in erster Linie und ohne weiteren Zusatz auf ihre Mitglieder reflektieren« (404 f.). Das *Wesentliche* an der Kirche sind ihre Glieder (oder wie Elert meistens sagt: ihre Mitglieder) jedenfalls nicht, das Wesentliche ist das Handeln Christi und seines Geistes in Wort und Sakrament (405). Nach Elert treibt zur Kirche, wie J. Wiebering formuliert, »nicht die Frage, wer zur Gemeinde gehört, sondern die Frage, wie wir Vergebung der Sünden erlangen«[10]. Erst recht ist es nicht das Ethos der Glieder der Kirche, das deren Wesen ausmacht (398).

Dennoch gehören natürlich auch für Elert zur Kirche ihre Mitglieder, und diese Mitglieder sind mit CA VII als »Heilige« zu qualifizieren. Dabei kommt nun alles darauf an, an dieser Stelle richtig zu interpretieren. Heilige sind die Glieder der Kirche – so sagt Elert schon in der Morphologie – *nicht* infolge einer etwaigen ethischen Heiligkeit, z. B. ihrer gegenseitigen Liebe; damit würde der reformatorische Heiligkeitsbegriff auf den Kopf gestellt[11]. Vielmehr sind Heilige die Sünder, die Vergebung und damit Rechtfertigung empfangen (408 f.). Hier spielt Elerts Rechtfertigungsverständnis, das Rechtfertigung von Heiligung sachlich streng trennt, eine entscheidende Rolle[12]. Wer sind aber solche gerechtfertigten Heiligen und damit Mitglieder der Kirche? Elert gibt hier kurz nacheinander zwei unterschiedliche Antworten. Einmal verweist er auf den Glauben als das entscheidende Merkmal: »Die Gläubigen sind Sünder, die wissen, daß sie es sind, wenngleich Sünder, die Vergebung empfangen. Die Kirche ist die Gemeinschaft der Gläubigen, weil sie die Gemeinschaft von glaubenden Sündern ist« (408). Kurz danach aber ist das Kriterium die durch die Taufe erworbene Mitgliedschaft in der Kirche: »Wenn die Glieder der Kirche ... als Heilige angeredet werden, so *sind* sie es ... durch ihre Mitgliedschaft. Folglich *werden* sie es durch ihre Inkorporation. Diese aber erfolgt durch die Taufe« (409). Elert kommt von daher zur Kennzeichnung der Kirche als »coetus baptizatorum« (409). Man wird ihn in diesem Zusammenhang vermutlich so verstehen müssen, daß er den Begriff »glaubender Sünder« durch den Begriff »getaufter Sünder« auslegt, zumal er sich nachdrücklich dagegen wehrt, etwas, das der *Mensch* vollzieht, zum Ausweis der Kirchengliedschaft zu machen (410). Nur löst Elert damit noch nicht das Problem, daß zwischen der Zahl der Getauften und der Zahl der Glaubenden

---

10. Ebd. S. 54.
11. Morphologie des Luthertums I, München 1952 (1931), S. 230.
12. Vgl. Morphologie I, bes. S. 64 ff., 123 ff.; CG 470 ff. Zwischen Gnade und Ungnade, München 1948, S. 143 ff.

durchaus keine Deckungsgleichheit besteht – ein Problem, das bekanntlich in der Reformation und seither zur Konzeption eines doppelten Kirchenbegriffs geführt hat.

Konsequenterweise lehnt Elert jede Form eines doppelten Kirchenbegriffs ab (410). Er hält Luthers entsprechende Unterscheidung in »Vom Papsttum zu Rom«, 1520, für einen durch Polemik bedingten Spiritualismus[13] und bekennt sich zur wesenhaften Sichtbarkeit der Kirche. Zu dieser sichtbaren Kirche gehören Würdige und Unwürdige, eben alle, die ihr in der Taufe inkorporiert wurden (412)[14]. Elert zieht damit die Linie aus, die wir in Melanchthons Begriff der Kirche als »coetus vocatorum« angelegt fanden und die in der konfessionellen Theologie des 19. Jahrhunderts dort weitergeführt wurde, wo man die Kirche vornehmlich als *Anstalt* des Heils verstand[15].

In einer Hinsicht wird dieser ganz vom Wirken Christi *an* den Gliedern her entworfene Kirchenbegriff von Elert dennoch modifiziert, und zwar zunehmend in seinem Spätwerk. Sosehr Elert es nämlich bis zuletzt ablehnt, das Ethos der Glieder der Kirche zum Konstitutivum ihrer Gliedschaft in der Kirche oder gar der Kirche selbst zu machen, sosehr würdigt er doch in steigendem Maße die ethische Dimension der Kirche. Schon in der Dogmatik erscheinen – wie wir sahen – unter den »Bindemitteln« des Verbandes Kirche nach dem Willen des Stifters auch die »Beziehungen der Glieder untereinander, der Liebe, des Friedens, der gegenseitigen Hilfe«, und zwar als durch Wort und Sakramente erzeugt (402). Man könnte im Sinne Elerts von einer sekundären oder konsekutiven Wesenseigentümlichkeit der Kirche sprechen. Diese Andeutung baut Elert im Schlußteil seiner Ethik aus. Er spricht dort von »objektivem Ethos« und meint damit ein Ethos, dessen Subjekt oder Träger nicht einzelne sind, sondern eine Gesamtheit als solche – bezogen auf das *christliche* Ethos also: »nicht das christliche Ich, sondern das christliche Wir« (CE 437). Das präzisiert Elert noch weiter, indem er dieses hier gemeinte »christliche Wir« als »kollektives Wir« kennzeichnet im Unterschied zum »summarischen Wir« vieler einzelner (CE 446ff.)[16]. Solches Ethos – im Lichte dessen das Paradox gelten kann, daß ein Verhalten zugleich christlich und doch im subjektiven

---

13. Vgl. J. Wiebering, a.a.O. S. 54.
14. Ebd. S. 54f.
15. Vgl. dazu ebd. S. 77f., wo das Verhältnis Elerts zur konfessionellen Theologie im einzelnen dargelegt wird. Wiebering weist auch auf die Verwendung des Ausdrucks »Mitglied« der Kirche bei Elert hin, die ebenfalls auf einen anstaltlichen Kirchenbegriff schließen ließe (S. 78). – Zur konfessionellen Theologie des 19. Jh. vgl. im übrigen: *H. Fagerberg:* Bekenntnis, Kirche und Amt in der deutschen konfessionellen Theologie des 19. Jh., Uppsala 1952.
16. Vgl. dazu Wiebering, S. 57f. Hierzu auch den kurzen Abschnitt in: *L. Langemeyer:* Gesetz und Evangelium. Das Grundanliegen der Theologie Werner Elerts, Paderborn 1970, S. 310ff.

Sinne böse ist (CE 436)[17] – kennzeichnet die Kirche. Das Prädikat »christlich«
als ethisches Prädikat kommt demzufolge dem Handeln der Kirche zu, wenn
sie das Wort verkündigt und die Sakramente verwaltet (die ja, wie wir sahen,
nicht nur Konstitutiva, sondern auch Funktionen der Kirche sind; CE 435f.,
450). Darüber hinaus spricht Elert aber auch von einem die Kirche kennzeich-
nenden »objektiven Liebesethos« (CE 455), und diese Liebe und Brüderlichkeit, dieses Für-Einander-Dasein ist selbst ein »Seinsgefüge«, eine »Ordnung« der Kirche und damit mehr und anderes als das jeweilige subjektive
Ethos ihrer einzelnen Glieder (CE 457). Von diesem ihrem Wesen als christlicher Bruderschaft her kommt Elert schließlich sogar zu Aussagen über den
Sendungsauftrag der Kirche, die, im Lichte seines ekklesiologischen Ansatzes besehen, geradezu erstaunlich sind. Wenn nämlich Jesus die Jünger zu
zweit ausgesandt hat, dann ist es das »kollektive Wir ihrer Bruderschaft ...,
das sie in die Welt hineintragen« (CE 541). Hier erlangen die Folgen der Verkündigung und der Sakramentsverwaltung für den Sendungsauftrag der Kirche plötzlich eine erstrangige Bedeutung.
Im Zusammenhang der noch späteren Erörterungen Elerts über Abendmahls-
und Kirchengemeinschaft zeigt sich dann, wie diese Gedanken, die in einer
gewissen Spannung zu früheren ekklesiologischen Aussagen Elerts stehen,
eingebaut werden in das nach wie vor ganz vom neutestamentlichen Gedanken der Teilhabe an Christus her konzipierte Kirchenverständnis, einer Teilhabe, die grundlegend in der Taufe hergestellt ist, dann aber immer neu in
der Teilnahme am Abendmahl verwirklicht wird. Das Recht zur Teilnahme am
Abendmahl (und also des Bleibens in der ekklesialen Gemeinschaft mit Christus) – so hören wir jetzt – verwirkt nämlich der, der durch Zwietracht, grobe
Sünden ohne Bußfertigkeit oder durch Heterodoxie die Einheit des Leibes
Christi gefährdet[18]. Hier zeigt sich, welche wichtige Rolle beim späten Elert
das Ethos im Zusammenhang des an den Sakramenten orientierten Verständnisses der Kirche gewinnt, ohne doch das Sein der Kirche zutiefst und
eigentlich begründen zu können.

3. Kirchenordnung

Der Begriff »Ordnung« im Sinne eines von Gott gestifteten, unser Handeln
und Entscheiden umgreifenden »Seinsgefüges« ist ein für das Denken Elerts
sehr bedeutsamer Begriff. Er signalisiert geradezu so etwas wie eine »Denkstruktur« Elerts, die im Gegensatz zu einem primär an »Ereignis« und »Ent-

---

17. Elert formuliert hier, daß »ein Ethos zugleich christlich und doch böse sein kann«
(CE 436). Diese zunächst ungewöhnliche Formulierung wird klar im Lichte des Begriffs
»Ethos«, das nach Elert ein »stetiges Verhalten von Menschen, sofern es qualitativer
Beurteilung unterliegt«, bedeutet (CE 19).
18. Vgl. Abendmahl und Kirchengemeinschaft (Anm. 7), S. 65ff.

scheidung« orientierten Denken steht[19]. Ordnung in diesem umfassenden Sinne ist die Kirche insgesamt. Sie wird aber, wie wir sahen, dadurch konstituiert, daß der vorpfingstliche Jesus Christus bestimmte »Stiftungsmaßnahmen« vorgenommen hat (CG 402). Die in diesen Stiftungen angeordneten, für die Kirche grundlegenden Funktionen der Evangeliumsverkündigung und der Sakramentsverwaltung werden von Elert auch als »obligatorische Dauerordnung« der Kirche bezeichnet (416f.), die als »ius divinum« von aller anderen Ordnung in der Kirche, die lediglich als »ius humanum« gelten kann, unterschieden ist. Zwischen beiden besteht nach Elert nicht nur ein gradueller, sondern ein qualitativer Unterschied. Denn den Anordnungen Christi fehlt »die Erzwingbarkeit, die für den Rechtscharakter menschlicher Ordnungen wesentlich ist« (416). Es handelt sich um eine Heilsordnung, die in den Kategorien »Verheißung und Glaube« zu erfassen ist. Elert nennt diese Ordnung auch »das Recht Gottes, seine Verheißungen wahrzumachen« (417). Hier zeigt sich besonders nachdrücklich die Auswirkung des »evangelischen Ansatzes« auf den Kirchenbegriff: Das Wesentliche an der Ordnung der Kirche ist nicht Gesetz, sondern Evangelium[20]. Demgegenüber handelt es sich beim »ius humanum« um kirchliche Ordnungen, die in den Kategorien »Gebot und Gehorsam« verlaufen und aufgrund »des vierten Gebotes oder, was in der Kirche praktisch dasselbe ist, aus Liebespflicht« zu erfüllen sind (417). Solches »ius humanum« ist notwendig, weil und sofern die Glieder der Kirche bei der Durchführung des »ius divinum« auch aktiv – nicht nur als Empfänger der Verheißung – beansprucht werden« (417). Und solches Tun geht offensichtlich nicht gut, wenn hier nicht mancherlei geordnet und angeordnet wird[21]. Sein Richtmaß hat alles ius humanum am ius divinum, um dessentwillen recht eigentlich solche menschliche Ordnung da ist.

Zu den grundlegenden Ordnungen in der Kirche gehört auch das kirchliche Amt (418ff.). Dieses Amt der Wortverkündigung und der Sakramentsverwaltung wird von Elert ganz funktional verstanden (419) – als ein Auftrag, die Anordnungen Christi durchzuführen und damit den »Dienst der Versöhnung« auszuüben. Es ist jedenfalls nicht als »ein die Funktion erst begründender Rang« aufzufassen (419)[22]. Dieses Amt ist ein Dienst, der im Gefolge des NT als »Amtspflicht bestimmter Personen, für die er Lebensberuf ist« (420), aufgefaßt werden muß. In diesem Sinne ist das Amt Stiftung Christi (419), gehört zum »ius divinum« (423) und also zur obligatorischen Dauerordnung der Kir-

---

19. Ebd. S. 53.
20. Zum »evangelischen Ansatz« vgl. Morphologie I, S. 8f.; Wiebering, S. 14ff., dort auch weitere Nachweise.
21. Das hat L. Langemeyer, a.a.O. S. 312f., in seiner Auseinandersetzung mit Elert offenbar übersehen.
22. Zum funktionalen Amtsverständnis vgl. schon Morphologie I, S. 301.

che. Es kann aber auch nur dieses eine Amt – nämlich der Dienst der Wortverkündigung (und Sakramentsverwaltung)[23] – sein Recht aus dem Stifterwillen Christi herleiten (423). Es wird dem, der die entsprechenden Gaben mitbringt (424), durch Handauflegung als »Amt der ganzen Kirche« (426) übertragen, wobei der Modus im einzelnen menschlichen Rechtes ist. Angesichts dieser Feststellungen Elerts stellen sich im Lichte der neuern exegetischen und systematischen Diskussion um die Amtsfrage vor allem folgende Fragen: Wird Elert bei seiner Rede von dem einen von Christus gestifteten Amt der Verschiedenheit der Gemeindeverfassungen im NT und der Pluralität der Ämter und Dienste im NT systematisch genügend gerecht? Was bedeutet es für den Amtsbegriff, daß die »Anordnungen« der Taufe, des Abendmahls, der Schlüssel, der Verkündigung, die nach Elert direkt auf Christus zurückgehen und die die wesentlichen Funktionen des späteren kirchlichen Amtes darstellen, nur zum Teil als Funktionen neutestamentlicher Ämter nachweisbar sind (*nicht direkt nachweisbar sind die Verwaltung von Taufe und Abendmahl als Amtsfunktionen*)? Welches theologische Gewicht ist umgekehrt der seit der Zeit der alten Kirche in weiten Teilen der Ökumene vorfindlichen Dreigliederung des Amtes (Bischof, Priester, Diakon) zuzuerkennen[24]?

Zu den Funktionen, die nach Elert Christus dem Amt übertragen hat, gehört die Schlüsselgewalt (427). Auch sie steht streng im Dienst der Versöhnung der Menschen mit Gott. Es ist die Vollmacht, Sünden zu vergeben oder sie »um des sündigenden Bruders willen« nicht vergeben zu dürfen, da es keine Vergebung ohne Buße gibt (429). Im Grenzfall wird dies auch Exkommunikation zu bedeuten haben (428.430). Eine potestas iurisdictionis, die in etwas anderem besteht als in der Vollmacht, die Sünden zu vergeben oder zu behalten, kann nach Elert nicht als göttliches Recht ausgegeben werden (428.431f.). Ebenso lehnt er die Theorie von einem der Gemeinde oder einem senatus presbyterorum übertragenen moralischen Zensurrecht (wie er es bei Calvin findet) ab (429f.). Gerade von Calvin her bleibt dabei freilich die Frage offen, welche Implikationen auch jurisdiktioneller Art, die über die Kategorie »Verheißung und Glaube« im engeren Sinne hinausgehen, gerade etwa ein Exkommunikationsvorgang enthält, ob also in diesem Zusammenhang das Verhältnis des »Dienstes der Versöhnung« (als göttliches Recht) zu einer »potestas regendi« (im Sinne des Tridentinums oder Calvins) nicht doch enger ist, als es bei Elert zunächst den Anschein hat.

---

23. Es ist bemerkenswert, daß Elert aus dem NT eigentlich nur das Amt der Wortverkündigung ableitet und auch nur von diesem sagt, es leite sein Recht vom Stifterwillen Christi her. In Wirklichkeit meint er freilich auch die Sakramentsverwaltung, die jedoch als Funktion eines Amtes im NT nicht nachweisbar ist. Darin liegt eine Schwäche dieser Begründung des Amtsbegriffs.

24. Vgl. dazu weiter unten in Teil C.

4. Kirchliche Lehre und Einheit der Kirche

Elert beschließt den Traktat über die Kirche in seiner Dogmatik mit einem Abschnitt über die »Spaltungen«. Die hier aufgeworfene Frage nach der Einheit der Kirche läßt noch einen weiteren entscheidenden Zug in Elerts Kirchenverständnis hervortreten: die Bedeutung von Lehre und Bekenntnis für die Kirche. Wie J. Wiebering ausführlich belegt hat, ist es für Elerts Kirchenverständnis grundlegend, daß das Evangelium, dessen Verkündigung Christus befohlen hat, im Sinne von CA VII rein und richtig gepredigt wird. Damit ist die Notwendigkeit von Lehre, Bekenntnis, Dogma für die Kirche gegeben: In ihnen kristallisiert sich, was die Kirche als Evangelium (im Sinne des »evangelischen Mittelpunkts« der Schrift) vernommen hat[25], und sie dienen gleichzeitig der sachgerechten Verkündigung, indem sie ihren »Sollgehalt« nennen[26]. Sowenig demnach nach Elert die Kirche ausschließlich von ihrem Lehren her zu verstehen ist, sosehr erscheint die reine Lehre als ihr grundlegender Zusammenhalt, gründet also die Einheit der Kirche in der Einheit der Lehre. Die Argumentation der Spätschriften Elerts über Abendmahl und Kirchengemeinschaft in der alten Kirche läuft auf die These hinaus, daß die gesamtkirchliche, über die Lokalkirchen hinausgreifende Einheit in der Gemeinschaft von Kirchen gegeben ist, die in Lehre und Bekenntnis übereinstimmen und deshalb und daraufhin auch Abendmahlsgemeinschaft miteinander haben[27]. Denn die Einheit der Kirche wird »durch die Häresie am tiefsten verwundet«[28], während umgekehrt – wie CA VII zeigt – volksmäßige und organisatorische Scheidungen die wahre Einheit nicht zu hindern brauchen (436). Von daher ergibt sich Elerts Position in der Beurteilung der konfessionellen Spaltungen. Er unterscheidet von den legitimen, ja notwendigen Unterschieden zwischen den Kirchen 1. Verschiedenheiten, die zwar nicht sein sollten, die aber die grundlegende Einheit nicht aufheben, und 2. »Spaltungen, die bis zum äußersten durchkämpft werden müssen«, »weil sie das Fehlen der wahren Einheit offenbar« machen (436). Dabei will Elert solche Spaltungen durchaus nicht in jeder Hinsicht als Sünde bezeichnen, zumal für diejenigen nicht, die schicksalhaft in sie hineingeboren werden (433). Er will sie vielmehr vor allem als »Wirkung der Dynamik der Kirche« würdigen (435). Wie nämlich das Evangelium Wirkungen »en dynamei« hervorbringt, so können auch andere Geister Wirkungen »en dynamei« hervorbringen, und es besteht von daher die Nötigung, die in der Gespaltenheit der Kirche zutage tretenden unterschiedlichen Wirkungen zu prüfen. »Die Spaltungen nötigen ihn (den Glauben) zur Entscheidung. Sie rauben ihm die Ruhe der Selbstver-

---

25. Vgl. Wiebering, S. 33.
26. Ebd. S. 34.
27. Abendmahl und Kirchengemeinschaft (Anm. 7), S. 73ff.
28. Ebd. S. 73.

ständlichkeit und versetzen ihn in die Unruhe des Prüfenmüssens.« Sie nötigen uns zum Ernstnehmen der Wahrheit (435). Das Ergebnis der Prüfung wäre die Feststellung, in welchem Kirchentum Wort und Sakrament tatsächlich »en dynamei« lebendig sind – wo das nicht der Fall ist, dort »beginne die neue Reformation!« (437).

Es besteht kein Zweifel, daß für Elert die Wahrheit des Evangeliums in der lutherischen Konfessionskirche bewahrt wurde. Dabei spielt das Bewußtsein Elerts von der Kontinuität der Kirche durch die Zeiten hindurch eine entscheidende Rolle. Sie dokumentiert sich im Prozeß der Entwicklung der Lehre, des Dogmas, der zwar nicht einfach geradlinig verläuft, der aber doch so zu verstehen ist, daß »jede neue Präzisierung der Lehre auf dem bisher Formulierten aufbaut«[29]. Dies macht für Elert insbesondere einen Bruch mit den Vätern des eigenen Bekenntnisses unmöglich, den er nicht um »einer Stunde ›ökumenischen Hochgefühls‹« oder »einer Stunde gemeinsamer Verbitterung über irgendeinen gemeinsamen Gegner« willen riskieren möchte (435)[30]. Es wird deutlich, wie sehr bei Elert die »vertikale« Kontinuität der Kirche die Priorität vor der »horizontalen« Katholizität hat[31].

Die Erwägung, ob die Gemeinschaft mit ihren Vätern die Glieder der reformierten oder der römisch-katholischen Kirche nicht ebenso binden müßte wie die Glieder lutherischer Kirchen, müßte an dieser Stelle bereits zu weitergreifenden ökumenischen Überlegungen führen. Ferner ergibt sich aus Elerts Kirchenbegriff selbst die Frage, welche ekklesiale Realität anderen Kirchen zuzugestehen ist, bei denen die Inkorporation in die Kirche durch die Taufe in gleicher Weise geschieht wie in der lutherischen Kirche, und welche Konsequenzen das für das ökumenische Problem mit sich bringen müßte. Muß man hier im Sinne Elerts etwa zwischen zweierlei Kirche oder zweierlei Kirchengemeinschaft – einer unvollständigen und einer vollen – unterscheiden, und kommt es so etwa in neuer Weise zu einem doppelten Kirchenverständnis[32]?

5. Zusammenfassung und kritische Würdigung

Werner Elerts Kirchenbegriff nimmt das lutherische Erbe in einer Form auf, die die Kirche im Ansatz als das Mittel des rechtfertigenden Handelns Gottes

---

29. Wiebering, S. 40, unter Hinweis auf *W. Elert:* Die Kirche und ihre Dogmengeschichte, München 1950, S. 14 f.

30. Wiebering, S. 37, weist in diesem Zusammenhang auf einen Rest konfessionellen Positivismus bei Elert hin.

31. Ebd. S. 39 f.

32. Ebd. S. 39 unter Hinweis auf H. Gollwitzers Auseinandersetzung mit W. Elert: *H. Gollwitzer:* Die Kirchengemeinschaft in der Abendmahlsgemeinschaft, in: EvTh 14, 1954, S. 516 ff.

am einzelnen Menschen verstehen läßt, eines Handelns, das sich durch die von Christus gestifteten Funktionen der Evangeliumsverkündigung und der Sakramentsverwaltung vollzieht. Die Kirche ist darüber hinaus eine »Gesamtheit«, die in Verkündigung und Sakramenten von Christus ihr Leben empfängt. Glieder der Kirche sind alle Getauften, auch die unter den Getauften befindlichen Heuchler. Weder der Glaube noch das Ethos der Glieder der Kirche ist konstitutiv für ihr Kirchesein und also auch nicht für den Kirchenbegriff. Von hier aus entfällt für Elert auch die Nötigung zu einem doppelschichtigen Reden von »Kirche«. Seine Konzeption entspricht mit dem allen dem von Melanchthon angelegten und von konfessionellen Theologen des 19. Jahrhunderts weiterentwickelten anstaltlichen Kirchenverständnis. Dem widerspricht nicht, daß der Kirchenbegriff von Elert in zunehmendem Maße durch den Bruderschaftsgedanken aufgefüllt und die Kirche in dem Sinne beschrieben wird, daß sie Trägerin eines »objektiven Ethos« ist. Denn auch dadurch wird der subjektive Faktor nicht bestimmend für das Kirchenverständnis. Zur Ordnung der Kirche nach göttlichem Recht gehört außer Wort und Sakramenten das von Christus gestiftete Amt, während alle anderen kirchlichen Ordnungen menschlichen Rechtes sind. Die Einheit der Kirche ist für Elert wesentlich Lehr- und Bekenntniseinheit.

Der Kontext des 20. Jahrhunderts, in dem W. Elert theologisch über die Kirche nachdenkt, zeigt sich vor allem in ebendieser Frage der Einheit der Kirche, deren Erörterung in ganz anderem Sinne vom Phänomen der Spaltung der Kirche in verschiedene nebeneinander bestehende Konfessionen ausgehen muß, als das im 16. Jahrhundert der Fall war. Bei der Lösung, die Elert vorschlägt, fragt es sich freilich, ob er das melanchthonische Modell, das von der Eindeutigkeit der wahren Lehre ausgeht, nicht zu direkt übernommen hat. Stellt die konfessionelle Verschiedenheit der Kirchen nicht in stärkerem Maße vor die Frage einer legitimen Lehr- und Bekenntnispluralität, als es Elert wahrhaben will? Ist Elert z. B. dem Erfordernis einer sachgemäßen Bekenntnis- oder Dogmenhermeneutik in genügendem Maße gerecht geworden, wie sie uns im Blick auf die Lehrpluralität des Neuen Testaments mehr und mehr zur Selbstverständlichkeit geworden ist? Ferner müßte gefragt werden, ob »der gemeinsame Gegner«, den Elert als Motiv nur abschätzig erwähnt, oder auch die gemeinsame Herausforderung durch eine säkulare Welt nicht doch die Bedeutung haben kann, innerhalb der Verschiedenheit die Einheit im Evangelium ganz neu entdecken zu lernen. Und schließlich wäre etwa über die Bedeutung organisatorischer Strukturen für die Einheit der Kirche neu nachzudenken. Gibt es hier nicht noch weitere Aspekte als diejenigen, die Elert im Anschluß an CA VII erkennen läßt?

Die Hauptfrage von Elerts Kirchenbegriff ergibt sich indessen angesichts von dessen »objektiver« Anlage. Daß nicht Menschen von sich aus die Kirche bilden, sondern von Christus gerufen werden, wird man Elert gern und selbstverständlich abnehmen. Bedeutet das aber, daß die Glieder der Kirche nur in »passivem« Sinne, nämlich als solche, denen das Heilshandeln Gottes *widerfährt,* für den Kirchenbegriff in Betracht kommen? Muß man nicht davon ausgehen, daß das Erlösungshandeln Christi sich neue Menschen als Gegenüber schafft, ja daß das »Gelingen« der Erlösung an solchem »Gegenüber« (in seinen verschiedenen Dimensionen) hängt – und daß dieses für die Kirche und den Kirchenbegriff grundlegend ist? Elert zeigt selbst, wo in seiner Konzeption die offenen Fragen bleiben: etwa dort, wo er die Kirche als Gemeinschaft *glaubender* Sünder bezeichnet, oder wo die Beziehungen der Glieder untereinander als »Bindemittel« genannt werden – was später zur Lehre vom »objektiven Ethos« ausgebaut wird, oder wo das ethische Verhalten als Bedingung der Teilnahme am Abendmahl hingestellt wird. Drängen diese Hinweise nicht die Frage auf, ob die lutherische Tradition heute nicht noch in anderer Weise als bei W. Elert aufgenommen und fruchtbar gemacht werden könnte?

II. Paul Althaus

Auch für Paul Althaus ist es charakteristisch, daß er bei aller Offenheit für die Fragestellungen der Gegenwart das Erbe der lutherischen Tradition zur Geltung bringt[1]. Dies trifft speziell auch für sein Kirchenverständnis zu[2]. Es wird deshalb, wie schon bei W. Elert, zur Erhellung der Ekklesiologie von P. Althaus hin und wieder nötig sein, Äußerungen und Einsichten heranzuziehen, die er formell als Darlegung der Position Luthers formuliert hat. Im wesentlichen halten wir uns bei unserer Darstellung indessen an Althaus' dogmatisches Hauptwerk »Die christliche Wahrheit«[3] und legen auch die dort gegebene Gliederung zugrunde.

1. Wesen und Kennzeichen der Kirche

Althaus behandelt wie Elert im Rahmen der Überlegungen über die Gegenwart des von Christus gewirkten Heils und die dabei bestehende »Heilsordnung« die Lehre von der Kirche *vor* der Erörterung der Gegenwart des Heils im Glauben des einzelnen. Von den Röm 8,29f. genannten Stationen der Heilswirksamkeit Gottes an den Menschen wird die Kirche dem Vorgang der »Berufung« (vor Rechtfertigung und Verherrlichung) zugeordnet (CW 499). Das bedeutet jedoch nach Althaus gerade nicht, daß die Kirche *nur* Mittel und nicht Ziel des Heiligen Geistes sei. Er nennt sie vielmehr auch »Werk und Ziel des Heiligen Geistes«, so wie sie andererseits sein Werkzeug ist, die Kirche ist »Ziel der Gnade und Gnadenmittel, communio und ministerium« (500)[4]. Damit ist der gegenüber Elert unterschiedliche Akzent sichtbar geworden. Jede Wesensbestimmung der Kirche muß nach Althaus voranstellen, daß Kir-

---

1. Darauf haben die verschiedenen Würdigungen seines Lebenswerkes nach seinem Tode immer wieder hingewiesen: vgl. *H. Graß:* Die Theologie von Paul Althaus, in: NZSTh 8, 1966, S. 213–241; *W. Trillhaas:* Paul Althaus, in: Luther (Zeitschr. d. Luther-Ges.) 38, 1967, S. 49–57; *W. v. Loewenich:* Paul Althaus als Lutherforscher, in: LuJ 35, 1968, S. 9–47.
2. Vgl. bes. Communio sanctorum. Die Gemeinde im lutherischen Kirchengedanken, München 1929; Die Theologie Martin Luthers, Gütersloh 1962, S. 248ff. Auf seinen Beitrag zur Theologie der Kirche wird in den Würdigungen seines Lebenswerkes kaum hingewiesen, bei v. Loewenich z. B. fällt ein entsprechender Hinweis ganz aus. Eine Spezialuntersuchung zum Kirchenbegriff Althaus' liegt nicht vor.
3. 6. Aufl., Gütersloh 1962, im wesentl. identisch mit der 3. Aufl. 1952. Die im Text gegebenen Belegnachweise beziehen sich auf »Die christliche Wahrheit« (ab 3. Aufl.).
4. Die folgenden Zitate finden sich S. 500.

che die Gemeinde der Glaubenden ist – so wie es Althaus bei Luther und in der CA findet. Kirche ist freilich zugleich »auch Sendung, Amt am Worte und Sakramente«. Die Kirche ist also »Gemeinde«, und sie ist »Amt«. Diese Doppelpoligkeit bestimmt die von Althaus gegebene Definition: »Die Kirche ist die Gemeinde der Christgläubigen, die vom Heiligen Geiste durch das Evangelium, in Verkündigung und Sakrament, geschaffen wird und es im Amte als Werkzeug des Geistes weiterträgt.«

Für das, was nach dieser grundlegenden Bestimmung »Gemeinde« heißt, ist der *Glaube* ihrer Glieder konstitutiv. Althaus wehrt sich ausdrücklich dagegen, die Kirche als »Gemeinde der Getauften« zu verstehen. Vielmehr deckt sich die Gemeinde als das Volk Christi gerade *nicht* mit dem »Kirchenvolke« (521). Es ist sodann der *Heilige Geist,* der die Gemeinde durch Wort und Sakrament schafft. Hier unterstreicht Althaus das Wunder der Treue Gottes, das sich in diesem Vorgang manifestiert. Dieses in der göttlichen Zuwendung begründete Wesen der Kirche läßt es nicht zu, von der Kontinuität der Kirche im Sinne eines »immanenten Kontinuums« zu sprechen, das gewissermaßen automatisch mit Predigt und Sakramenten gegeben sei (499). Sowohl von Gott her wie vom Menschen her bestimmt demnach den Kirchenbegriff eine personale Grundstruktur. Das personalistische Heils- und Wahrheitsverständnis von Althaus[5] wirkt sich von Anfang an auf den Kirchenbegriff aus. Das dürfte auch der eigentliche Grund für die Kritik an einem einseitigen institutionell-anstaltlichen Kirchenbegriff sein. Andererseits kann nach Althaus auf ein institutionelles Moment im Kirchenbegriff nicht verzichtet werden, wie er kritisch vor allem gegenüber Schleiermacher und E. Brunner hervorhebt (500f.). Dieses institutionelle Moment ist in der Verwaltung der Gnadenmittel – Wort und Sakramente – gegeben. Dabei kommt nun aber die Gemeinde nicht nur als solche in Betracht, die Wort und Sakramente im Glauben empfängt und so als Gemeinde allererst geschaffen wird, sondern die Gemeinde ist es auch, die das Evangelium in Wort und Sakrament *darbietet.* Damit sind wir bei dem, was Althaus in erster Linie meint, wenn er von der »Kirche als Amt« spricht (507ff.). Diese zweite Seite des Kirchenbegriffes steht also nicht einfach neben jener ersten Seite »Kirche als Gemeinde« oder ihr nur gegenüber, sondern sie ist in bestimmtem Sinne selbst eine Aussage über die »Kirche als Gemeinde«. Das zeigt sich auch darin, daß wiederum der Glaube grundlegend ist, »Kirche als Amt« also nicht nur die äußerlich-»objektive« Verrichtung von Verkündigung und Sakramenten meint; denn »niemand anders als der Glaube verkündet und handelt das Evangelium« (501). So ist demnach auch die institutionelle Seite der Kirche ganz und gar personal eingefaßt. Vom Be-

---

5. Auch darauf ist in den Würdigungen Althaus' immer wieder hingewiesen worden. Vgl. auch etwa *M. Doerne:* Zur Dogmatik von Paul Althaus, in: ThLZ 74, 1949, Sp. 449–458, bes. Sp. 453f.

griff des *Evangeliums* her, das immer Gemeinde bei sich hat, faßt Althaus beide Seiten des Kirchenverständnisses zusammen: »Kirche ist … das *Evangelium,* in Verkündigung und Sakrament dargeboten, im Glauben aufgenommen, bekannt, weitergetragen. Oder: Kirche ist die um das Evangelium, in Verkündigung und Sakrament gesammelte *Gemeinde* (501). Das personale Korrespondenzverhältnis von Evangelium und Glaube, die »Begegnung« von Christus und Kirche, Gnade und Glaube (Th. Harnack) strukturiert den Kirchenbegriff von Althaus.

Wenn Althaus sodann von der Darbietung des Evangeliums in Verkündigung und Sakrament auch als von einem untrüglichen und ausreichenden *Kennzeichen* der Kirche spricht (501), so ist in dieses Kennzeichen ebenfalls der Glaube eingeschlossen. Auch hier gehören also Evangelium und Glaube zusammen. Althaus bestreitet, daß der Glaube unerkennbar sei. Gewiß ist Heuchelei im konkreten Fall nicht auszuschließen. Dennoch ist der Glaube »an seinen Früchten im Leben« und am »Bekenntnis zu Christus« zu erkennen (521). Deshalb gehört auch die mit dem Glauben verbundene Liebe zu den »ständigen, unerläßlichen Merkmalen der Kirche Christi« (501). *Nicht* unerläßlich als Kennzeichen – weil nicht zu allen Zeiten gegeben – sind dagegen die Vollzahl der Charismen in der Kirche (501 f.) und das Leiden der Kirche (503 f.). Erst recht gehört keine bestimmte Verfassung zu den Kennzeichen der Kirche, wie Althaus in Abgrenzung gegen den römisch-katholischen Kirchenbegriff feststellt (504 f.).

Indem also auch der Glaube ihrer Glieder zu den Kennzeichen der Kirche gehört, ist die Kirche nach Althaus insgesamt in einem wesentlich weitergehenden Sinne »sichtbar«, als das etwa nach Apol. VII der Fall ist. Gewiß sind mit den Kennzeichen der Kirche ihre Wesenseigentümlichkeiten noch nicht in vollem Maße erfaßt: Immerhin ist es ja der Heilige Geist, durch den die Kirche geschaffen wird. Insofern weiß Althaus, daß die Kirche in dem Sinne »unsichtbar« oder »verborgen« ist, daß sie ihrem eigentlichen Wesen nach Gegenstand des Glaubens ist (520). Hier wird ein wesentlicher Aspekt des Kirchenverständnisses Luthers aufgenommen, wenn man auch eine idealistische Komponente bei Althaus gerade an dieser Stelle nicht wird in Abrede stellen können, von der her die unsichtbare Seite der Kirche nicht so ausschließlich theologisch-eschatologisch begründet ist wie bei Luther[6]. Hinzu kommt bei Althaus der Gesichtspunkt, daß niemand mit Sicherheit die Grenze der Kirche ausmachen kann – sie verläuft jedenfalls anders als die Grenze des »Kirchenvolkes« (521). Nur kann das Prädikat der »Unsichtbarkeit« nicht bedeuten, daß grundsätzlich »niemand von dem anderen weiß, ob er zur Kirche gehört« (520), was besonders vom Gemeinschaftscharakter der Kirche her einsichtig

---

6. Zu idealistischen Elementen bei Althaus vgl. M. Doerne, a.a.O.

wird[7]. Für Althaus' eigene Auffassung an diesem Punkte dürfte gelten, was er in der Darstellung der Meinung Luthers sagt: »Die eine und selbe Kirche oder Christenheit ist unsichtbar und sichtbar, verborgen und offenbar zugleich, in verschiedener Hinsicht.«[8] Wenn Luther dennoch behauptet, daß die Kirche *als* Gemeinde der Glaubenden unsichtbar sei, so rede er in »Antithese wider ein selbstherrliches Kirchentum«, und es lassen sich Aussagen Luthers danebenstellen, wo er ganz »unbefangen« von der Erkennbarkeit des Glaubens spricht[9].

2. Die Kirche als Amt

Althaus spricht in einem doppelten Sinne vom Amt. »Das Amt der Kirche, das Wesen der Kirche als Amt geht nicht in dem besonders so genannten kirchlichen Amte auf. Nur wenn sie das nicht vergißt, bleibt die dogmatische Lehre vom kirchlichen Amte evangelisch gesund« (510). Wenn Althaus die Kirche insgesamt als »Amt« bezeichnet, dann denkt er, wie schon gezeigt wurde, an den Auftrag der Evangeliumsverkündigung, der (nach 1 Petr 2,9 u. a.) der ganzen Gemeinde Christi »und damit allen ihren Gliedern« gegeben ist (507). Tatsächlich ist, so stellt Althaus fest, von Anfang an das Evangelium keineswegs nur durch Träger des besonderen kirchlichen Amtes in die Welt getragen worden. Vielmehr ist hier weitgehend das Amt wirksam geworden, das allen Christen kraft ihres allgemeinen Priestertums zukommt. Zu seinen Funktionen gehört neben der Wortverkündigung auch die Vollmacht, Beichte zu hören und Absolution zu erteilen (509). Neben diesem der ganzen Gemeinde und allen ihren Gliedern übertragenen Amt gibt es nun aber von Anfang an Träger besonderer Ämter: zunächst die von Christus selbst gesandten Apostel, später neben ihnen Evangelisten, Propheten, Lehrer (507 f.). Schließlich mündet die Entwicklung in das eine Amt des Bischofs, dem neben der Wortverkündigung auch die Sakramentsverwaltung übertragen ist. Althaus trägt dem komplizierten historischen Tatbestand insofern dogmatisch Rechnung, als er – im Unterschied etwa zu Elert und in ausdrücklicher Kritik an Vilmar, Löhe, Kliefoth – das spätere kirchliche Amt der Wortverkündigung und Sakramentsverwaltung als »nicht unmittelbar von Jesus Christus eingesetzt« ansieht (508). Das nötigt ihn dazu, »nach der sachlichen Notwendigkeit zu fragen, die sich in dem Werden dieses einen Amtes des Wortes durchsetzte« (508).

Warum also bedarf es des besonderen Amtes in der Kirche? Althaus antwortet: »Weil das Ziel des Evangeliums eine *Gemeinde* ist, eins im Glauben« (508). Das heißt: Des besonderen Amtes bedarf es nicht einfach schon des-

---

7. Vgl. unten S. 97.
8. Die Theologie Martin Luthers, a.a.O. S. 254.
9. Ebd. S. 253.

halb, weil das Evangelium weitergesagt werden muß, sondern deshalb, weil es neben den vielen einzelnen Menschen einen besonderen Adressaten des Evangeliums gibt: die Gemeinde. Die Gemeinde bedarf der »öffentlichen«, sie *als* Gemeinde betreffenden Verkündigung durch einen dazu besonders Berufenen. Und daß dieser besonders Berufene auch Taufe und Abendmahl zu verwalten hat (während Beichte und Absolution Sache jedes Christen ist), liegt daran, daß Taufe und Abendmahl Handlungen sind, die sich in besonderem Maße auf die Gemeinde als Ganze beziehen. »Die Beziehung auf die Gemeinde macht, theologisch gesehen, *allein* den Unterschied des kirchlichen Amtes gegen das mit dem Priestertum aller Gläubigen gegebene Amt aus« (508). Das besondere Amt kann deshalb auch nicht einfach aus dem allgemeinen Priestertum abgeleitet werden (509). Es hat vielmehr den Auftrag, das allgemeine Priestertum in der Gemeinde lebendig und tätig werden zu lassen (510). Mit dieser Begründung des besonderen Amtes in der Kirche, die nicht von einer angeblichen besonderen Einsetzung, sondern von Sacherfordernissen der Gemeinde ausgeht, schlägt Althaus einen Weg ein, der in der ökumenischen Amtsdebatte der 60er und 70er Jahre von zunehmender Bedeutung geworden ist. Man wird dabei nur zu fragen haben, ob der Gesichtspunkt der Bezogenheit des Evangeliums auf die Gemeinde als solcher schon ausreicht, um die Besonderheit und Notwendigkeit des Amtes genügend deutlich werden zu lassen, und ob von diesem Gesichtspunkt her nur die Rede von dem *einen* Amt der Kirche möglich ist.

Althaus übt in diesem Zusammenhang Kritik an einem sakramentalen Ordinationsverständnis, nach welchem durch die Handauflegung in der Ordination eine besondere dauernde Ausrüstung mit dem Heiligen Geist übertragen wird (509.511 f.), und am katholischen Verständnis der apostolischen Sukzession (510 f.). Gewiß gibt es in der Gemeinde »Unterschiede in der Begabung durch den Geist« (509), und das besondere Amt kann ohne den Heiligen Geist nicht geführt werden (512). Aber jene Unterschiede lassen sich nicht auf den Unterschied von Amtsträgern und anderen Christen verrechnen (509), und der Heilige Geist wird von Gott allein nach seinem Willen geschenkt (512). Die Handauflegung kann in diesem Zusammenhang nicht mehr als eine »sinnbildliche Handlung« sein, der Sinn der Ordination ist kein anderer als der der »Berufung in das Amt«, die grundsätzlich durch die Gemeinde erfolgt (512). Etwas anderes vertrüge sich nicht mit dem »personalen Verständnis des Geistes und der Gnade seiner Verleihung« (512). Von einer »Amtsgnade« kann allenfalls in dem Sinne gesprochen werden, daß sie in der Ausübung des übertragenen Amtes verliehen wird (513). Desgleichen kann die wahre »apostolische Sukzession« nicht in einer Kette von bischöflichen Handauflegungen gesehen werden, an denen dann die Gültigkeit und Vollmacht des geistlichen Amtes in der Kirche hinge (511). Vielmehr besteht sie einzig darin, daß der Amtsträger im Dienst des apostolischen Evangeliums verkündigt und handelt (510). Angesichts dieser Lehre vom Amt und von der Amtsübertragung, in der sich erneut die auch dem Idealismus verpflichtete und dadurch personalistische Denkstruktur zeigt, wird man allerdings fragen müssen, ob Althaus der Bedeutung der geschichtlichen Kontinuität des Evangeliums in genügendem Maße Rechnung trägt, die sich auch kontinuierliche kirchliche Strukturen schafft und sich darin, dem Neuen Testament entsprechend, leibhaftiger Handlungen zur Vermittlung des Geistes Gottes bedient[10]. Wenn die Struktur des besonderen Amtes für die Einheit der einzelnen Gemeinde unentbehrlich ist (508.517), ist dann ähnliches nicht auch von gesamtkirchlichen, Räume und Zeiten verbindenden Strukturen zu sagen? Entsprechendes gälte für das Problem der Lehrautorität in der Kirche. Gewiß ist keinem Amt in der Kirche Irrtumslosigkeit verheißen, und es bedarf der ständigen Überprüfung aller Entscheidungen im Blick auf ihre »lebendige Schriftgemäßheit« (514). Aber ist die Möglichkeit solcher Überprüfung nicht selbst von strukturellen Bedingungen abhängig, vor allem vom Dienst der theologischen Lehre und der von den dazu Berufenen wahrgenommenen Lehrverantwortung?

3. Die Kirche als Gemeinde

Eine besondere Profilierung gewinnt das Kirchenverständnis von Althaus dort, wo er die Kirche als Gemeinde beschreibt. Es gilt nämlich, die Bedeutung der Gemeinde für den Kirchenbegriff nicht nur im Sinne ihres Geschaffenseins durch Wort und Sakrament, des Glaubens ihrer Glieder und ihres Auftrags, das Evangelium weiterzusagen, herauszuarbeiten. Die Gemeinde kommt für den Kirchenbegriff vor allem auch hinsichtlich der Verbundenheit ihrer Glieder untereinander in Betracht.

Diese Verbundenheit beschreibt Althaus zunächst als *Einheit*. Die Einheit der Gemeinde ist nach Eph 4 durch den einen Herrn, die eine Taufe, den einen Vater, den einen Geist, den einen Glauben gegeben (516). Sie schließt aber die Mannigfaltigkeit der Glieder und ihrer Gaben nicht aus. Und sie wird selbst dort nicht zerstört, wo diese Mannigfaltigkeit zum Widerstreit der Konfessionen wird; es bleibt nämlich auch hier »der Wille auf beiden Seiten, Jesus zu gehorchen«, und das »Leiden unter der Zerrissenheit der Kirche« (516). Außerdem wird durch solchen Widerstreit die Wahrheitsfrage wachgehalten (517). Lediglich ein selbstsicherer Konfessionalismus zerstört die Einheit der

---

10. Diesem Gesichtspunkt ist in Elerts Kirchenbegriff stärker Rechnung getragen. Die geschichtliche Vermitteltheit des Heils durch die Kirche in ihrer Geschichte betont neuerdings besonders *T. Rendtorff;* vgl. vor allem: Das Offenbarungsproblem im Kirchenbegriff, in: Offenbarung als Geschichte (hg. von *W. Pannenberg*), Göttingen 1963[2] (= Beih. 1 zu KuD), S. 115–131.

Kirche wirklich (516). Hier sind die gegenüber Elert (und etwa Melanchthon) veränderten Akzente, die der ökumenischen Situation im 20. Jahrhundert deutlich Rechnung tragen, unübersehbar.

Die Verbundenheit der Glieder der Gemeinde verwirklicht sich aber vor allem auch in der *Gemeinschaft,* die sie miteinander haben. Hier ist Althaus besonders durch Luthers Verständnis der »communio sanctorum« bestimmt, wie er es selbst ausführlich speziell beim früheren Luther herausgearbeitet hat[11]. In dieser Gemeinschaft der Glieder der Gemeinde realisiert sich recht eigentlich ihr Priestertum. Denn sie besteht vor allem darin, daß einer für den anderen vor Gott eintritt (besonders in der Fürbitte) und daß einer dem anderen das Evangelium mitteilt. Darüber hinaus aber nehmen sich die Gemeindeglieder gegenseitig ihrer Sünde, ihrer Leiden, ihrer Gebrechen an[12]. Einer tauscht mit dem anderen die Erfahrungen des Glaubens aus, wodurch sie sich gegenseitig »Stärkung, Beschämung, Hilfe in der eigenen Angefochtenheit« gewähren (519). Dies alles muß nicht nur als Aufgabe verstanden werden, die die Glieder der Gemeinde aneinander wahrnehmen, sondern zuerst als eine Gabe, die der eine vom anderen empfängt[13]. So ist es Christi Macht selbst, die sich im gegenseitigen brüderlichen Tragen erweist. Althaus spricht vom »Priestertum der Gemeinde als Gnadenmittel Gottes« (520) und davon, daß wir hier »Christi wirkende Gegenwart im Worte ... in ihrer Leibhaftigkeit« vor uns haben (519)[14].

Solche Gemeinschaft greift über die Grenzen der irdischen Gemeinde hinaus und schließt auch die Vollendeten ein (519)[15]. Und sie geht quer durch die verschiedenen Kirchentümer hindurch, sie ist nicht an konfessionelle Grenzen gebunden (520). Das dürfte ein weiteres Motiv sein für Althaus' Reserve gegen jeglichen Konfessionalismus. Schließlich hat das in der Gemeinschaft der Kirche sich realisierende Priestertum eine entscheidende Bedeutung für die außerkirchliche Welt. Es ist nämlich auch und gerade die Welt, für die die Gemeinde vor Gott eintritt und für die sie leidet. Althaus kann die Gemeinde in diesem Zusammenhang als »das Wachsein der Menschheit vor Gott« (522) bezeichnen. Das Ziel solcher Verantwortung für die Welt besteht darin, daß

---

11. Vgl. die in Anm. 2 genannten Arbeiten zur Theologie Luthers. Aus Luther selbst mag als Beispiel verglichen werden der Abendmahlssermon von 1519 (WA 2,742 ff.).
12. Vgl. Communio sanctorum, a.a.O. S. 37 ff., wo Althaus zeigt, wie diese Gedanken Konsequenzen der theologia crucis Luthers darstellen. Die Theologie Martin Luthers, a.a.O. S. 259 f., betont besonders den Gegensatz gegen das römisch-katholische Verständnis: »... an die Stelle des Verdienstes tritt das Dienen aneinander.«
13. Vgl. den Abschnitt »Die communio als Gabe und Aufgabe«, in: Die Theologie Martin Luthers, S. 262 ff.
14. Vgl. dazu die eindrucksvollen Belege aus Luther, ebd. S. 262 f.
15. Darin überschreitet Althaus die abwehrenden Äußerungen Luthers; vgl. ebd. S. 257.

»die ganze Menschheit Gemeinde werde« (522). Deshalb gehört solche Stellvertretung mit der Mission zusammen. Hier wird besonders eindrucksvoll deutlich, daß und in welchem Sinne die Kirche als Gemeinde »nicht erst Folge des Wortes, sondern Gestalt desselben«, Gnadenmittel ist (523). Gerade *indem* sie Gemeinde als Gemeinschaft ist, ist sie auch »Amt«.

Mit diesen Gedanken, in denen der Weltbezug der Kirche für den Kirchenbegriff thematisch wird, greift Althaus eine Fragestellung auf, die in zunehmendem Maße bestimmend wird für die Ekklesiologie in der zweiten Hälfte des 20. Jahrhunderts. Der »priesterliche« Charakter des Weltbezugs, wie ihn Althaus beschreibt, nimmt dieses Thema freilich in seiner vergleichsweise behutsamen und gewissermaßen »ekklesiozentrischen« Weise auf, die noch nichts ahnen läßt von den Aspekten aktiven Dienstes der Kirche an der Welt um dieser Welt willen, wie er als Programm in der ökumenischen Diskussion besonders der 60er Jahre Gestalt gewinnt.

4. Kirchentum und Kirche

Die Kirche ist nach Althaus niemals nur so vorfindlich, wie sie bisher geschildert wurde. Vielmehr muß »das gemeinsame Handeln der Gemeinde ... durch zweckmäßige Maßnahmen gesichert und geregelt werden«, weshalb die Kirche konkret immer als »Genossenschaft«, als Gemeinde im kirchenrechtlichen Sinne, als Landeskirche etc. existiert. In dieser Gestalt ist die Kirche den »Gesetzen alles irdisch-menschlich-geschichtlichen Lebens« unterworfen, sie ist ein Stück Gesellschaftsordnung, partizipiert an der Ambivalenz gesellschaftlicher Macht, trägt an der Last ihrer Geschichte, ist auf Wahrung ihres konfessionellen Besitzstandes aus (523f.). Man muß auch mit »Verkümmerung und Erkrankung« (524), ja »Entartung« (526) der in diesem Sinne empirischen Kirche rechnen, muß von ihrer »Fehlsamkeit und Sündigkeit« sprechen (525) und von der Notwendigkeit ihrer ständigen Erneuerung aus dem Evangelium (526f.), und man darf ihr keine Unfehlbarkeit zuerkennen, wie das der katholische Kirchenbegriff tut (526).

Für das Gesamtphänomen der so ins Auge gefaßten empirischen Kirche gebraucht Althaus im Anschluß an Th. Harnack[16] den Begriff »Kirchentum«, den er wie dieser von der »Kirche« unterscheidet. Das Verhältnis von Kirche und Kirchentum wird in doppelter Weise bestimmt. Negativ kann das Kirchentum nicht mit der Kirche Christi gleichgesetzt werden (524). Das gilt sowohl personell – das »Kirchenvolk« ist nicht identisch mit dem »Volke Christi« (524.521) – wie auch institutionell – die Gestaltung und Entwicklung von Lehre, Recht, Ordnung, Sitte der Kirche ist nicht einfach als vom Heiligen Geist gewirkt an-

---

16. *Th. Harnack:* Die Kirche – ihr Amt – ihr Regiment (1862), Neudr. Gütersloh 1947, bes. S. 49ff.

zusehen (524). Nur der »wahren Kirche«, nicht der empirischen Kirche eignet Unfehlbarkeit (526). Im Grenzfall kann der Widerstreit zwischen beiden so weit gehen, daß das Kirchentum Christus ganz und gar ausbootet – Althaus verweist auf Dostojewskis Großinquisitor (524; vgl. 526). Positiv jedoch gilt, daß Gott »bis heute« die Kirchentümer als Mittel und Werkzeug seiner Gnade benutzt und durch sie seine Gemeinde baut. Deshalb ist ein grundsätzliches Ja zum Kirchentum erforderlich, was aber gleichzeitig die Pflicht zum Kampf gegen seine Entartung einschließt sowie den Einsatz für seine Erneuerung, deren tatsächliches Zustandekommen freilich als Wunder des Heiligen Geistes zu werten ist (526). Die Geistesleitung der Kirche läßt sich jedenfalls nicht einfach an der Geschichte der empirischen Kirche ablesen, sondern ereignet sich als immer erneuter Durchbruch und zeigt, daß Gott die Kirche (auch als Kirchentum) nicht aus der Wahrheit entläßt (526).

Althaus übernimmt damit den doppelschichtigen Kirchenbegriff von Apol. VII und verknüpft ihn mit den Aussagen Luthers über die Verborgenheit der wahren Kirche unter der falschen (527), ohne doch die Unterschiedlichkeit beider Konzeptionen, auf die früher schon hingewiesen wurde, in Ansatz zu bringen[17]. Sachlich wäre zu fragen, ob Althaus damit nicht der Gefahr einer platonisierenden Verflüchtigung oder Idealisierung der wahren Kirche verfällt, der gegenüber sich der späte Melanchthon, aber in seiner Weise auch der späte Luther[18] und im 20. Jahrhundert, wie wir sahen, z. B. W. Elert um einen einschichtigen Kirchenbegriff bemühen. Und solches Bemühen dürfte zunächst einmal das NT auf seiner Seite haben, das einen doppelten Kirchenbegriff nicht kennt[19]. Ist das Verhältnis von Kirche und Kirchentum richtig erfaßt, wenn man sagt, daß die Kirche nur *in* Kirchentümern existiert[20], oder muß man nicht sagen, daß sie grundsätzlich *als* Kirchentum, mit all seiner Fragwürdigkeit, da ist? Schon jedes einzelne Christenleben ist charakterisiert durch den Widerstreit von Elementen des »Geistes« und des »Fleisches«, von Gerechtigkeit und Sünde, von Göttlichem und Menschlich-Allzumenschlichem. Es gibt kein »wahres Christsein« jenseits solcher Dialektik, und der Gegensatz dieser Elemente bildet den Bereich, in welchem ein Christenleben (im Gehorsam) »gewonnen« oder (im Ungehorsam) »verspielt« werden kann. Der

---

17. Vgl. oben S. 27 und noch einmal U. Asendorf: Eschatologie bei Luther, a.a.O. S. 235 ff.

18. Luther spricht von Kirchenordnung etc. im Blick auf die eine, wahre Kirche: WA 50,649,7 ff.

19. Vgl. z. B. *H. Schlier:* Ekklesiologie des Neuen Testaments, in: Mysterium Salutis IV/1 (hg. von J. Feiner und M. Löhrer), Einsiedeln 1972, S. 208: »Die Kirche ist für das NT nicht eine ideale Größe, sondern das geschichtliche Gebilde der irdischen Kirche, das als solches ein transzendentes Phänomen ist und in ihrem theologischen Wesen erfaßt wird.«

20. So Althaus, S. 527.

gleiche Widerstreit begegnet in der Kirche, und es gibt keine andere Kirche als die Kirche in solchem Widerstreit, in welchem sie sich als Kirche »gewinnen« oder »verspielen« kann. Dem muß der Kirchenbegriff Rechnung tragen, ohne in gefährliche Idealisierungen und Scheidungen auszuweichen. Es käme dabei allerdings darauf an – und das vermißt man z. B. bei Elert –, den empirischen »coetus baptizatorum« *als* die Gemeinde der Glaubenden zu verstehen und die Gebrochenheit, in der das vorfindliche »Kirchenvolk« einschließlich aller »Heuchler« existiert, als die Gebrochenheit der Gemeinde der Gläubigen selbst zu interpretieren. Ein solches Bemühen, das ansatzweise in neueren Überlegungen zur theologischen Bedeutung der empirischen Kirche anzutreffen ist[21], zeitigt dann freilich auch Folgen bis in die kirchliche Praxis hinein.

5. Zusammenfassung und kritische Würdigung

Althaus versteht die Kirche sowohl als Gemeinde wie als Amt und interpretiert das Zueinander beider Aspekte als Ausdruck des im Geschehen des Evangeliums selbst sich ereignenden personalen Korrespondenzverhältnisses zwischen Gott und den Menschen. Der Glaube der Gemeindeglieder ist in doppeltem Sinne grundlegend für diesen Kirchenbegriff: als die Weise, das Evangelium anzunehmen, und als Ausgangspunkt und Grundlage seiner Weitergabe in Wort und Tat. Er gehört daher zusammen mit Wort und Sakrament zu den Kennzeichen der Kirche. Damit wehrt Althaus sowohl ein einlinig institutionelles Kirchenverständnis (wie er es bei Vilmar, Löhe, Kliefoth findet) wie ein einlinig nichtinstitutionelles Verständnis (im Sinne Schleiermachers) ab. Vom Amt der Verkündigung, das – als allgemeines Priestertum – der ganzen Gemeinde und allen ihren Gliedern zukommt, ist nach Althaus das besondere Amt der öffentlichen Wortverkündigung und der Sakramentsverwaltung zu unterscheiden, dessen Besonderheit in seinem Bezug zur ganzen Gemeinde besteht. Der Gedanke einer besonderen Geistverleihung bei der Amtsübertragung würde nach Althaus die freie Verfügung Gottes über den Geist einschränken. Die »Kirche als Gemeinde« zeigt sich demgegenüber in der Verbundenheit ihrer Glieder untereinander im Sinne der Einheit in Christus, die auch durch den Streit um die Wahrheit zwischen den Konfessionen nicht zerstört wird, und im Sinne der Gemeinschaft, wo ein Glied für das andere und die Gemeinde für die Welt einsteht (communio sanctorum). Die Gemeinde ist als communio sanctorum selbst eine Gestalt des Wortes, ein Gnadenmittel und also, gerade indem sie Gemeinde ist, »Kirche als Amt«. Von der Kirche in dem so beschriebenen Sinne ist das organisierte Kirchentum zu unterscheiden, das sich weder institutionell noch personell mit der wahren Kir-

---

21. S. unten S. 167 ff.

che deckt, ihr aber im Sinne eines Werkzeuges Gottes zugeordnet ist. Besonders mit dieser letzteren Unterscheidung steht Althaus in der Tradition der Erlanger Theologie des 19. Jahrhunderts, speziell in der Nachfolge Th. Harnacks. Damit greift er gleichzeitig Elemente des Kirchenbegriffs des frühen Luther und den doppelschichtigen Kirchenbegriff von Apol. VII auf und kommt von daher zu einer bemerkenswerten lutherischen Alternative zu dem faktisch am späten Melanchthon orientierten und entscheidende Elemente von Vilmar etc. aufnehmenden Kirchenbegriff W. Elerts. Althaus' Konzeption ist u. a. bedingt durch seinen personalistischen Denkansatz. Dieser Denkansatz, der die zentralen personalen Bezüge der biblischen Botschaft sachgerecht ins Licht zu rücken vermag, zeigt seine Grenzen dort, wo es um die Wertung der empirischen Kirche mit ihrer Organisation, ihren Sitten, ihren Dogmen, mit ihrer Geschichte und den durch sie gegebenen strukturellen Bindungen (etwa der Amtsstruktur), schließlich und vor allem mit aller Zweideutigkeit und Gebrochenheit dieser Empirie geht. Die Doppelschichtigkeit von Althaus' Kirchenbegriff kann eine gewisse platonisierende Idealisierung der »wahren Kirche« nicht vermeiden. Andererseits legt Althaus sowohl in der Frage der konfessionellen Vielfalt wie auch in der (nicht sehr umfänglichen) Reflexion des Verhältnisses von Kirche und Welt Ansätze vor, die ihre Weiterführung und ihren Ausbau im Fortgang der ekklesiologischen Diskussion in den 60er und 70er Jahren finden.

III. Karl Barth

Karl Barths Ekklesiologie ist im Unterschied zu derjenigen von W. Elert und derjenigen von P. Althaus stärker, wenn auch weithin durchaus kritisch, der reformiert-calvinistischen Tradition verpflichtet. Sie hat im Laufe von Barths theologischer Entwicklung verschiedene Stadien durchlaufen[1]. Wir beschränken uns auf die in der Kirchlichen Dogmatik vorliegende Endkonzeption. Für diese ist es charakteristisch, daß sie nicht als geschlossener Traktat vorgelegt ist. Vielmehr wird sie im Rahmen der Lehre von der Versöhnung in drei Abschnitten abgehandelt: »Der Heilige Geist und die Versammlung der christlichen Gemeinde« (KD IV/1: § 62); »Der Heilige Geist und die Erbauung der christlichen Gemeinde« (KD IV/2: § 67); »Der Heilige Geist und die Sendung der christlichen Gemeinde« (KD IV/3: § 72). Die Ekklesiologie erweist sich dadurch bereits formal ganz als von der Christologie her entwickelt, die als Abhandlung von Jesus Christus (1) als dem sich erniedrigenden und versöhnenden Gott, (2) als dem wahren, von Gott erhöhten und versöhnten Menschen, (3) als dem Zeugen unserer Versöhnung jeweils den das Ganze bestimmenden Anfang der drei großen Teile der Versöhnungslehre bildet (vgl. die Übersicht: IV/1,83)[2]. Im Rahmen des Versöhnungshandelns Gottes bildet die Gemeinde die erste und grundlegende Gestalt der »Aneignung der uns zugeeigneten Gnade Jesu Christi«, der »subjektive(n) Realisierung der objektiv in ihm geschehenen Versöhnung der Welt mit Gott« (IV/1,162). Diese Aneignung des Heils in Gestalt der Gemeinde wird (wie bei Elert und Althaus) vor derjenigen durch den einzelnen Christen erörtert, weil der einzelne des Heils nur im Rahmen der Gemeinde teilhaftig wird (IV/1,166). Die Behandlung von Rechtfertigung, Heiligung und Berufung *vor* der Ekklesiologie hat demgegenüber die »Zueignung« des Versöhnungswerkes in seiner »objektiven Tragweite« zum Gegenstand, die »der Welt als solcher«, nicht nur speziell den Christen zukommt (IV/1,162). Diese Vorordnung von Rechtfertigung, Heiligung und Berufung weist auf die universalistische Voraussetzung hin, die für

1. *Martin Honecker:* Kirche als Gestalt und Ereignis, München 1963, S. 157 ff., unterscheidet drei Stadien: Die Krisis der Kirche im Römerbriefkommentar, den dialektischen Kirchenbegriff in den Jahren um 1930 und den christologischen Kirchenbegriff der Kirchlichen Dogmatik. *O. Weber:* Kirche und Welt nach Karl Barth, in: Antwort (Barth-Festschrift), Zollikon 1956, S. 217 ff., stellt lediglich den Kirchenbegriff des frühen Barth dem des späteren Barth, der von der Inkarnation her denkt, gegenüber.
2. Bei den Belegnachweisen im Text wird in der Regel die Band- und die Seitenzahl, in besonders gekennzeichneten Fällen der Paragraph bzw. das Kapitel angegeben.

die Wesensbestimmung der Kirche bei Barth von entscheidender Bedeutung ist und ihr eine spezifische Prägung gibt[3]. Außer den ekklesiologischen Partien der Versöhnungslehre ist der die Gemeinde betreffende Abschnitt der Erwählungslehre (KD II/2: § 34) heranzuziehen. Schließlich handelt Barth in den Prolegomena (im Rahmen der Lehre vom Wort Gottes) von der Kirche (KD I/1: § 3; KD I/2: § 22–24). Jedoch sind diese Abschnitte eher einer früheren, am Ereignis des Wortes Gottes orientierten Phase des Barthschen Denkens zuzuordnen, während in der Erwählungslehre bereits die christologische Orientierung im Vordergrund steht, die für den Ansatz der späteren Ekklesiologie bestimmend ist[4]. Weil die Erwählungslehre im übrigen den »Schlüssel« zu Barths Dogmatik[5], speziell zu ihren späteren Teilen bildet, hat unsere Darstellung hier einzusetzen.

1. Die Erwählung der Gemeinde in Jesus Christus

»Die Gnadenwahl ist als Erwählung Jesu Christi zugleich die ewige Erwählung der einen Gemeinde Gottes, durch deren Existenz Jesus Christus der ganzen Welt bezeugt, die ganze Welt zum Glauben an Jesus Christus aufgerufen werden soll« (II/2,215). Dieser erste Satz der den § 34 eröffnenden These faßt knapp und präzis zusammen, was es heißt, daß von der Gemeinde Jesu Christi nur im Lichte des Erwählungshandelns Gottes sachgemäß geredet werden kann.

Den Hintergrund dieser Aussage bildet vor allem der für Barths theologisches Denken grundlegende Neuansatz der Prädestinationslehre, demzufolge diese nicht primär Aussagen über die Vorherbestimmung *der* Menschen zu machen hat, sondern vielmehr von der – doppelten – Erwählung des *einen* Jesus Christus handelt[6]. Indem Barth von Prädestination nicht mehr im Sinne eines allgemeinen und uns unbekannten »decretum absolutum« Gottes, sondern eines uns bekannten »decretum concretum« redet (II/2, 169ff.), wird die Prädestinationslehre als die Lehre von der ewigen Erwählung Jesu Christi zum Heil der Welt die »Summe des Evangeliums« (II/2,9.11). Prädestination ist

---

3. Darauf weist mit Recht hin *Ernst-Wilhelm Wendebourg:* Die Christusgemeinde und ihr Herr. Eine kritische Studie zur Ekklesiologie Karl Barths (Arb. z. Gesch. u. Theol. d. Luthert. 17), Berlin und Hamburg 1967, bes. S. 30, 101f., 106, 156ff.

4. Daß der Gesichtspunkt der Inkarnation bereits in den frühen Bänden der KD entscheidende Bedeutung hat, wie O. Weber, a.a.O. S. 228ff., zeigt, ist richtig. Demgegenüber wäre dann freilich der in der KD II/2 beherrschende Gesichtspunkt der Erwählung als eine bedeutsame Modifikation des christologischen Ansatzes zu werten, die dann auch die Ekklesiologie in der Versöhnungslehre entscheidend prägt.

5. *Gerh. Gloege:* Heilsgeschehen und Welt. Theologische Traktate I, Göttingen 1965, S. 78.

6. Vgl. im einzelnen dazu ebd. S. 86ff.

Gnadenwahl. Es handelt sich um eine ewige Urentscheidung, »die allem Wirken Gottes nach außen vorangeht« (II/2,55), eine Entscheidung, die das eindeutige Ja Gottes zu dieser Welt begründet. Denn in und mit Jesus Christus – dem erwählenden Gott und dem erwählten Menschen in einem – hat Gott »für den Menschen die Gemeinschaft mit ihm selber« gewählt (II/2,184) und sich damit *allen* durch diesen Menschen Jesus repräsentierten Menschen zugewandt. Solche Erwählung kommt freilich darin zum Ziel, daß »der von ihm Erwählte ihn selbst wiederum erwählen darf und wird« (II/2,195). An dieser Stelle kommt nun die Gemeinde in Sicht. Die Gemeinde ist nämlich diejenige Gemeinschaft von Menschen, die »vorläufig in besonderer Weise die natürliche und geschichtliche *Umgebung* des Menschen Jesus bildet« (II/2,216) als eine Gemeinschaft, die an Jesus Christus glaubt und von ihm zeugt und so in der Haltung der Antwort steht. Auch dieses antwortende Erwählen der Gemeinde ist indessen nicht primär ihr eigenes Werk, sondern wiederum das Werk Gottes, der in Jesus Christus der Welt zugewandt ist. Dies meint Barth, wenn er von der Erwählung Jesu Christi die Erwählung anderer Menschen als eine »andere«, wenn auch in jener eingeschlossene Erwählung unterscheidet (II/2,215).

Die Gemeinde ist dabei aber bewußt nur als ein Teil der vielen (nämlich aller), die eigentlich in Jesus Christus erwählt sind, im Blick. Das bedeutet, daß sie ihrem Wesen nach bezogen ist auf jene vielen anderen, die nicht zu ihr gehören. Und zwar ist es von ihrer Erwählung her ihre Bestimmung, der Welt Jesus Christus zu bezeugen und sie zum Glauben an ihn aufzurufen. Barth bezeichnet diesen ihren Auftrag als ihre »Besonderheit«, die zugleich das Zeichen ihrer »Vorläufigkeit« ist: denn sie weist ja, indem sie ihrem Auftrag nachkommt, auf ein endgültiges Ziel (die Gemeinschaft aller) hin, durch das sie als Gemeinde schließlich und endlich überholt wird (II/2,216)[7]. Mit dieser Herausarbeitung ihrer – wie Barth auch sagen kann – »mittleren« (nämlich zwischen Jesus Christus und den vielen einzelnen) und »vermittelnden« (nämlich in den Dienst für die vielen nehmenden) Erwählung (ebd.) hat Barth von Anfang an keinen Zweifel daran gelassen, daß für ihn der Sendungsaspekt von grundlegender Bedeutung für die gesamte Ekklesiologie ist[8].

---

7. Auf die eschatologische Perspektive der Ekklesiologie Barths weist besonders hin: *Chr. Bäumler:* Die Lehre von der Kirche in der Theologie Karl Barths (ThExh 118), München 1964, bes. S. 10ff.

8. Diesen Gesichtspunkt unterstreicht besonders: *Dieter Manecke:* Mission als Zeugendienst. K. Barths theologische Begründung der Mission im Gegenüber zu den Entwürfen von W. Holsten, W. Freytag und J. Chr. Hoekendijk, Wuppertal 1972, bes. S. 263ff.; vgl. *H. Gollwitzer:* Reich Gottes und Sozialismus bei Karl Barth (ThExh 169), München 1972, z. B. S. 23. Die grundlegende Bedeutung des Sendungsaspektes für die *ganze* Ekklesiologie Barths wird in der Darstellung M. Honeckers, a.a.O., nicht erfaßt und kommt auch bei E. W. Wendebourg, a.a.O., nicht klar genug zum Ausdruck.

Der Gesichtspunkt der Erwählung der Gemeinde in Jesus Christus und ihrer Ausrichtung auf den Auftrag an der Welt ist grundlegend auch für die Entfaltung des Kirchenverständnisses im Rahmen der Versöhnungslehre. Das gilt nicht in gleichem Maße von den Aussagen über die Ewählung Israels und der Kirche als den beiden Formen, in denen sich die erwählte Gemeinde darstellt – so wichtig diese Überlegungen auch für eine Theologie des Judentums sind. Im Blick auf das dialektische Zueinander von »Israel« und »Kirche« meint Barth, auch die Gemeinde als im *doppelten* Sinne erwählt (analog zur doppelten Erwählung Jesu Christi) ansehen zu können. So sieht er in Israel das göttliche Gericht, in der Kirche die göttliche Gnade dargestellt. Israel ist für ihn primär hörende, die Kirche glaubende Gemeinde. Die Gemeinde hat in Israel ihre vergehende, in der Kirche ihre kommende Gestalt (II/2,215; vgl. 226ff., 257ff., 286ff.). Da diese Aussagen (und auch die zwischen Gemeinde und Kirche differenzierende Terminologie) in der späteren Ausarbeitung der Ekklesiologie Barths nicht wieder aufgegriffen werden, verzichten wir darauf, ihnen in diesem Rahmen weiter nachzugehen[9].

2. Die Sammlung der Gemeinde durch den Heiligen Geist

Die grundlegenden ekklesiologischen Aussagen der Erwählungslehre erfahren in den drei ekklesiologischen Paragraphen der Versöhnungslehre ihre Entfaltung. Entsprechend der Kondeszendenz Gottes im Menschen Jesus, dem Thema des christologischen Paragraphen des ersten Teils der Versöhnungslehre, handelt Barth zunächst von der Tat Gottes, durch die es aufgrund jener ewigen Erwählung nun konkret zur »subjektiven Realisierung« oder »Aneignung« der in Christus geschehenen Versöhnung und der durch ihn allen Menschen zugeeigneten Rechtfertigung im Vorgang der Sammlung der Gemeinde kommt. Diese Sammlung ist ausschließlich das erweckende und belebende Werk des Heiligen Geistes (IV/1,718.724.744 u. ö.), den Barth früher die »subjektive Wirklichkeit« und »Möglichkeit« der Offenbarung genannt hatte (I/2,222ff.). Allerdings betont Barth den christologischen Charakter auch des Heiligen Geistes. Dieser ist »die Macht ..., in der Jesus Christus sich selbst ... wirksam bezeugt, sich unter Menschen und im Menschen Gehör und Gehorsam verschafft« (IV/1,724). Der Geist ist diejenige Macht, die Menschen erweckt zu einem Leben unter dem in Tod und Auferweckung Jesu vollzogenen und offenbarten Urteil (IV/1,718). Das Ergebnis solcher Erweckung ist die »Gemeinde« bzw. die »Kirche«: »Kirche ist, indem es geschieht, daß Gott bestimmte Menschen leben läßt als seine Knechte, Freunde, Kinder« (IV/1,727).

---

9. Vgl. die Darstellung und Kritik bei Wendebourg, S. 187ff.; ferner: *Friedr.-Wilh. Marquardt:* Die Entdeckung des Judentums für die christliche Theologie. Israel im Denken Karl Barths, München 1967.

Es sind das die Menschen, die Jesus Christus »anerkennen«, »erkennen« und sich mit ihrem Leben zu ihm »bekennen« (IV/1,739). Diese Menschen bilden »Jesu Christi eigene irdisch-geschichtliche Existenzform« oder – biblisch gesprochen – den Leib Christi, dem Christus »als Haupt und der ihm als seinem Haupte koexistiert« (IV/1,738).

Es ist diese Kirche ein durchaus reales, »sichtbares« Gebilde (IV/1,729), wobei Barth sehr konkret an ihre Versammlungen denkt[10]. Dies gilt allerdings nicht in dem Sinne, daß ihr Wesen in ihrer Sichtbarkeit aufginge, wie Barth gegen Schleiermacher einerseits, den katholischen Kirchenbegriff andererseits geltend macht (IV/1,735ff.). Vielmehr ist sie als sichtbare Gemeinde nur Zeuge ihres unsichtbaren, vor menschlichen Augen verborgenen Seins, das umgekehrt auch zum Gericht über ihre sichtbare Vorfindlichkeit werden kann und immer wieder werden muß (IV/1,724f.). Die damit gegebene Relativierung der sichtbaren Erscheinung »Kirche« wirkt sich in der Frage der Kirchengliedschaft so aus, daß solche Gliedschaft nicht einfach auf sakramentalem Wege zustande kommt. Die Taufe ist für Barth kein zureichendes Kriterium wirklicher Kirchengliedschaft (IV/1,774). Die Gliedschaft kommt auch nicht auf dem Wege eines bestimmten Bekehrungsvorgangs zustande, sondern sie liegt allein in der Hand des frei erwählenden Herrn, ist die freie Gabe seines Geistes (IV/1,775). Kriterium wahrer Gliedschaft in der Kirche ist der durch den Geist gewirkte Glaube (IV/1,778f.). Barth beruft sich ausdrücklich auf die Aussage von CA VIII (und VII) über die »congregatio sanctorum et vere credentium« als die »ecclesia proprie dicta« (IV/1,776). Daß wir selbst und daß unsere (getauften) Mitchristen wirkliche Heilige und also wahre Glieder der Kirche sind, davon können wir nur als von einer »Arbeitshypothese« ausgehen (IV/1,781), die ein Ergebnis unseres Vertrauens auf Gott und seine Gnade ist, in dessen Hand allein es liegt, Menschen zu Heiligen zu machen. Die Taufe ist selbst das Zeichen solchen Vertrauens der Gemeinde (vgl. IV/2,794f.).

Die Aussagen Barths über die Frage der Kirchengliedschaft stehen im Zusammenhang seiner Ausführungen über das Prädikat der Heiligkeit der Kirche. Aus den Überlegungen Barths zu den drei anderen altkirchlichen Prädikaten sei hier noch notiert, daß Barth das Prädikat der Apostolizität als »einzige nota ecclesiae« gelten lassen will (IV/1,797). »Apostolisch« heißt für Barth: »in der Nachfolge, in der Schule, unter der maßgebenden Autorität, Belehrung und Anleitung der Apostel, in Übereinstimmung mit ihnen, weil auf sie hörend und ihren Auftrag aufnehmend« (IV/1,798). Da die Stimme der Apostel uns im Neuen Testament überkommen ist, ist die Orientierung an der Schrift der Ausweis der Apostolizität der Kirche und also ihr entscheidendes Wesens-

---

10. Dies kommt besonders in KD IV/2 im Zusammenhang der Ausführungen Barths über Gottesdienst und Ordnung der Gemeinde zum Ausdruck. Vgl. auch M. Honecker, a.a.O. S. 181.

merkmal. Die Kirche ist ihrem Wesen nach an das apostolische Wort gebunden, wenn das auch nicht im Sinne einer gesetzlichen Lehr- und Lebensvorschrift mißzuverstehen, sondern im Sinne einer »Übereinstimmung mit ihrer Blickrichtung« zu interpretieren ist (IV/1,807)[11]. Auch hier bleibt indessen der Vorbehalt der Freiheit und der Gnade Gottes bestimmend. Daß solche Apostolizität gelingt, ist nämlich letztendlich nicht das Ergebnis unserer Bemühungen, auch nicht der Bemühungen des »ministerium verbi«, das Barth in diesem Zusammenhang erwähnt (IV/1,804). Vielmehr bleibt auch an dieser Stelle Jesus Christus freies Subjekt, das *allein* es Ereignis werden läßt, daß apostolische Gemeinde wirklich existiert (IV/1,802). Eine Kette bischöflicher Handauflegungen als Garantie ist von daher erst recht abzulehnen.

Man wird an dieser Stelle fragen müssen, ob das »Extra Calvinisticum«, das hier ekklesiologisch wirksam wird[12], nicht zu einer zu starken Abwertung menschlicher Bemühungen um Wort und Überlieferung führt bzw. ob Barth der Einbindung Jesu Christi und des Heiligen Geistes in dieses von Menschen verantwortete Wort und in die von Menschen getragene Überlieferung und damit auch in die vermittelnde Kirche in vollem Maße gerecht wird. Gewiß garantiert eine sachgemäße Verkündigung des apostolischen Wortes im Einzelfall nicht, daß der Heilige Geist Glauben wirkt. Aber ob eine Kirche das Prädikat des Apostolischen mit Recht in Anspruch nehmen kann: ist das nicht eigentlich eine Frage unserer Treue[13]? Das gleiche wäre im Blick auf die Bedeutung der Taufe für die Kirchengliedschaft zu fragen: Kommt nicht dem sakramentalen Zeichen, das die glaubende Kirche an einem Menschen vollzieht, im Blick auf dessen wirkliche Zugehörigkeit zu dieser Kirche (selbst in Anbetracht möglicher Heuchelei des Betreffenden) eine grundlegendere Bedeutung zu, als das in den Ausführungen Barths zum Ausdruck kommt? Hier stellt sich jedoch die Frage nach der theologischen und geistlichen Bedeutung der vorfindlichen, empirischen Kirche überhaupt, auf die im Zusammenhang der entsprechenden Ausführungen Barths im Rahmen seiner Überlegungen zur Erbauung der Gemeinde zurückzukommen ist.

Es ist in unserem Zusammenhang schließlich darauf hinzuweisen, daß Barths Überlegungen über die Sammlung der Gemeinde wie schon diejenigen im

---

11. D. Manecke interpretiert auch Barths Darlegungen zum Prädikat der Apostolizität im Sinne einer Aussage über den Sendungsauftrag der Kirche. Er beruft sich dafür mit einem gewissen Recht auf die Rede Barths von der »apostolischen Bewegung« (IV/1,798; vgl. Manecke, S. 267). Das Gewicht der Argumentation Barths in diesem Zusammenhang liegt jedoch auf dem Gesichtspunkt der Schriftgemäßheit.

12. Vgl. Honecker, S. 182.

13. Genau dieser Unterschied wird von K. Barth verwischt, wenn er das »ubi et quando visum est deo« von CA V, das dort die Wirkung des Glaubens durch den Geist meint, auch für das »pure docere« und »recte administrare« in Anspruch nimmt, das nach CA VII das Wesen der Kirche ausmacht (KD IV/2,700).

Rahmen der Erwählungslehre unter der Perspektive der Heilszueignung an die ganze Welt stehen. Es ist nach Barth die »ganze in ihm (Christus) gerechtfertigte Menschenwelt« (IV/1,718), deren »vorläufige Darstellung« die vom Geist gesammelte christliche Gemeinde ist. Der Unterschied zwischen der Gemeinde und der Welt außerhalb ihrer ist (nur) der, daß die Gemeinde *schon* dem göttlichen über die Welt ergangenen Urteil entsprechend lebt bzw. dazu willig und bereit gemacht ist (IV/1,718), während das im Blick auf die Welt so *noch* nicht zu sagen ist[14]. Hier zeigt sich erneut der in der Erwählungslehre angelegte Heilsuniversalismus, der nicht nur eine eschatologische Relativierung der Kirche, sondern auch eine Relativierung des Gegensatzes von Kirche und Welt mit sich bringt, wie es besonders ausgeprägt im Zusammenhang von Barths Gedanken zur Sendung der Kirche sichtbar wird[15].

3. Die Erbauung der Gemeinde

Der zweite Teil der Versöhnungslehre handelt von dem in Jesus Christus mit Gott versöhnten Menschen im Sinne der menschlichen Antwort auf das göttliche Wort (IV/2,3). Dem christologischen Paragraphen über die »Erhöhung des Menschensohnes« entspricht in der Ekklesiologie die Überlegung, ob und in welchem Sinne die geistliche Wirklichkeit der Kirche menschliches Handeln wesentlich einschließt. Wenn Barth von »Erbauung der Gemeinde« redet, dann geht es »um ein inmitten der Menschheit und ihrer Geschichte von einer Mehrzahl bestimmter Menschen getanes Werk« (IV/2,696). Wie bereits unter dem Gesichtspunkt der Sammlung spricht Barth auch jetzt von der Kirche als einer »vorläufigen Darstellung«. Aber der Gegenstand dieser Darstellung ist jetzt die »Heiligung der ganzen Menschenwelt« (IV/2,695), wie sie in Jesus Christus »mächtig und verbindlich für alle verwirklicht« und »als seine Weisung unter ihnen wirksam ist« (IV/2,565). Und diese Darstellung erfolgt durch ein darstellendes Handeln von Menschen (IV/2,698). Allerdings wäre Barth sofort mißverstanden, wenn man bei ihm Aussagen über eine Gott gegenüber schlechthin selbständige Gruppe von Menschen vermutete. Es ist vielmehr auch dieses menschliche Handeln der Gemeinde in Wahrheit Christi eigenes, durch die belebende Macht des Heiligen Geistes sich vollziehendes Erbauen (vgl. die These: IV/2,695). Gerade unter diesem neuen Aspekt gilt: »Jesus Christus ist die Gemeinde« (IV/2,741); er selbst ist es, durch den es zum Wachstum (IV/2,725 ff.), zur Erhaltung (IV/2,747 ff.) und zur Ordnung der Gemeinde (IV/2,765 ff.) kommt. Wenn die Gemeinde als Subjekt ihrer Erbauung und ihre Glieder als ›synergoi‹ wie Paulus und Apollos bezeichnet werden

---

14. Dieses »*noch* nicht« kommt besonders in KD IV/3,921.927 (vgl. 367 f.) zum Ausdruck.
15. Zur Kritik vgl. G. Gloege, a.a.O. S. 157 f.; Wendebourg, a.a.O. S. 148 ff.

(IV/2,717f.), dann trifft das immer unter dem Vorbehalt zu, daß auch jetzt Gott der eigentliche Erbauer der Gemeinde ist. Außerdem beruht solche Tätigkeit des Erbauens auf der vorgängigen Sammlung und Einigung der beteiligten Menschen durch Gott. »Gemeinschaft ist eine Aktion, in der viele Menschen von einer ihnen vorgegebenen Einigung (unio) *her* derselben Einigung *entgegen,* miteinander, gemeinsam unterwegs, im Tun begriffen sind« (IV/2,725). Es ist deutlich, wie sich Barth bemüht, die paulinische Dialektik von Indikativ und Imperativ ekklesiologisch zur Geltung zu bringen, dabei aber die Befolgung des Imperativs selbst noch einmal als gnädiges Handeln Gottes beschreibt. Indem die von Christus berufene und gesammelte Gemeinde in einem extensiven und intensiven Wachstumsprozeß begriffen ist, ist es Christus selbst (in seiner »irdisch-geschichtlichen Existenzform«, IV/2,739), von dessen Wachstum die Rede ist. Ähnliches gilt, wo Barth von der Erhaltung der Gemeinde spricht. Dabei wird auch hier von Barth die Subjekthaftigkeit und Freiheit Christi in seinem Verhältnis zur Gemeinde unterstrichen: Der Satz »Jesus Christus ist die Gemeinde« ist ein christologischer, nicht umkehrbarer Satz, da die Gemeinde ihn gerade nicht »hat« (IV/2,741). Sie ist sein Prädikat, nicht umgekehrt[16]. Es ist niemals in des Menschen Verfügung, daß die Erbauung der Gemeinde wirklich gelingt.

Wie geschieht nun solche Erbauung konkret? Hier sind vor allem zwei Gesichtspunkte herauszuheben: Erbauung geschieht im Gottesdienst der Gemeinde, und sie geschieht in der Ordnung der Gemeinde.

Wenn Barth vom Gottesdienst als dem Geschehen der Erbauung der Gemeinde spricht, dann tut er das nicht im exklusiven Sinne. Vielmehr gehört der Gottesdienst mit dem Alltagsleben der Christen so zusammen wie der innere zum äußeren zweier konzentrischer Kreise (IV/2,723). Auch in täglicher Bruderschaft und Liebe als »Aktion von Mann zu Mann« geschieht Verbindung und Auferbauung der Gemeinde (IV/2,719f.), wie es überhaupt für das Geschehen von Erbauung charakteristisch ist, daß hier die »horizontale« Seite der Gemeinde, die Verbindung ihrer Glieder untereinander im Sinne der communio sanctorum, in besonderem Maße im Vordergrund steht. Beim Gottesdienst jedoch »sind nicht nur diese und jene einzelnen, sondern *alle* Christen dabei, sich zusammenzufügen, hier sind alle in grundsätzlich gleicher Rezeptivität und Spontaneität, als Hörer und als Täter des Wortes (Jak. 1,22) allen zugewendet ... Christlicher Gottesdienst ist in allen seinen Elementen, nicht nur in der Mahlfeier, aber indem er in ihr seine Spitze erreicht, *Kommunion*: Handlung Gottes, Jesu, der Gemeinde selbst für die Gemeinde und also

---

16. Barths christologisch-ekklesiologische Formel erinnert an D. Bonhoeffers Formel »Christus als Gemeinde existierend« (*D. Bonhoeffer: Sanctorum communio*, 3. Aufl., München 1960, z. B. S. 80.92). Barth betont jedoch stärker als Bonhoeffer die Freiheit und Souveränität des Hauptes gegenüber dem Leib.

eben: *Erbauung* der Gemeinde« (IV/2,722f.). Genau in diesem zentralen Geschehen ist die Gemeinde auch in besonderem Maße für jeden Christen wie für die Außenwelt *sichtbar* (IV/2,723). Dabei zeigt sich deutlich die Verschränkung von göttlichem und menschlichem Subjekt dieser Handlung: Gottesdienst ist Handlung Gottes, Jesu, der Gemeinde.

Diese Verschränkung der Subjekte gilt es im Auge zu haben, wenn Barth von den zentralen liturgischen Elementen des Gottesdienstes spricht. Verkündigung, Lehre, Predigt werden von Barth unter dem Gesichtspunkt des »Bekenntnisses« der Gemeinde als »Antwort auf das Wort Gottes« – nicht also als »Wort Gottes« selber – verstanden (IV/2,793). Die Taufe ist das Zeichen des gegenseitigen Vertrauens, in dem die Gemeinde einen »als Bruder, der zu ihr gehört«, anerkennt und aufgrund deren Barth die Gemeinde jetzt als »Taufgemeinschaft« bezeichnet (IV/2,794f.). Im Abendmahl essen sie gemeinsam an dem Tisch, an welchem Christus als Hausherr obenan sitzt (IV/2,796). Als viertes Stück in dieser Reihe nennt Barth das Gebet, in dem die Gemeinde alles in Gottes Hände legt (IV/2,798f.). Bedeutsam ist, daß alle diese gottesdienstlichen Elemente, also auch die Sakramente, unter der Gesamtkategorie der *Antwort* der Gemeinde auf Gottes Wort rangieren. Gewiß spricht Barth auch davon, daß in diesen Elementen Gemeinde konstituiert wird und konstituiert ist (IV/2,793.795.799). Aber das gilt doch in einem anderen Sinn als etwa in der lutherischen Tradition, derzufolge Wort und Sakramente die Gemeinde so konstituieren, daß Gott durch sie als die Mittel seiner Gnade die Gemeinde allererst ruft und sammelt[17]. Barth hat damit die Akzente auch gegenüber den Prolegomena der KD verändert. Dort war von der Verkündigung der Kirche betont als vom Wort Gottes selbst die Rede (I/2,832), auch wenn diese Qualifikation menschlicher Rede nicht als in unserer Verfügbarkeit liegend, sondern als freies Geschenk der Gnade Gottes angesehen wurde (I/1,95.99f.). Und von Taufe und Abendmahl sprach Barth dort als von einer »göttlichen Zeichengebung« (I/2,250)[18]. Immerhin muß beachtet werden, daß in KD IV/2 auch für Predigt, Sakramente und Gebet das doppelte Subjekt der Erbauung der Gemeinde in Anschlag zu bringen ist, ja, daß Barth von einer realen Gegenwart Christi in ihnen sprechen kann (IV/2,792). Dies bestätigt sich besonders im Zusammenhang der Aussagen über das Abendmahl, wonach Christus nicht nur »Hausherr und Gastgeber«, sondern auch »Speise und Trank« in diesem Geschehen ist (IV/2,797). Nur gilt das eben alles im

---

17. Vgl. die diesbezügliche Kritik Wendebourgs an Barth, a.a.O. S. 31f., 108, 137f.
18. Die Darstellung des Kirchenbegriffs Barths bei *H. J. Urban:* Bekenntnis, Dogma, Kirchliches Lehramt. Die Lehrautorität der Kirche in heutiger evangelischer Theologie, Wiesbaden 1972, S. 123ff., erfolgt im wesentlichen anhand der Aussagen von KD I/1 und I/2, verkennt jedoch die Akzentverschiebung zur Entfaltung der Ekklesiologie in der Versöhnungslehre (vgl. S. 196).

Sinne der von Gott gewirkten »Antwort« der Gemeinde. Und es hebt das früher von Barth Gesagte nicht auf, daß die durch die Teilnahme an diesem gottesdienstlichen Geschehen gekennzeichnete Gemeinschaft von Menschen nicht einfach koextensiv ist mit der Gemeinschaft derer, die im eigentlichen Sinne Kirche sind. Im übrigen ist in Betracht zu ziehen, daß das in KD IV/2 von Barth ausdrücklich festgehaltene Miteinander von Gott und Menschen bei der Erbauung der Gemeinde in der Tauflehre von KD IV/4 in Wegfall gerät, wo von der Taufe mit Wasser nur noch als von einem ausschließlich menschlichen Antworthandeln die Rede ist[19].

Die Überlegungen Barths über die zentralen Elemente des Gottesdienstes stellen zugleich ein entscheidendes Stück seiner umfangreichen Ausführungen über die Ordnung der Gemeinde dar. Das Interesse für die theologische Begründung solcher Ordnung, das sich hier zeigt, stellt eine weitere Besonderheit der Ekklesiologie Barths dar[20]. Es entspricht das auch einem ähnlichen Interesse für Ordnungsfragen in der Ekklesiologie Calvins. Auch die Aussagen über Ordnung und Recht in der Kirche müssen nach Barth vom doppelten Subjekt der Erbauung der Gemeinde ausgehen: von Christus als primärem und der Gemeinde als sekundärem Subjekt (IV/2,768) und also von einem »christologisch-ekklesiologischen Begriff der Gemeinde« (ebd.). Das bedeutet nun, daß die Gemeinde als eine »bruderschaftliche Christokratie« (nach Erik Wolf[21]) zugleich eine »Rechtsgemeinschaft« im Sinne einer »durch das überlegene Recht Jesu Christi geordnete(n) Gemeinschaft« ist (IV/2,770). In dem Herrschaftsverhältnis Christi seiner Gemeinde gegenüber besteht das »kirchliche Grundrecht«, und aus diesem ist alles kirchliche Recht als ein »geistliches Recht« abzuleiten – als ein Recht, das »von allem, was sonst ›Recht‹ heißt«, klar zu unterscheiden ist. »Rechtes Fragen nach dem, was in der Kirche recht ist, wird also immer ein Fragen nach *seinem* Anordnen, Befehlen, Verfügen und nach dem ihm entsprechenden Gehorsam sein müssen« (IV/2,772). Barth kennzeichnet solches spezifische Recht (mit Erik Wolf) auch als »bekennendes Recht« (IV/2,772f.). Ganz im Gegensatz zu R. Sohm und E. Brunner, die das Recht als dem eigentlichen Wesen der Kirche widersprechend ansahen, dabei allerdings von einem »weltlichen« Rechtsbegriff ausgingen, und hinausgehend über die lutherische Unterscheidung von ius

---

19. Vgl. KD IV/4, z. B. S. 49.157 ff. Zum Ganzen der Tauflehre Barths vgl. etwa: Zu Karl Barths Lehre von der Taufe, hg. von *F. Viering*, Gütersloh 1971.
20. Vgl. *Gerh. Bauer:* K. Barths Vorstellungen von der Ordnung der Gemeinde und die kirchlichen Ordnungen der EKiD, in: Theologie zwischen Gestern und Morgen. Interpretationen und Anfragen zum Werk Karl Barths, hg. von *W. Dantine* und *K. Lüthi,* München 1968, S. 142.
21. Zu Erik Wolfs Kirchen- und Rechtsbegriff vgl. *Wilh. Steinmüller:* Evangelische Rechtstheologie I, Köln 1968, S. 257 ff.

divinum und ius humanum erhält bei Barth *alles* kirchliche Recht, obwohl es durchweg »ius humanum« ist (IV/2,808), geistlichen Charakter. Man muß deshalb von einem doppelten Rechtsbegriff bei K. Barth sprechen[22].

Barth entfaltet seinen Ansatz sodann in vierfacher Weise. Kirchenrecht ist zunächst »Dienstrecht«, weil die Herrschaft Christi nichts anderes als sein Dienen ist (IV/2,781 ff.). Kirchenrecht ist sodann im Ansatz »liturgisches Recht«, weil die Gemeinde im Gottesdienst ihre zentrale Existenzform hat (IV/2,787 ff.). Hier entwickelt Barth seine bereits skizzierte Auffassung von den grundlegenden gottesdienstlichen Elementen (IV/2,791 ff.). Kirchenrecht ist ferner »lebendiges Recht«; denn als ius humanum ist es ständig neu am Grundrecht der Herrschaft Christi auszurichten (IV/2,805 ff.). Schließlich ist Kirchenrecht »vorbildliches Recht«; denn es ist »in seiner ganzen Eigenart exemplarisch für die Bildung und Handhabung des menschlichen Rechtes überhaupt und also des Rechtes auch der anderen, der politischen, wirtschaftlichen, kulturellen und sonstigen menschlichen Gemeinschaften« (IV/2,815). In diesem letzteren Aspekt tritt erneut der Gesichtspunkt der Bezogenheit der Kirche auf die ganze Menschheit hervor, demzufolge die Kirche nur als eine »vorläufige Darstellung« der ganzen in Christus geheiligten Menschenwelt erscheint (vgl. IV/2,816). Man hat mit Recht auf den Bezug zu der von Barth in »Christengemeinde und Bürgergemeinde« (1946) entwickelten Konzeption hingewiesen[23] und die hier zutage tretende Relevanz der Ekklesiologie Barths für die Erneuerung der Gesellschaft unterstrichen. Daß diese Vorbildhaftigkeit des kirchlichen Rechtes indessen die These von einem »sozialistischen Ansatz« in der Theologie K. Barths und von der Gemeinde als einem »revolutionären Subjekt« zu decken vermag[24], muß zweifelhaft erschei-

---

22. Ein doppelter Rechtsbegriff findet sich ausdrücklich bei H. Dombois; vgl. Wilh. Steinmüller, a.a.O. II, bes. S. 613 ff. – Barths Ansatz zum theologischen Verständnis kirchlicher Ordnung und kirchlichen Rechtes spiegelt sich wider schon in der These III der Barmer Theologischen Erklärung (1934), die gegenwärtig erneute Aufmerksamkeit auf sich zieht. Danach hat die Kirche auch und gerade mit ihrer Ordnung zu bezeugen, daß sie Christi Eigentum ist, und es wird als falsche Lehre verworfen, wenn die Kirche »die Gestalt ihrer Botschaft und ihrer Ordnung ihrem Belieben oder dem Wechsel der jeweils herrschenden Weltanschauungen oder politischen Überzeugungen« überläßt. Vgl. dazu jetzt den Aufsatzband: Kirche als »Gemeinde von Brüdern« (Barmen III), Band 1, hg. von *A. Burgsmüller,* Gütersloh 1980; darin bes. die Textinterpretation der Barmer These von *R. Weth* (S. 180–186) sowie die Darstellung des kirchenrechtsgeschichtlichen Hintergrunds durch *A. von Campenhausen* (S. 47–72).

23. Vgl. H. Gollwitzer, a.a.O. S. 25 f., 41.

24. Vgl. ebd. S. 27; S. 26 spricht Gollwitzer von den christlichen Gemeinden als »avantgardistischen Kadergruppen«. Entsprechende Gedanken finden sich bei *F.-W. Marquardt:* Theologie und Sozialismus. Das Beispiel Karl Barths, München und Mainz 1972, etwa S. 58.327–329.

nen[25]. Schon formal ist zu berücksichtigen, daß das Reden von der Vorbildhaftigkeit des kirchlichen Rechtes keineswegs so im Zentrum der Barthschen Ekklesiologie steht, wie das nach manchen Konzeptionen, die sich auf ihn berufen, den Anschein hat. Das hängt aber sachlich damit zusammen, daß das eigentliche »Wozu« der Kirche gerade nicht auf der Ebene gesellschaftlich-sozialer Gestaltung zu suchen ist[26].

Im übrigen ist von verschiedenen Seiten mit Recht auf den stark deduktiven Charakter der hier von Barth vorgelegten Theologie des Kirchenrechts verwiesen worden, der eine Vermittlung mit den Fragen, die die Weltlichkeit der Gestalt der empirischen Kirche konkret aufgibt, vermissen läßt[27]. Die hier drohende »Entfremdung des theologischen Verständnisses der Kirche von ihrer geschichtlichen Gestalt und phänomenalen Erscheinungsweise«[28] verdoppelt gewissermaßen den bereits früher beobachteten Hiatus zwischen dem göttlichen Wählen, Berufen, Sammeln und dem, was als menschlich-kirchliches Handeln und Gestalten vor aller Augen ist. Kann aber Kirche theologisch anders begriffen werden als so, daß Gottes Wählen und Sammeln eben darin erfolgt und daran gebunden ist – freilich darin auch »verscherzt« werden kann –, daß Menschen in menschlicher Weise und Ordnung einander an den Geheimnissen Gottes teilgeben? Man wird Barth wohl darin zu folgen haben, daß er die Predigt und die Sakramente aus einer bestimmten Isolierung eines »ius divinum« herausgelöst und in den Kontext menschlich-kirchlichen Tuns und Ordnens (das auch etwa den Bereich der Diakonie umfaßt) zurückgenommen hat. Aber solches menschlich-kirchliche Tun und Ordnen ist den allgemeinen gesellschaftlichen und den normalen zwischenmenschlichen Realitäten nicht entnommen, die im Grenzfall auch in der Kirche z. B. disziplinarische Maßnahmen mit entsprechenden Sanktionen erforderlich machen, die zur Beachtung außerkirchlicher gesellschaftlicher Ordnungen für die kirchliche Gesetzgebung zwingen, die aber auch immer wieder Anlaß zu unsachgemäßen Regelungen und fehlerhaften Entscheidungen sind. In, mit und unter diesem menschlichen Tun ereignet sich das sammelnde und rechtfertigende wie auch das erweckende und heiligende Tun Gottes, der sich in fast beängstigender Weise seit Christus in die Hand von Menschen gegeben hat. Und es muß alles daran liegen, daß dieser eigentliche Zweck alles

---

25. Die Umstrittenheit der Barth-Deutung von Marquardt wird deutlich an den im Druck zugänglichen Gutachten anläßlich des Habilitationsverfahrens: Gutachten und Stellungnahmen zu der Habilitationsschrift von Dr. F.-W. Marquardt »Theologie und Sozialismus – Das Beispiel Karl Barths«, hg. von *W. Schmithals,* Berlin 1972.
26. Vgl. dazu unten S. 115f.
27. So mit Recht M. Honecker, a.a.O. S. 200; ebenso H. Gollwitzer, a.a.O. S. 53ff.
28. M. Honecker, S. 202. Dies gilt trotz der Hinweise Barths in KD IV/3,840ff.

kirchlichen Ordnens, daß der Geist Jesu sich zeichenhaft immer wieder auch in kirchlichen Ordnungen und vor allem in ihrer Handhabung manifestiert.

4. Die Sendung der Gemeinde

Der letzte Teil der Ekklesiologie Barths zieht die ekklesiologischen Konsequenzen aus dem dritten Aspekt, unter dem Barth die Versöhnungslehre insgesamt und speziell die Christologie angeht: aus der Einsicht nämlich, daß von Jesus Christus als »wahrhaftigem Zeugen« (Überschrift des Kap. 16: IV/3,1), als dem »Licht des Lebens« für die ganze Welt (IV/3,40ff.), daß von seinem prophetischen Amt (IV/3,13) in einem eigenen Durchgang zu handeln sei. Die Gemeinde ist in die Welt gesandt: Diese Aussage, die das »Wozu« der Gemeinde, die Frage nach ihrer causa finalis thematisch macht und damit im Verhältnis zur ekklesiologischen Tradition »nahezu Niemandsland« betritt[29], ist bereits in den Überlegungen zur Erwählung der Gemeinde angelegt. Der Bezug auf die ganze Menschenwelt zeigte sich von der Sammlung und von der Erbauung der Gemeinde her vor allem unter dem Gesichtspunkt, daß die Gemeinde die gesamte Menschheit »vorläufig darstellt«. Hier wurde freilich zugleich deutlich, daß für K. Barth Gemeinde nicht einfach – wie etwa für J. Chr. Hoekendijk – mit dem Akt der Mission gleichzusetzen ist, sondern daß sie, in Analogie zu Christus selbst, ihr eigenes, logisch ihrer missionarischen Tätigkeit vorausliegendes Sein unter ihrem Herrn hat[30]. Dennoch erfüllt sich ihr Wesen erst dort, wo sie für die Welt da ist, und dies wird von Barth dadurch unterstrichen, daß er neben der Apostolizität als bisher einziger nota ecclesiae (vgl. IV/1,797) nun auch ihr Dasein für die Welt, ihr Wissen um die Welt, ihre Solidarität mit der Welt als nota ecclesiae wertet (IV/3,883.887). Es drängt sich natürlich die Frage auf, ob es sich vielleicht bei beidem in Wirklichkeit um zwei Seiten ein und derselben nota ecclesiae handelt[31].

Ihr besonderes Profil erhält Barths Reflexion über die Sendung der Gemeinde durch seine theologischen Aussagen über die Situation der Welt, in die hinein die Gemeinde gesandt ist. Gerade dabei zieht Barth die Linien der Erwäh-

---

29. D. Manecke, a.a.O. S. 266.
30. So mit Recht Manecke, S. 269. Dagegen überzeichnet E.-W. Wendebourg, wenn er von der »rein kerygmatischen, zweckbestimmten Ausrichtung der Berufung der Gemeinde« bei Barth spricht (a.a.O. S. 150; vgl. S. 152). Wendebourg sieht diese Berufung zuwenig im Kontext der beiden ersten ekklesiologischen Teile der Versöhnungslehre (wie auch diese nicht stringent genug auf den dritten Teil bezogen werden). Und er berücksichtigt zuwenig, daß der Auftrag ja vor allem darin besteht, die Welt zum Dank und Lob Gottes einzuladen, also zu dem, was die Gemeinde »vorläufig« noch allein tut (vgl. dazu unten S. 115f.).
31. Dies wäre immerhin für das Recht der oben S. 107 Anm. 11 erwähnten Interpretation von IV/1,798 durch Manecke zu sagen.

lungslehre aus. Was geht nämlich in der Welt, theologisch gesehen, vor sich? Die Welt ist Gottes Gnade zugewandt (IV/3,808), trotz aller Zerfallenheit und Sünde steht sie von Christus her unter einem neuen, positiven Vorzeichen (IV/3,812), die Geschichte der Welt kommt in Christus zu ihrer eigentlichen Wirklichkeit (IV/3,815 f.). Ja, es gibt Zeichen und »Worte« in der Welt außerhalb der Kirche, die dem in Christus ergangenen einen Wort Gottes entsprechen und in denen sich die Kraft der Auferstehung Christi zeigt (IV/3,129 f.). In der Schöpfung als dem Rahmen und Schauplatz des Versöhnungsgeschehens gibt es Lichter, die wohl von der Offenbarung angezündet, d. h. für uns nur in ihrem Lichte erkennbar sind, die aber dann zu deren Spiegel werden können (IV/3,174). Die Gemeinde weiß um das alles. Nur sie ist in der Lage, die Welt jetzt »schon anders«, nämlich so zu sehen, wie sie im Lichte des Sieges Christi ist und sein wird. Denn sie bejaht auch die zukünftige »Transformation« der Welt und ist voll Zuversicht und Hoffnung für sie (IV/3,819.820.824). Solches Wissen und solche Hoffnung ist es, was die Gemeinde in erster Linie vor der Welt voraushat (IV/3,880 ff.). Die Gemeinde ist sodann die Gemeinschaft von Menschen, die »sich selbst als mit der Welt *solidarisch* ... erkennen und ... verhalten«, ohne sich ihr in falscher Weise anzugleichen (IV/3,884). Solche Solidarität ist auch darin begründet, daß die Gemeinde, die in der Welt immer »auch sichtbar« ist (IV/3,827), im Blick auf Sprache, soziologische Struktur und geschichtlichen Ort von der Welt abhängig ist, ohne daß das ihrer Freiheit der Welt gegenüber entgegenstehen müßte (IV/3,840 ff.). Schließlich weiß die Gemeinde sich zum verantwortlichen Dienst in die Welt gesandt (IV/3,888 f.). Ihr Auftrag besteht vor allem darin, der Welt die große, umfassende Bejahung durch Gott zu bezeugen (IV/3,912), dem Menschen in der Welt zu sagen, »daß er in Wahrheit vor Gott schon der *ist,* der er laut dessen Wort, das sie ihm zu bezeugen hat, *sein wird*« (IV/3,923). Sie hat es »in jedem Menschen, an den sie gewiesen ist, gewiß *noch nicht* aktuell, wohl aber *schon* potentiell, mit einem *Christen,* mit einem christianus designatus, einem christianus in spe zu tun: mit einem zur Erkenntnis und Betätigung seiner Gliedschaft am Leibe Christi bestimmten Geschöpf« (IV/3,927). Sie hat den Auftrag, ihm das Wort Gottes zu bezeugen und ihn einzuladen zur Dankbarkeit für das Werk Christi und zum Hören auf sein Wort (IV/3,958) − nicht weniger, freilich auch nicht mehr (vgl. IV/3,977). Solche Einladung ist ein Aufruf zur Freude (IV/3,976). Sie ergeht in verschiedenen Formen des Redens und Handelns, Verkündigens und Heilens − zum Handeln und Heilen gehört auch die Stiftung von Gemeinschaft von Menschen verschiedener Völker, Rassen, Bildung und Klassen, wie das zeichenhaften Ausdruck in Taufe und Abendmahl findet (IV/3,1030 ff.). Sie faßt sich aber gewissermaßen zusammen in der Einladung zum Loben und Rühmen Gottes; denn »was hätten alle Menschen Würdigeres und Dringlicheres zu tun, als den allein wahren Gott zu loben?« (IV/3,992). Indem die Gemeinde gerade diese »im Leben der

Welt klaffende Lücke auszufüllen« (ebd.) berufen ist, zeigt sich noch einmal, wie der (weitgehend indirekte) Dienst, den die Gemeinde nach Barth für eine neue und bessere Formierung der Gesellschaft zu leisten hat, einem ganz anderen Skopus zugeordnet ist, der es verbietet, diese Ekklesiologie in einem allzu direkten Sinne als eine Theorie gesellschaftlicher Veränderungen in Anspruch zu nehmen.

5. Zusammenfassung und kritische Würdigung

Der abschließende Teil der Ekklesiologie Barths schlägt den Bogen zurück zum Ausgangspunkt in der Erwählungslehre. Gott hat von Ewigkeit her in der (doppelten) Erwählung Jesu Christi den Menschen, alle Menschen für sich erwählt und sich für sie festgelegt. In dieser grundlegenden, die Situation der ganzen Welt positiv bestimmenden Erwählung ist als »andere« Erwählung diejenige der Gemeinde eingeschlossen. Der Sinn dieser »anderen« Erwählung liegt nicht nur in der »Mitten«-Funktion der Gemeinde zwischen Erwählung Christi und Erwählung des einzelnen, sondern vor allem in ihrer »vermittelnden« Funktion, die darin besteht, der ganzen Welt Jesus Christus zu bezeugen und sie zum Glauben an ihn aufzurufen. Diese »Relativierung« der Gemeinde auf die Welt unter dem Ja Gottes hin kennzeichnet die ganze Ekklesiologie Barths. Sie zeigt sich unter dem Gesichtspunkt der Sammlung der Gemeinde in der Qualifizierung der Gemeinde als der »vorläufige(n) Darstellung der ganzen in ihm (Christus) gerechtfertigten Menschenwelt« (IV/1,718). Diese Sammlung ist Werk des Heiligen Geistes, der allein Menschen zum Glauben (als dem Kriterium der wahren Gliedschaft in der Kirche), zum Leben vor Gott und damit zur »subjektiven Realisierung« der Versöhnung beruft. Jene »Relativierung« der Gemeinde zeigt sich zweitens unter dem Gesichtspunkt der Erbauung der Gemeinde in der Qualifizierung der Gemeinde als der »vorläufigen Darstellung der in ihm (Christus) geschehenen Heiligung der ganzen Menschenwelt« (IV/2,695). Primäres Subjekt dieser Erbauung ist ebenfalls Jesus Christus, jedoch so, daß er die Gemeinde dazu erweckt, ihrerseits als (sekundäres) Subjekt der Erbauung tätig zu sein und damit eine umfassende Antwort auf das an sie ergangene Wort Gottes zu geben. Solche Erbauung vollzieht sich zentral im Gottesdienst der Gemeinde, mit den wesentlichen Elementen: Bekenntnis, Taufe, Abendmahl, Gebet. Sie gewinnt aber auch Gestalt in Ordnung und Recht der Gemeinde. Dabei handelt es sich um menschliches Recht, das jedoch ganz und gar der Weisung Christi entspricht, von daher seine Eigenart im Unterschied zu jedem weltlichen Recht empfängt und doch für dieses als Vorbild dient. Die »Relativierung« der Gemeinde auf die in Christus erwählte Welt hin erscheint schließlich gewissermaßen als eigenes, ausdrückliches Thema unter dem Gesichtspunkt der Sendung der Gemeinde. Denn es ist die Welt, und es sind die Menschen, die bereits im Lichte des grundsätzlichen Ja und des Sieges Christi stehen, zu denen die Gemeinde gesandt ist mit dem Auftrag, sie zur Erkenntnis und zum Lob Gottes einzuladen und sie zur Gemeinschaft zusammenzuführen.

Hierin liegt nun auch die besondere Bedeutung der Ekklesiologie Barths in ihrer Endfassung im Gespräch über Wesen und Auftrag der Kirche in der Mitte des 20. Jahrhunderts. Es handelt sich um eine Ekklesiologie der Sendung der Gemeinde in die nichtchristliche Welt, die jedoch den (relativen) Eigen-Sinn der Gemeinde als der Gemeinschaft von Menschen, die zum Dank und Lob Gottes erweckt sind und die so etwas wie den Kern und das Ziel der übrigen Menschheit bildet, nicht in Abrede stellt. Barth nimmt in umfassenderer und grundsätzlicherer Weise als P. Althaus (oder gar W. Elert) die Situation der Kirche des 20. Jahrhunderts inmitten einer säkularen Umwelt in die ekklesiologische Reflexion hinein. Und er füllt damit zugleich eine – situationsbedingte – Lücke der aus der Tradition überkommenen Ekklesiologie[32]. Barth gibt der Zuordnung der Kirche zur Welt indessen eine theologische Fassung, die zu kritischen Fragen auffordert, wie sie im Blick auf Barths Erwählungslehre[33], sodann im Blick auf den dritten Teil der Versöhnungslehre[34], aber auch im Blick auf die Ekklesiologie insgesamt[35] bereits wiederholt geäußert worden sind. Wird durch Barths Universalismus, demzufolge die Welt bereits versöhnt *ist,* alle Menschen christiani designati und so Glieder am Leibe Christi *sind,* der eschatologische Scheidungs- und Entscheidungsprozeß nicht in unbiblischer Weise überspielt? Kommt nicht der Wirklichkeit des Heiligen Geistes in diesem Prozeß eine noch (relativ) eigenständigere Rolle zu, als sie Barth ihm in einer gewissen »christologischen Engführung« zugestehen will[36]? Ähnelt das von Barth skizzierte Verständnis von der Kirche als einer

---

32. So mit Recht K. Barth selbst: IV/3,875.
33. G. Gloege, a.a.O. S. 77ff., bes. S. 94ff.; *G. C. Berkouwer:* Der Triumph der Gnade in der Theologie Karl Barths, Neukirchen 1957, bes. S. 242ff.
34. G. Gloege, a.a.O. S. 133ff.; G. Manecke, a.a.O. S. 285f.
35. E. W. Wendebourg, a.a.O. passim.
36. So Honecker, a.a.O. S. 178. Auf das Defizit hinsichtlich des eschatologischen Entscheidungscharakters des Werkes des Hl. Geistes verweist außer Honecker z. B. Manecke, S. 285. G. Gloege hat auf das »Entsprechungsdenken« Barths und die damit verbundenen platonischen Kategorien hingewiesen, das sowohl den Geschichts- wie den Gerichts- und Entscheidungscharakter des Evangeliums neutralisiere (a.a.O. S. 155ff.). Auf die Bedeutung der Figur der Analogie für das Denken Barths und auch für seine Ekklesiologie hat u. a. *H. G. Pöhlmann:* Analogia entis oder Analogia fidei? Die Frage der Analogie bei Karl Barth, Göttingen 1965, bes. S. 85ff., hingewiesen. Vgl. auch Wendebourg, a.a.O. S. 241. Man wird freilich eine gewisse Unschärfe bei Barth in diesem Zusammenhang nicht verkennen dürfen, wie nicht zuletzt bei der Durchführung der Erwählungslehre und der Frage der Apokatastasis panton deutlich wird (vgl. II/2,462).

Avantgarde einer kommenden Weltgemeinschaft vor Gott nicht bestimmten Konzeptionen im Kulturprotestantismus des 19. Jahrhunderts[37]?

Die Bedeutung der Kirche »in sich selbst« als von Christus gesammelter und in ihm sich auferbauender Gemeinde setzt mit Recht Schwerpunkte, die der Rede von der »Kirche als Gemeinde« bei Althaus entsprechen. Besonders wichtig ist hier die Bedeutung, die Barth dem gottesdienstlichen Handeln für das Verständnis der Gemeinde zumißt. Mit Recht wird in diesem Zusammenhang auf die neutestamentliche Ekklesiologie verwiesen, und es bleibt eindrücklich, wie der gottesdienstliche Gesichtspunkt des Lobes Gottes auch noch als Summe des Dienstes der Gemeinde an der Welt erscheint. Bemerkenswert ist dabei die Einbeziehung des traditionellen »ius divinum« (Verkündigung und Sakramente) in den Vorgang der Antwort der Gemeinde auf Gottes Wort und dessen damit erfolgende ekklesiologische (statt einer unmittelbar christologischen) Begründung. Hier könnte sich ein theologisches Verständnis der sogenannten Gnadenmittel, insbesondere der Sakramente, anbahnen, das sowohl in die Probleme, die sich aus der historischen Unsicherheit bezüglich der Einsetzung durch Jesus ergeben, wie auch in diejenigen, die das jeweilige Sachverständnis betreffen, neues Licht wirft. Nur bliebe es wichtig, solches Antworthandeln der Gemeinde nicht lediglich als Gegenüber zum Wort Gottes zu sehen, sondern gleichzeitig zu bedenken, daß das Wort Gottes nur in und mit solchem Antworthandeln Ereignis wird, ja daran gebunden ist.

Barths Theologie des Kirchenrechts macht mit Recht geltend, daß alle kirchliche Ordnung in viel stärkerem Maße, als das bei der traditionellen Verweisung in den Bereich des »ius humanum« sichtbar wurde, nicht nur dem eigentlichen Auftrag der Kirche funktional zugeordnet, sondern als Lebensform der Gemeinde mit erheblichem Zeugniswert auch in ihrer Modalität von diesem Auftrag geprägt sein muß. Nur vermißt man, trotz diesbezüglicher Hinweise in KD IV/3, eine zureichende Vermittlung zu den sich aus der »Weltlichkeit« der Gemeinde ergebenden Erfordernissen. Eine solche Vermittlung wäre um so nötiger, als die Welthaftigkeit von Ordnung und Recht, wo sie unbedacht bleibt, in gefährlicher Weise unterschwellig wirksam werden kann, z. B. durch Machtansprüche, die als »Brüderlichkeit« und »Dienst« kaschiert werden. Es mag mit dieser fehlenden Vermittlung zusammenhängen, daß die Probleme der Amtsstruktur der Kirche allzusehr in den Hintergrund treten. Hier unterscheidet sich Barth grundlegend von Calvin. Damit bleiben zugleich die in diesem Bereich aufbrechenden Fragen einer ökumenischen Ekklesiologie ausgeblendet. Die Diskussion seit der Mitte unseres Jahrhunderts hat sich in verstärktem Maße diesen Fragen der »empirischen Kirche« zugewandt.

---

37. Vgl. etwa die Konzeption von R. Rothe; dazu E. Hirsch: Gesch. der neuern evangel. Theologie V, Gütersloh 1964³, S. 166 ff.

IV. Paul Tillich

Paul Tillich ist derjenige unter den in unserem Zusammenhang zu besprechenden großen Dogmatikern aus der Mitte des 20. Jahrhunderts, in dessen Ekklesiologie es zu der am weitesten gehenden Verschränkung von Kirche und Welt kommt. Man hat davon gesprochen, daß Tillich im Kirchenbegriff den Gegensatz von Kirche und Welt überhaupt überwinde, ja, daß die Kirche für ihn nur dann wirklich und ganz Kirche sei, »wenn sie die ganze Welt aufnimmt«[1]. Tillichs Denken ist seit seiner Frühzeit von dem Anliegen einer Durchdringung von Kultur und Religion, die er niemals als Gegensatz zur Offenbarung, sondern als Modus ihrer Anwesenheit verstand, bestimmt gewesen[2]. Bereits darin zeigt sich eine Kontinuität zu Fragestellungen und Begründungszusammenhängen der Schleiermacher verpflichteten Theologie des 19. Jahrhunderts[3], die zwar eine Verpflichtung dem offenbarungstheologischen Ansatz gegenüber nicht ausschließt, die aber doch den Anlaß zu Tillichs Auseinandersetzung mit der dialektischen Theologie bildete[4] und ihn zum eigentlichen Sachwalter der neuprotestantischen Kirchenidee im 20. Jahrhundert werden ließ.

Es kann nicht unsere Aufgabe sein, die Entwicklung der Ekklesiologie Tillichs aufzuzeigen. Wir haben uns auf eine Darlegung des Kirchenbegriffs zu beschränken, wie Tillich ihn im III. Band seiner Systematischen Theologie vorlegt[5]. Die Ekklesiologie gehört zu den ausführlichsten Teilen des Systems[6], womit Tillich bereits formal die Bedeutung unterstreicht, die Wesen und Auftrag der Kirche für sein Denken haben. Wir legen unserer Darstellung die terminologische und sachliche Unterscheidung Tillichs zwischen »Geistgemeinschaft« und »Kirche« zugrunde, mit der Tillich an die Tradition des

---

1. *Joh. Werner Mödlhammer:* Kirche und Welt bei Paul Tillich, Wien 1971, S. 166; vgl. S. 148.

2. Vgl. ebd., S. 109 ff.; *H.-D. Wendland:* Die Kirche in der revolutionären Gesellschaft, Gütersloh 1967, S. 230 ff.

3. Vgl. dazu E. Hirsch: Geschichte der neuern ev. Theologie V, a.a.O. S. 148 ff.; auch *Trutz Rendtorff:* Kirche und Theologie, Gütersloh 1966, bes. S. 123 ff., 154 ff.

4. Dazu vgl. u. a. *M. Doerne:* Die Idee des Protestantismus bei Tillich, in: ZThK (NF) 11, 1930, bes. S. 213 f.

5. Die deutsche Fassung, auf die wir uns beziehen, erschien erst nach dem Tode Tillichs, ist aber von ihm noch in vollem Maße autorisiert; vgl. Systematische Theologie III, Stuttgart 1966, S. 7 f. (Vorwort). – Die Belegnachweise im Text nennen Band- und Seitenzahl der »Systematischen Theologie«.

6. Das bemerkt Tillich selbst: III,13.

doppelschichtigen Kirchenbegriffs und die – nach Tillich allerdings höchst mißverständliche – Unterscheidung von unsichtbarer und sichtbarer Kirche anknüpft (ST III,180.191 f.). Während er nämlich von »Kirche« in der Regel im Plural redet und damit die verschiedenen geschichtlichen Kirchen als soziale Gruppen meint, gebraucht er den Begriff »Geistgemeinschaft« für *die* Kirche im wesentlichen, »essentiellen«[7] Sinn (III,192), für die Kirche als die »Gemeinde der Heiligen«, von der das Glaubensbekenntnis spricht (III,250).

1. Geistgemeinschaft

Die Geistgemeinschaft ist »die Gemeinschaft derer, die vom göttlichen Geist ergriffen und durch ihn in unzweideutiger, wenn auch fragmentarischer Weise bestimmt sind« (III,250). Tillich handelt von Geistgemeinschaft und Kirche im wesentlichen im Zusammenhang des vierten Teils des Systems »Das Leben und der Geist«. Dieser Teil steht an der Stelle, an der in der klassischen Dogmatik das Werk des Heiligen Geistes im Sinne der Zueignung des in Christus erworbenen Heiles, die Soteriologie, behandelt wurde. Er ist wie die übrigen Teile des Systems nach der Methode der Korrelation von Botschaft und Situation aufgebaut[8]. Tillich unternimmt es, als Vorbereitung und Einstieg zu den soteriologischen Überlegungen eine Philosophie des (menschlich-geschichtlichen) Lebens zu entwickeln. Dies geschieht unter der Fragestellung, wie sich aus den in der Analyse des Lebens hervortretenden »Zweideutigkeiten« die Frage nach dem »unzweideutigen Leben« ergibt, auf die die Wirklichkeit des göttlichen Geistes die Antwort ist (III,15.21).

Das Leben wird von Tillich in seinen verschiedenen »Dimensionen«, angefangen vom anorganischen Bereich, betrachtet – Tillich lehnt den Begriff »Schicht« ab, um die Vorstellung einer hierarchischen Über- und Unterordnung zu vermeiden (III,23) –, und es werden die gegenseitigen Beziehungen dargelegt, in denen die »Dimensionen« zueinander stehen. Bereits in diesem Zusammenhang redet Tillich vom »Geist« im Sinne einer zentralen Dimension des Lebens. Er bezeichnet ihn zusammenfassend als »die Einheit von Seins-Macht und Seins-Sinn« (III,134). Die Dimension des Geistes aktualisiert sich nun in drei grundlegenden Funktionen. Konstitutive Bedeutung für den Bereich des Geistes hat die Moralität – in ihr kommt es zur »Konstituierung der

---

7. Die für Tillichs Denken grundlegende Unterscheidung von Essenz und Existenz muß hier in ihrem Sinn vorausgesetzt werden. Vgl. dazu die Gesamtdarstellungen des Tillichschen Denkens, bes.: *Chr. Rhein:* Paul Tillich. Philosoph und Theologe, Stuttgart 1957; *Josef Schmitz:* Die apologetische Theologie Paul Tillichs, Mainz 1966.
8. Zur Methode der Korrelation vgl. Chr. Rhein, a.a.O. S. 81 ff.; ferner: *W. Hartmann:* Die Methode der Korrelation von philosophischen Fragen und theologischen Antworten bei Paul Tillich, Diss. Göttingen 1954.

Person als Person« (III, 51). In der Funktion der Kultur *schafft* bzw. *gestaltet* sich das Leben in der Dimension des Geistes (III,72 ff.). Als drittes stellt die Religion als »Selbst-Transzendierung des Lebens in der Dimension des Geistes« eine spezifische Qualität von Moralität und Kultur dar (III,118). Religion verleiht zumal der Moralität (der die Kultur ihre Inhalte gibt) »den Unbedingtheitscharakter des moralischen Imperativs« (III, 116). Allerdings sind die drei genannten Funktionen dem Zustand der »träumenden Unschuld« entrissen. Sie begegnen nämlich faktisch nicht in ihrer »essentiellen« Einheit, wonach es z. B. keine besonderen religiösen Akte geben könnte, weil jeder Akt des Lebens über sich hinausweist. Vielmehr trennen sie sich in ihrer Aktualisierung voneinander und verfallen so der »existentiellen« Selbstentfremdung. Das meint Tillich, wenn er von den »Zweideutigkeiten« des Lebens in der Dimension des Geistes spricht (III,117 f.). Im Bereich der Religion zeigen sich diese Zweideutigkeiten in deren institutioneller oder »kritisch-reduktiver« Profanisierung (III,121). Sie zeigen sich aber ebenso auch in dem dämonischen Anspruch eines »Endlichen, unendlich und von göttlicher Größe zu sein« (III,125). Diese Zweideutigkeiten sind es, die die Frage nach dem unzweideutigen Leben provozieren (III,130 ff.).

Unzweideutiges Leben wird nun nach Tillich dort erzeugt, wo die schöpferische Macht des göttlichen Geistes den menschlichen Geist ergreift (III,135). Tillich spricht von der »Eingießung« (III,139) oder vom »Einbruch« (III,165) des göttlichen Geistes oder von »Ekstase« (III,137 ff.) und trägt damit der von K. Barth eingeschärften offenbarungstheologischen Verpflichtung Rechnung. Aber er bemüht sich vor allem, die positive Bedeutung des göttlichen Geistes im Blick auf die zuvor entfaltete Struktur des Lebens zu erläutern. »Die Ekstase, die durch den göttlichen Geist geschaffen wird, ereignet sich in der Dimension des Geistes« – nämlich des Geistes als einer Dimension des Lebens (III,141), sie »zerstört nicht die Struktur des zentrierten Selbst, des Trägers der Dimension des Geistes« (III,137). Der göttliche Geist bildet in den Strukturen des Lebens die »Dimension der Tiefe« oder des »Unbedingten« (III,136). Er vermittelt sich auf sakramentale und worthafte Weise (III,144 ff.). Er bewirkt die Wiedervereinigung der in der existentiellen Selbstentfremdung getrennten Elemente des Lebens, indem er Glauben als den »Zustand des Ergriffenseins von der transzendenten Einheit« und Liebe als den »Zustand des Hineingenommenseins in die transzendente Einheit« schafft (III,153 f.).

Glaube und Liebe sind nun auch Kennzeichen der »Geistgemeinschaft«. Nach Tillich ereignet sich nämlich der Einbruch des Geistes nicht bei isolierten einzelnen, sondern in sozialen Gruppen (III,165). Auch für ihn ist – wie wir es bei Elert, Althaus und Barth sahen – zuerst von der Gegenwart des Geistes in der Gemeinschaft zu sprechen, ehe dann auch vom einzelnen in der Kirche und der Gegenwart des Geistes bei ihm zu handeln ist (III,250 ff.). In der Geistgemeinschaft ist der Geist Gottes unzweideutig da, die Geistgemeinschaft ist

»Neues Sein, geschaffen durch den göttlichen Geist« (III,177). Es ist das Neue Sein, das seine zentrale Manifestation in Jesus Christus gefunden hat und für das es charakteristisch ist, daß es »Entfremdung und Zweideutigkeit siegreich überwindet«. Das schließt nicht aus, daß die Gegenwart des göttlichen Geistes dennoch »fragmentarisch« ist. Das war bei Jesus Christus der Fall, und das ist ebenfalls in der Geistgemeinschaft so. »Fragmentarisch« meint, daß der Geist Gottes »unter den Bedingungen der Endlichkeit erscheint«, d. h. so, daß er immer neu den Erscheinungen der Entfremdung und der Zweideutigkeit ausgesetzt ist. Durch solches Ausgesetztsein wird indessen die Unzweideutigkeit nicht aufgehoben, sondern setzt sich immer wieder siegreich durch.

Tillich spricht auch von »Kennzeichen« der Geistgemeinschaft (III,182ff.). Als solche nennt er vor allem den Glauben und die Liebe. Für beide ist eine große Mannigfaltigkeit, Offenheit und Vielfalt charakteristisch, die auch nicht ohne Spannungen bleiben kann. Jedoch ist es wesentlich, daß die Gemeinschaft an solcher Mannigfaltigkeit nicht zerbricht, sondern daß in allen Spannungen die Einheit gewahrt bleibt, die als Einheit in der Vielfalt zugleich die Universalität der Geistgemeinschaft ausmacht. Darüber hinaus ist es aber für Tillichs Verständnis der Geistgemeinschaft kennzeichnend, daß sie nicht getrennt von Moralität, Kultur, Religion existiert, sondern sich gerade in ihnen verwirklicht. »Der göttliche Geist, der die Geistgemeinschaft schafft, schafft kein getrenntes Stück Wirklichkeit ... Er ist die ›Tiefe‹ aller kulturellen Schöpfungen und stellt in ihnen eine vertikale Richtung zu ihrem letzten Grund und Ziel her. In der Geistgemeinschaft gibt es keine religiösen Symbole, weil die begegnende Wirklichkeit in ihrer Ganzheit symbolischer Ausdruck für die Gegenwart des göttlichen Geistes geworden ist, und es gibt keine besonderen religiösen Akte, weil jeder Akt auch ein Akt der Selbst-Transzendierung ist« (III,185). Allerdings stellt sich hier die Frage, wie man sich die Existenz solcher Geistgemeinschaft konkret vorzustellen habe und wo sie anzutreffen sei. Denn natürlich weiß auch Tillich, daß die Geistgemeinschaft in dieser von ihm beschriebenen reinen Form nirgends direkt anzutreffen ist.

2. Manifeste und latente Geistgemeinschaft

Es ist zunächst zu fragen, ob die Existenz der Geistgemeinschaft nach Tillich an das Bekenntnis zu Jesus Christus gebunden ist. Tatsächlich stellt ja für Tillich Jesus Christus so etwas wie den Kristallisationspunkt seiner Rede von der Geistgemeinschaft dar. Das Neue Sein, das in ihm erschien, ist die Gegenwart des göttlichen Geistes ohne Verzerrung, wenn auch nicht ohne Züge des an das Bekenntnis zu Jesus Christus gebunden ist. Tatsächlich stellt ja für Tillich Jesus Christus so etwas wie den Kristallisationspunkt seiner Rede von der Geistgemeinschaft dar. Das Neue Sein, das in ihm erschien, ist die Gegenwart des göttlichen Geistes ohne Verzerrung, wenn auch nicht ohne Züge des »Fragmentarischen« (Kampf, Erschöpfung, Verzweiflung Jesu; III,173), und bildet so »das Kriterium aller Geist-Erfahrung in Vergangenheit und Zukunft« (III,171; vgl. 152f.). Das besagt jedoch nicht, daß *nur* dort, wo Jesu Name ausdrücklich genannt und verkündigt wird, Geistgemeinschaft anzutreffen wäre. Jesus Christus ist vielmehr »das Mittelglied in der Kette der geschichtlichen Manifestationen des Geistes« (III,174). Damit ist gesagt, daß es nach Tillich Gegenwart des göttlichen Geistes bereits »vor« Christus gibt: »vor« Christus im zeitlichen Sinn sowie im existentiellen Sinn (vor der Begegnung mit ihm; III,180). Es gibt Gegenwart des göttlichen Geistes in den verschiedenen Religionen (III,167ff.). Es gibt Gegenwart des göttlichen Geistes auch in politischen und künstlerischen Gruppen, die nicht der Kirche angehören und auch keine Beziehung zur christlichen Tradition haben müssen (III,179.181f.). Selbst ausgesprochen kirchenkritische und antichristliche Bewegungen wie der Kommunismus können nach Tillich »Kritiker der Kirchen im Namen der Geistgemeinschaft« werden. Solche Gruppen könnten gar nicht leben, wenn sie nicht Elemente der Geistgemeinschaft in sich trügen (III,182).

Damit stehen wir vor der Unterscheidung Tillichs zwischen »latenter« und »manifester« Geistgemeinschaft (III,180). Tillich nimmt damit in veränderter Terminologie seine frühere Unterscheidung von »latenter« und »manifester« Kirche auf[9], wobei die Veränderung der Terminologie eine Folge der terminologischen und sachlichen Differenzierung zwischen »Geistgemeinschaft« und »Kirche« ist. Der Unterschied zwischen »latenter« und »manifester« Geistgemeinschaft wird durch die ausdrückliche Begegnung mit Jesus Christus markiert: »Die Geistgemeinschaft ist latent, solange sie der zentralen Offenbarung in Jesus dem Christus nicht begegnet ist, und die Geistgemeinschaft ist manifest, nachdem eine solche Begegnung erfolgt ist« (III,180). Es sind also keineswegs nur kirchliche Randgruppen im Blick, wenn Tillich von »latenter« Geistgemeinschaft spricht[10]. Ferner betont Tillich, daß die hier vorliegende Unterscheidung sich nicht mit der klassischen Unterscheidung von unsichtbarer und sichtbarer Kirche deckt. Vielmehr steht das Problem von »Unsichtbarkeit« und »Sichtbarkeit« sowohl für die latente wie für die manifeste Geistgemeinschaft an[11]. Dabei sind es die Kirchen, die die manifeste Geistgemeinschaft repräsentieren, während die Geistgemeinschaft in anderen religiösen, kulturellen, politischen Gruppen und Bewegungen in latenter

---

9. Zu den früheren Aussagen Tillichs vgl. u. a. *H. Bolewski:* Zum Verhältnis von manifester und latenter Kirche, in: Pastoraltheologie 55, 1966, S. 230ff.

10. H. Bolewski, a.a.O., sieht hierin einen Unterschied zu D. Sölles vieldiskutierten Aussagen auf dem Kölner Kirchentag 1965.

11. So mit Recht *Helm. Dee:* Wesen und Wirklichkeit der Kirche, in: MPTh 54, 1965, S. 276.

Form repräsentiert ist (III,181). Es wird somit deutlich, daß wir hier vor Tillichs Versuch stehen, die eschatologische Grenze zwischen Kirche und Welt zu überwinden. Es ist für Tillich undenkbar, daß der Geist Gottes nur innerhalb kirchlicher Grenzen am Werk ist. Dieser Versuch unterscheidet sich von demjenigen K. Barths, zu einer theologisch positiven Sicht der nichtkirchlichen Welt zu kommen, vor allem darin, daß Jesus Christus bei Barth im Blick auf die nichtkirchliche Welt nicht nur »Kriterium« ist, sondern ihr als Person von Ewigkeit her zugewendet und der Inbegriff des göttlichen Ja zur gesamten Welt ist. Im Hintergrund stehen die grundlegenden Unterschiede in der Christologie, die bei Tillich – gewissermaßen »neutrisch« – vom Neuen Sein her konzipiert ist, das als Gegenwart des Geistes in Christus unübertroffene Gestalt gewann, während Jesus Christus nach Barth grundlegend die Person ist, in der Gott sich in der Freiheit seiner Liebe der Welt zuwendet[12].

3. Das Paradox der Kirchen

Die Geistgemeinschaft in ihrer manifesten Form existiert in Gestalt der Kirchen. (Tillich redet durchweg von »Kirchen« im Plural, um schon durch solche Redeweise die unterschiedliche Betrachtungsebene zu markieren.) Eine Kirche ist »eine Gemeinschaft derjenigen, die bejahen, daß Jesus der Christus ist« (III,204). Indem Tillich davon spricht, daß die Kirchen die Geistgemeinschaft »repräsentieren« (III,181), deutet er auf die »dialektische Beziehung« zwischen der Geistgemeinschaft und den Kirchen hin. Es ist das eine Beziehung der »Identität und Nichtidentität« (III,177). Auf der einen Seite bildet nämlich die – wesenhaft unsichtbare – Geistgemeinschaft die »geistige Essenz« in den konkreten Kirchen (III,192). Sie hat keine Eigenständigkeit neben den Kirchen, sondern wirkt in ihnen »als Struktur und als kämpfende Macht gegen ihre Zweideutigkeiten« (III,192). Damit ist zugleich die andere Seite genannt, die es im Blick auf die Kirchen zu berücksichtigen gilt: Sie haben an den »Zweideutigkeiten des Lebens im allgemeinen« teil. Die Zweideutigkeiten des Lebens, durch die die Situation der Welt gekennzeichnet ist, stellen schon den Grund dafür dar, daß es überhaupt einer religiösen Sondersphäre bedarf, obwohl eigentlich jeder »Akt des Lebens über sich hinausweisen und kein besonderer religiöser Akt ... notwendig sein« sollte (III,118f.). Darüber hinaus aber sind die Kirchen als die geschichtlichen Gestaltwerdungen manifester Geistgemeinschaft (und damit des unzweideutigen Lebens) selbst von den Zweideutigkeiten des Lebens der Welt gekennzeichnet. Darin besteht das »Paradox der Kirchen« (III,194). Die Denkfigur des Paradoxes im Sinne der

---

12. Auf das »personale Defizit« der Tillichschen Theologie ist wiederholt hingewiesen worden, so schon von Doerne, a.a.O. S. 221f., sodann etwa von A. Peters (vgl. bei H.-D. Wendland, a.a.O. S. 257, Anm. 54).

»Gegenwart des unbedingten Gehaltes in einer bedingten Form« hat Tillich schon früh zum Verstehen konkreter religiöser Wirklichkeit verwendet[13]. Der paradoxe Charakter der Kirchen zeigt sich ihm jetzt vor allem an den Prädikaten der Heiligkeit, der Einheit und der Universalität der Kirchen. Denn heilig sind die Kirchen trotz ihrer aktuellen Unheiligkeit (III,196 f.), eins sind sie nur in ihren Teilungen (III,199), und die Universalität ist nur in ihrer Partikularität gegenwärtig (III,201). Die beiden Seiten der Kirchen nennt Tillich auch ihren theologischen und ihren soziologischen Aspekt (III,194 f.).

In solcher Betrachtung vereinen sich zwei Anliegen Tillichs. Einerseits möchte er die vorfindlichen Kirchen nicht abwerten[14]. Die Geistgemeinschaft ist nicht ein »Idealbild«, das gegen die Realität der Kirchen steht und auf das hin die Kirchen sich in ständigem Fortschritt entwickeln müßten (III,193). Vielmehr bildet die Geistgemeinschaft »das innere telos der Kirchen«, das, was eine Kirche zur Kirche macht (III,194). Auf der anderen Seite wehrt Tillich alle Tendenzen ab, die vorfindlichen Kirchen zu verabsolutieren und ihre Zweideutigkeiten zu ignorieren, wie er sie vor allem in der römisch-katholischen Ekklesiologie gegeben sieht (III,196). Im Blick auf formulierte Glaubensbekenntnisse und Lehren z. B. ist »das protestantische Prinzip des unendlichen Abstandes zwischen dem Göttlichen und dem Menschlichen« zu beachten, das jede Gleichsetzung des Neuen Seins mit irgendeiner formulierten Lehre verbietet (III,207). Es wäre ein »dämonischer Akt«, von den Gläubigen zu fordern, daß sie bestimmte dogmatische Formeln akzeptieren sollen, um Glieder der Kirche zu sein (III,204). Kriterium der Kirchengliedschaft kann lediglich der »ernsthafte Wunsch« sein – »gleichgültig ob bewußt oder unbewußt –, am Leben einer Gruppe teilzunehmen, die sich auf das Neue Sein gründet, wie es in Jesus als dem Christus erschienen ist« (III,205). Es ist auch unmöglich, daß sich von den verschiedenen Kirchen und Konfessionen eine gegenüber der anderen für absolut hält (III,281).

Aber das Paradox der Kirchen fordert nicht nur zu nüchterner, sachgemäßer *Beurteilung* der vorfindlichen Kirchen auf. Es gebietet vielmehr auch den ständigen »Kampf gegen die Zweideutigkeiten der Religion« im Leben der Kirchen (III,202). Ebenso wie gegen die Intoleranz in Glaubensfragen haben die Kirchen als »Gemeinschaften der Liebe« gegen soziale und wirtschaftliche Ungerechtigkeiten in den Kirchen, gegen die Praxis der Exkommunikation, gegen die Mechanisierung der Vergebung, gegen den Versuch, Außenstehende zu »bekehren«, anzugehen (III,208 ff.). Sie haben vor allem gegen jegliche Absolutsetzung ihrer selbst einzutreten. Der Grund dafür ist ständig der gleiche: Die Kirchen repräsentieren die Geistgemeinschaft stets nur in der

---

13. Die eben zitierte Formulierung stammt aus der »Religionsphilosophie« (1925): GW I,346.
14. Vgl. Wendland, a.a.O. S. 244; Mödlhammer, a.a.O. S. 153.

Gebrochenheit durch alle jene Zweideutigkeiten, die sich aus ihrer Partizipation an der existentiellen Entfremdung des Lebens ergeben. Tillich bekennt sich demnach bis in sein Spätwerk hinein zu dem von ihm so genannten »protestantischen Prinzip«, von dem her er bereits in den 20er Jahren eine prophetische »Kritik des Seienden vom Jenseits des Seins her« und also auch eine Kritik an der protestantischen Kirche (ebenso wie an der katholischen Kirche mit ihrer religiösen Selbstsicherung) forderte[15]. Neben der prophetischen Kritik an einer schlechthinnigen Identifizierung des Göttlichen mit einer kirchlichen Gestalt drängt die Gnade, wie Tillich ebenfalls seit seinem Frühwerk einschärft, auf ihre immer neue Gestaltwerdung. Das »protestantische Prinzip« hat als notwendiges Gegenstück die »katholische Substanz« zur Seite (III,16)[16]. Diese Forderung einer »protestantischen Gestaltung« – wie es in früherer Terminologie auch heißen kann[17], die letztlich auf eine kirchliche Gestalt neuen Typs jenseits des bestehenden protestantischen und katholischen Kirchentums aus ist[18] – wird in der »Systematischen Theologie« dort aufgenommen, wo Tillich von den Funktionen der Kirche spricht.

4. Funktionen der Kirchen

Die Funktionen der Kirchen sind die Weise, »in denen sich ihr Wesen lebendig verwirklicht« (III,213). Das Stichwort »Verwirklichung« zeigt an, daß wir uns an der Stelle befinden, an der Tillich früher von der »Gestalt der Gnade« sprach. Von den Funktionen gilt: Sie sind »eine unmittelbare und notwendige Konsequenz dessen, was eine Kirche essentiell ist. Sie müssen immer vorhanden sein, wo eine lebendige Kirche ist ...« (ebd.). Das gilt allerdings nicht von den Institutionen, die um dieser Funktionen willen geschaffen wurden. Weder das Priestertum noch das kirchliche Amt, noch spezielle Sakramente, noch bestimmte Formen des Gottesdienstes folgen aus dem Wesen der Kirche (III,220) oder sind von Gott geboten (III,240). Alle Ämter sind »Sache soziologischer Angemessenheit, praktischer Brauchbarkeit und menschlicher Weisheit« (III,240)[19]. Hier berührt sich Tillich formal mit der lutherischen Unterscheidung eines ius divinum von einem – dem Ermessen der Vernunft anheimgestellten – ius humanum, auch wenn er zum ius divinum nicht wie die lutherische Tradition bestimmte von Gott gesetzte Institutionen (Taufe, Abendmahl, evtl. das Amt) rechnet. Jedenfalls aber befindet er sich hier im

---

15. M. Doerne, a.a.O. S. 211.
16. Das betont *Walter Uhsadel:* Protestantisches Prinzip und katholische Substanz. Erwägungen zur Ekklesiologie Paul Tillichs, in: ZW 38, 1967, S. 586ff.
17. Doerne, a.a.O.
18. Vgl. bes. H.-D. Wendland, a.a.O. S. 257.
19. III,221 betont Tillich (mit Recht), daß jeder Vermittler selbst Antwortender sein muß. Auf die Bedeutung des allgemeinen Priestertums weist er hin: III,240.251.

Gegensatz zu Barth, der gerade das ius humanum und also die konkrete Ordnung der Kirche als Christusrecht gestaltet wissen wollte.

Tillich spricht von vier Funktionsgruppen. Jede der zu diesen Gruppen gehörenden Funktionen ist durch eine spezifische Polarität von Prinzipien charakterisiert, wobei sich als Gefahr die jeweilige Über- oder Unterbewertung eines der beiden Prinzipien ergibt – Anzeichen der Zweideutigkeit der Kirche im Bereich der Funktionen. Die Funktionen der Begründung (Aufnehmen und Vermitteln der Botschaft sowie Antwort als Bekenntnis und Gottesdienst) stehen in notwendiger Spannung von Tradition und Reformation (III,214ff., 219ff.). Die Funktionen der Ausbreitung (Mission, Erziehung, Evangelisation) stehen in notwendiger Spannung von Wahrheit und Anpassung (III,216ff., 224ff.). Die Funktionen des Aufbaus (ästhetisch als Kunst, kognitiv als Theologie, gemeinschafts- und personbildende Funktionen, die sich aus den Maximen der Gerechtigkeit und der Menschlichkeit in ihrem Verhältnis zur Heiligkeit ergeben) stehen in notwendiger Spannung von Transzendierung und Bejahung der Form (III,218ff., 228ff.). Es fällt auf, daß hier nirgends ausdrücklich von sakramentalen Funktionen gesprochen wird. Wenn Tillich bestreitet, daß *bestimmte* Sakramente direkt von Gott geboten sind (III,220), dann schließt das die Notwendigkeit sakramentaler Funktionen überhaupt ja nicht aus. Und in anderem Zusammenhang hatte Tillich die sakramentale Vermittlungsform des göttlichen Geistes besonders hervorgehoben (III,144ff.), wie auch schon in früheren Schriften die Sakramente als eine speziell für den Protestantismus wichtige Art der Gestaltwerdung der Gnade gelten[20]. Als vierte Funktionsgruppe nennt Tillich »Funktionen der Kirchen nach außen«, im Blick auf die die Kirche umgebende Gesellschaft (III,246ff.). Es sind das die Funktionen des stillen Durchdringens, des kritischen Urteilens (wobei dem prophetischen Tun der Kirche eine Art »umgekehrter Prophetie«, nämlich ein »unbewußter priesterlicher Einfluß seitens der Kultur auf die Kirche« gegenübersteht, III,247) und des politischen Handelns (dem ebenfalls ein »berechtigter politischer Einfluß der Gesellschaft auf die Kirche« gegenübersteht; III,248). Hier begegnet uns erneut das Anliegen Tillichs, zu einer Überwindung der Trennung von Kirche und Welt, insbesondere von Kirche und Kultur zu kommen, mit dem er in besonderem Maße Anliegen des sog. »Kulturprotestantismus« des 19. Jahrhunderts aufnimmt[21].

5. Die Kirchen als Repräsentanten des Reiches Gottes

Ein letzter Aspekt der Ekklesiologie Tillichs (verhandelt im fünften Teil des Systems »Die Geschichte und das Reich Gottes«) greift über das bisher Erör-

---

20. Nachweise bei Wendland, a.a.O. S. 243.
21. Vgl. E. Hirsch, a.a.O. S. 156.

terte insofern hinaus, als in ihm die Kirche in ihrer Funktion innerhalb der gesamten Geschichte und im Blick auf deren Ziel vor Augen geführt wird. Das Ziel der Geschichte ist das Reich Gottes. Einerseits transzendiert dieses Ziel die Geschichte, deren Ziel es ist. Andererseits aber ist nach Tillich die Geschichte für dieses ihr Ziel von großer Bedeutung. Der Weltprozeß schafft nämlich, obwohl er ein Geschehen in existentieller und damit entfremdeter Gestalt ist, positiv Neues, das sich mit dem essentiellen Neuen Sein als dem göttlichen Leben verbindet und dieses hierdurch »anreichert«. Damit leistet es zugleich einen echten Beitrag zum Reich Gottes in seiner Erfüllung. Tillich nennt den Prozeß dieser »Anreicherung«, einen Begriff Schellings aufnehmend, »Essentifikation« (III,453)[22]. Das Reich Gottes ist demnach in mehrfacher Hinsicht umfassender als die Geistgemeinschaft. Abgesehen davon, daß in ihm die paradoxe Gestalt der Geistgemeinschaft wegfällt, der diese in Form von Kirchen und anderen Gruppen und Bewegungen verhaftet ist, sind im Reich Gottes alle positiven Früchte der Geschichte »aufgehoben«. Überdies umfaßt es auch alle außermenschlichen Elemente der Wirklichkeit (III,426).

Die Kirchen nun sind nach Tillich Repräsentanten auch des Reiches Gottes in dem gezeichneten umfassenden Sinn. Sie sind es so, daß sie aktiv teilnehmen an der Bewegung der Geschichte auf ihr Ziel hin und am »innergeschichtlichen Kampf des Reiches Gottes gegen die Kräfte der Dämonisierung und der Profanisierung, die sich diesem Ziel widersetzen« (III,427). Vom »Reich Gottes« spricht Tillich also nicht nur im Blick auf das zukünftige Ziel, sondern auch im Blick auf das je gegenwärtige göttliche Element im Geschichtsprozeß. In dieser Hinsicht nähert sich seine Rede vom »Reich Gottes« dem, was er früher als »Geistgemeinschaft« bezeichnet hatte. Die Kirchen sind in solchem Kampf der Geschichte »Werkzeuge des Reiches Gottes«, »führende Mächte in dem Streben nach der Erfüllung der Geschichte«, sie legen Zeugnis vom Reich Gottes ab und bereiten auf sein Kommen vor (III,427). Sie tun das insbesondere auch in ihrem sakramentalen Handeln, da hier über die personalen Elemente der Wirklichkeit hinaus alle Dimensionen des Lebens auf die Partizipation am Reich Gottes ausgerichtet werden (III,428).

Tillich ist sich allerdings dessen bewußt, daß gerade die Rolle der Kirchen in der Weltgeschichte und zugleich ihre eigene Geschichte die Zweideutigkeit, der sie unterworfen sind, in krasser Weise vor Augen führen. Er weist auf die »vielen Rätsel der Geschichte der Kirchen« hin (III,430), zumal auf die Profanisierung in Form von Ritualisierung (besonders im katholischen Raum) und in

---

22. Vgl. dazu den ausführlichen Abschnitt bei J. W. Mödlhammer, a.a.O. S. 70 ff., der »Essentifikation« einen »Schlüsselbegriff« für Tillich nennt (S. 70); ferner: Ingeborg C. Henel: P. Tillichs Begriff der Essentifikation und seine Bedeutung für die Ethik, in: NZSTh 10, 1968, S. 1–17.

Form von Säkularisierung (besonders im protestantischen Raum; III,431). Die neuzeitliche Säkularisierung nennt er »das schwierigste und dringlichste Problem der gegenwärtigen Geschichte der Kirchen«, das vor die Frage stellt, wie es sich eigentlich mit der Behauptung von Christus als der Mitte der Geschichte verhält (III,432). Auch die Spaltung der Kirche und die Selbstgerechtigkeit einzelner Kirchen stellen vor bedrückende Fragen (III,429f.). Tillich rechnet sogar damit, daß Kirchen geradezu im Widerspruch zum Reich Gottes stehen. Dennoch bleiben sie seine Repräsentanten. Denn »verzerrter Geist bleibt Geist, und verzerrte Heiligkeit bleibt Heiligkeit« (III,426). Wie kommt Tillich zu einer solchen, von seinem Ansatz her im Grunde überraschenden Aussage? Er weist darauf hin, daß die Kirchen ja *nur* Repräsentanten sind und damit von sich selbst wegweisen auf das von ihnen Repräsentierte (III,426). Die Geschichte der Kirchen trägt auch dann, wenn sie sich im Widerspruch zum Reich Gottes befindet, etwas in sich, was die Geschichte von nichts anderem aufweisen kann: das *Kriterium* des Geistes und des Reiches Gottes – und sollte es ein Kriterium sein, das gegen sie selbst spricht. Dieses Kriterium ist das Neue Sein in Jesus dem Christus (III,433). Während es früher so schien, als sei eine Kirche Repräsentantin der Geistgemeinschaft nur insoweit, als der göttliche Geist in ihr selbst tatsächlich immer aufs neue siegreich sei, klingt es jetzt wesentlich »objektiver«: Auch wenn das faktische Leben einer Kirche dem Geist Gottes und dem Reich Gottes total widerspricht, so ist im Bekenntnis zu Jesus Christus wenigstens das Kriterium gegenwärtig. Wir befinden uns hier auf der Linie des lutherischen Gedankens, daß die Sakramente der Kirche auch dann gültig sind, wenn sie von unwürdigen Pastoren oder gar Heuchlern gereicht werden (CA VIII) – nur ist dieser Gedanke jetzt auf eine ganze konkrete Kirche übertragen. Die Frage ist freilich, ob ein lediglich formales Festhalten am Christusbekenntnis ohne irgendwelche Entsprechungen im Leben einer Kirche dieser nicht das Recht nimmt, sich noch als Kirche Christi und als Repräsentantin des Reiches Gottes zu verstehen.

6. Zusammenfassung und kritische Würdigung

Überblicken wir die Ekklesiologie von Paul Tillich, so erweist sich als grundlegende These die Unterscheidung von »Kirche« einerseits, »Geistgemeinschaft« als deren »geistige Essenz« oder auch »inneres telos« andererseits. Die Geistgemeinschaft ist die Gemeinschaft von Menschen, die vom göttlichen Geist ergriffen und bestimmt und dadurch der »Dimension der Tiefe« und des »Unbedingten« teilhaftig sind – einer »Tiefe«, die prinzipiell nicht neben, sondern in den Bereichen der Moral, Kultur, Religion erfahrbar wird. Es ist eine Gemeinschaft des neuen, unzweideutigen Seins, eine Gemeinschaft, die Autonomie und Heteronomie als entfremdete Lebensvollzüge überwunden und zu theonomem Lebensvollzug gefunden hat[23]. Es ist eine Gemeinschaft, die in Glaube und Liebe ihre wesentlichen Kennzeichen hat. Unüberbietbares Kriterium von Geistgemeinschaft ist das Neue Sein in Jesus dem Christus. Das schließt jedoch nicht aus, daß auch »vor« Christus und sozusagen unabhängig von ihm in religiösen, kulturellen, politischen Gruppen und Bewegungen Geistgemeinschaft »latent« gegeben ist. Die Kirchen (Plural!) repräsentieren die Geistgemeinschaft in ihrer »manifesten« Form, d. h. nach der ausdrücklichen Begegnung mit Jesus Christus. Das Paradox der Kirchen besteht darin, daß sie, obwohl sie Repräsentanten des unzweideutigen Lebens sind, dennoch tief in die Zweideutigkeiten des Lebens der Welt verstrickt sind. Die wirksame Macht des göttlichen Geistes hat jede Verabsolutierung einer Kirche oder kirchlichen Form zu verhindern (»protestantisches Prinzip«), sie ist aber gleichzeitig auf immer neue Gestaltwerdung aus (»katholische Substanz«). Diese findet Tillich in den Funktionen der Begründung, der Ausbreitung und des Aufbaus der Kirche sowie in ihren »Außenfunktionen«: Durchdringen der Gesellschaft, kritisches Urteilen und politisches Handeln. Als Repräsentanten des Reiches Gottes schließlich haben die Kirchen wesentlich teil an der Bewegung der Geschichte auf ihr Ziel hin und am Kampf gegen alle Zweideutigkeit und Dämonisierung in diesem Prozeß.

Wie sich in seiner These von der Latenz der Geistgemeinschaft und von ihrem Eingebundensein in die allgemeinen Lebensbereiche der Moral, Kultur und Religion zeigt, geht Tillich in dem Bestreben, die Schranken zwischen Kirche und Welt zu überwinden, weiter als Elert, Althaus und auch Barth. Er nimmt damit wesentliche Elemente der neuprotestantischen bzw. »kulturprotestantischen« Tradition auf, wie sie sich etwa bei Schleiermacher oder bei R. Rothe finden[24]. Zugrunde liegt dem die Konzeption der Geistgemeinschaft als einer Gemeinschaft des »Neuen Seins«, die in den Lebenshaltungen des Glaubens und der Liebe ihre wesentlichen Kennzeichen hat. Mit Recht ist darauf hingewiesen worden, daß die fides quae creditur bei Tillich im Grunde ausfällt[25]. Dem entspricht die Funktion Christi als eines bloßen unüberbietbaren »Kriteriums« des Neuen Seins. Vermutlich wird im Gespräch über die Ekklesiologie Tillichs bei seiner Christologie anzusetzen sein. Auf den »neutrischen« Charakter des Christusverständnisses Tillichs, auf ein hier waltendes »personales Defizit« wurde bereits hingewiesen[26]. Christus ist für Tillich im Grunde nichts

23. Zu den – von uns im einzelnen nicht erläuterten – Begriffen Autonomie, Heteronomie, Theonomie bei Tillich vgl. z. B. J. Schmitz, a.a.O. S. 12–16.

24. Zum Verhältnis Tillichs zu R. Rothe vgl.: *Paul Kessler:* Glaube und Gesellschaftsgestaltung. Die Bedeutung R. Rothes für das Verhältnis von Kirche und Welt im 20. Jh., Essen 1969, S. 159ff.

25. J. W. Mödlhammer, a.a.O. S. 144.

26. S. o. S. 124.

anderes als der Repräsentant, die exemplarische Verwirklichung und insofern das Kriterium eines, im Prinzip auch unabhängig von ihm möglichen, Lebens aus dem Geist, jedoch nicht das Ereignis, in dem Gottes richtendes und versöhnendes Handeln über die Welt ergeht und die Welt verändert. Ein solches von Gott kommendes Ereignis, in dem ein personaler Zuspruch und ein Anspruch an die Menschen ergeht, muß aber als Nachricht und Verkündigung weitergetragen werden und vermittelt ohne solche Verkündigung weder den Heiligen Geist, von dem das Neue Testament spricht, noch wirkt es den heilbringenden Glauben im neutestamentlichen Sinne. Ist aber solcher (expliziter) Glaube an Christus Kriterium des Kircheseins, dann ist es problematisch, von nichtchristlichen religiösen, politischen, kulturellen Gruppen und Bewegungen als von »latenter Geistgemeinschaft« oder »Kirche« zu sprechen. Damit ist freilich die – z. B. auch K. Barth bewegende – Frage nach der letzten Bewertung der nichtchristlichen Welt noch nicht erledigt, ebensowenig die Frage eines etwaigen »objektiven« Wirkens Christi dort, wo sein Name nicht genannt wird. Aber man wird wohl Barth gegenüber Tillich darin zu folgen haben, daß von »Gemeinde« oder »Kirche« theologisch nur die Rede sein kann, wo der Heilige Geist es zur expliziten Antwort des Glaubens auf die explizite Christusverkündigung kommen läßt, und daß in diesem Zusammenhang der gottesdienstlichen Versammlung eine entscheidende Bedeutung zukommt. Von daher müßte dann aber die von Tillich vorgenommene Unterscheidung von »Geistgemeinschaft« und »Kirche« überprüft werden. Muß man nicht sagen, daß die Verkündigung von Christus, *indem* sie konstitutiv ist für die geschichtlich vorfindlichen Kirchen, eben darin auch konstitutiv ist für die Geistgemeinschaft? Und sind nicht auch die verschiedenen Formen kirchlichen Handelns und Gestaltens wesentlich unmittelbarer Formen der Geistgemeinschaft selbst, nämlich Formen ihrer Antwort auf die Nachricht von Christus, die aber gleichzeitig in einem wirksamen Dienst dieser Nachricht selbst stehen? Man müßte dann erneut fragen, ob nicht auch formulierten Lehren, Ämtern in der Kirche, kirchlichen Ordnungen eine unmittelbarere Valenz für den Geist eignet, und es wäre dann auch noch einmal nach der geistlich-ekklesialen Bedeutung bestimmter Sakramente wie Taufe und Abendmahl zu fragen[27]. Gewiß hat Tillich recht, wenn er auf die oft bedrückende Differenz

---

27. Möglicherweise meint O. Weber ähnliches, wenn er von einem »doketischen Gefälle« bei Tillich spricht (Grundl. d. Dogm. II, Neukirchen 1962, S. 127 Anm. 3). Die katholische Kritik von J. W. Mödlhammer moniert bei Tillich eine »Tendenz ... zur Entgegenständlichung als Gefährdung der Substanz« (a.a.O. S. 172), Gott könne sich dem Geschöpf nicht wirklich schenken, sondern »nur *an* ihm aufstrahlen« (S. 170). Diese Kritik nimmt die Betonung der Gegenwart des Geistes bei Tillich vielleicht nicht ernst genug. Sie hat aber recht, sofern jene Gegenwart – über Tillich hinaus – stärker auch im Blick auf geschichtliche Vollzüge (bei Christus und bei der ihn vermittelnden Kirche) zur Geltung gebracht werden müßte.

zwischen der Macht des Evangeliums und der faktischen Existenzweise der Kirchen hinweist. Tatsächlich wird die Nachricht von Christus immer neu auch zum Gericht über die Kirchen und ihre Weisen zu leben und zu handeln. Aber die Rede von einer »Geistgemeinschaft« im Unterschied zu den Kirchen bzw. als deren »geistige Essenz« provoziert doch den Eindruck, als ließe sich solche Geistgemeinschaft in irgendeiner Weise vom kirchlichen Vordergrund abheben, statt daß entschlossen damit ernst gemacht wird, daß es die Geistgemeinschaft selbst ist, die immer neu unter das Gericht des Evangeliums gestellt wird. Und dies eben deshalb, weil die Antwort auf das Evangelium selbst immer nur in gebrochener Form, in ständiger Auseinandersetzung zwischen Gehorsam und Ungehorsam erfolgt, und weil solche Auseinandersetzung ebenso auf der personalen wie auf der organisatorisch-institutionellen Ebene (die *mehr* ist als eine Domäne der bloßen Vernunft) stattfindet. Es ist das eine Auseinandersetzung, die im letzten gefährlicher ist, als Tillich meint, weil dort, wo nur noch Widerspruch zum Evangelium da wäre, dieses Evangelium als »verspielt« zu gelten hätte und von einer Repräsentation Christi durch eine solche im Widerspruch zu ihm sich befindende Kirche wohl nicht mehr die Rede sein könnte.

Ohne Zweifel ist indessen das Bemühen Tillichs legitim, die Christuswirklichkeit mit den Äußerungen und Formen menschlichen Lebens in Moral, Kultur, Politik, Religion zu vermitteln und ihre Relevanz für diese Bereiche deutlich zu machen. Daß diesem Bemühen der Hinweis auf eine »durchdringende« Funktion der Kirche in der Gesellschaft entspricht – was auf der Linie des gleichen Anliegens Schleiermachers liegt –, ist nicht nur verständlich, sondern stellt eine berechtigte Anfrage dar an verbreitete Tendenzen eines kirchlichen Isolationismus.

C. Theologische Lehre von der Kirche in reformatorischer Verantwortung angesichts der Wirklichkeit der Kirche heute

I. Die Frage nach der Kirche im 20. Jahrhundert

Wir haben der Darstellung des Kirchenbegriffs im Spätwerk der Reformatoren eine solche von Aussagen und Konzeptionen gegenübergestellt, wie wir sie bei führenden evangelischen Dogmatikern in der Mitte des 20. Jahrhunderts finden. In unterschiedlicher Weise ist in diesen Entwürfen versucht worden, die ekklesiologischen Einsichten der Reformation mit Problemstellungen zu vermitteln, wie sie sich aus der neuzeitlichen Wirklichkeitserfahrung allgemein und insbesondere aus der Erfahrung mit der Kirche in Neuzeit und Gegenwart ergeben. Unsere Aufgabe in diesem dritten Teil unserer Untersuchung ist es, auf Schwerpunkte des theologischen Gesprächs über Wesen, Auftrag und Gestalt der Kirche in den letzten beiden Jahrzehnten hinzuweisen, damit den Wandel der ekklesiologischen Fragestellungen zwischen dem 16. und 20. Jahrhundert noch deutlicher in den Blick zu rücken und gleichzeitig ein Urteil zu der Frage vorzubereiten, was eine Orientierung an der reformatorischen Ekklesiologie in diesen neuen Zusammenhängen bedeuten könnte. Die Aufgabe besteht demnach nicht darin, einen eigenen ekklesiologischen Gesamtentwurf vorzulegen[1], sosehr dennoch zu hoffen ist, daß der eigene Standort nicht völlig im dunkeln bleibt.

Die Fragestellungen, auf die im folgenden näher eingegangen werden soll, lassen sich durchweg als »Erbe« der Neuzeit, wenigstens der letzten 200 Jahre, und speziell als »Erbe« des praktisch-gestaltenden und theologisch-nachdenkenden Bemühens unserer Väter um die Kirche verstehen. Dieses »Erbe« zumal des 19. Jahrhunderts an das 20. Jahrhundert ist gerade auf ekklesiologischem Gebiet noch nicht abgegolten, es hat sich vielmehr in zunehmendem Maße als unerledigt geltend gemacht; es bestimmt natürlich auch die normale vortheologische Erfahrung mit der Kirche, ein verbreitetes Lei-

---

1. Aus den letzten zwei Jahrzehnten liegen nur wenige ekklesiologische Gesamtentwürfe vor. Im evangelischen Raum ist vor allem zu nennen: *J. Moltmann:* Kirche in der Kraft des Geistes. Ein Beitrag zur messianischen Ekklesiologie, München 1975; daneben die Thesenreihen von *G. Ebeling* (in: Theologie und Verkündigung, Tübingen 1962, S. 93–103) und *W. Pannenberg* (Thesen zur Theologie der Kirche, München 1970, 1974[2]) sowie *W. Huber:* Kirche (ThTh Erg.), Stuttgart und Berlin 1979. Für den katholischen deutschsprachigen Bereich ist für die Zeit nach dem großen ekklesiologischen Entwurf des II. Vaticanums vor allem zu nennen: *H. Küng:* Die Kirche, Freiburg 1967; sodann – als Übersetzung aus dem Französischen – *L. Bouyer:* Die Kirche, 2 Bde., Einsiedeln 1977.

den an der Kirche sowie alle Bemühungen um eine verantwortete kirchliche Praxis heute in einem Maße, wie wir uns das nur selten klarmachen[2].

Ein erster solcher Problembereich, der uns überkommen ist und dem wir uns zu stellen haben, ergibt sich aus dem kritischen historischen Bewußtsein der Neuzeit. Im Zuge dieses Bewußtseins und im Gefolge der kritischen Einsicht in den Vorgang der Entstehung und Entwicklung der Kirche hat sich verschärft die Frage nach der Legitimität des geschichtlich so Gewordenen gestellt. Die gesamte historische Kritik hatte ja auch diese das Bestehende in Frage stellende kritische Spitze, und sie hat sie kirchen-praktisch und ekklesiologisch – insbesondere im Rückgriff auf den vorösterlichen Jesus, sodann aber auch im Rückgriff auf die Berichte und Zeugnisse über die frühchristliche Kirche – bis heute behalten[3]. Es ist erstaunlich, welche geringe Rolle diese vom historisch-kritischen Bewußtsein an jede Ekklesiologie sich stellende Frage, die ja auch einen entscheidenden Impuls der Reformation weiterführt, in den vier Entwürfen aus der Mitte des 20. Jahrhunderts gespielt hat.

Ein zweiter Fragenkreis, in welchem wir ekklesiologisch eindeutig über das 16. Jahrhundert hinausgeführt worden sind, resultiert aus der Entstehung und Entwicklung eines säkularisierten Bewußtseins in einer zunehmend säkularen Welt. Die vielbeschworene Rede vom »Ende des Konstantinischen Zeitalters«[4] weist hin auf die Lösung der Verbindung von Thron und Altar, von Staat und Kirche, nachdem als ein (zunächst ungewolltes) Erbe der Reformation das landesherrliche Kirchenregiment bis ins 20. Jahrhundert hinein für die evangelischen Kirchen wenigstens im deutschen Bereich bestimmend war[5]. Hinzu kommt – bedingt durch die neu geschaffenen Möglichkeiten weltweiter Kommunikation – die Begegnung der Christenheit mit anderen, nichtchristlichen Religionen und Kulturen. Diese Faktoren haben zu einem Nachdenken über den Sendungsauftrag der Kirche in der Welt, über ihre missionarische Dimension geführt, wie es so in der Reformationszeit unter den Bedingungen der Kongruenz von Christengemeinde und Bürgergemeinde gar nicht möglich war.

---

2. Zu den elementaren Erfahrungen mit der Kirche und den Assoziationen, die sich unmittelbar einstellen, wenn von Kirche die Rede ist, vgl. W. Huber, a.a.O. S. 14ff.

3. Der Rückgriff auf den vorösterlichen Jesus spielt eine grundlegende, kritische Rolle in der katholischen Ekklesiologie von H. Küng, a.a.O. Im evangelischen Raum sind besonders wirksam geworden die Untersuchungen zum Amtsverständnis im Urchristentum von E. Schweizer und E. Käsemann.

4. In diesen Zusammenhang gehört – für den Bereich der DDR – auch der seinerzeit erregt diskutierte Aufsatz von G. Jacob: Die Zukunft der Kirche in der Welt des Jahres 1985, in: Die Zeichen der Zeit 21, 1967, S. 441–451.

5. Vgl. dazu W. Huber, a.a.O., bes. S. 150ff.

Gewissermaßen zwischen der Frage nach dem Grund bzw. Ursprung der Kirche und derjenigen nach ihrer Bestimmung bzw. ihrem Sendungsauftrag an der Welt blieb die Frage nach der inneren Struktur der Kirche, insbesondere nach dem Verhältnis von Institution und Gemeinschaft, virulent. Sie war bereits im doppelten Kirchenbegriff der Reformation angelegt und fand ihre Zuspitzung im Zuge des vom Pietismus ausgehenden Drängens auf persönliche Bekehrung und Heiligung und des von ihm bestimmten Gemeinschaftsbegriffes einerseits[6], einer gegenläufig einseitigen Betonung des Anstalts- und Stiftungscharakters der Institution Kirche andererseits, wie sie vor allem bei einigen Vertretern des lutherischen Konfessionalismus im 19. Jahrhundert und daneben natürlich im römisch-katholischen Bereich zu finden ist[7]. Die Frage nach der Zugehörigkeit zur Kirche und den Kriterien solcher Zugehörigkeit ist nur ein Aspekt dieses Fragenkomplexes, der sich gegenwärtig auch in der Bildung vielfältiger institutionskritischer Gruppierungen in und neben der Kirche zeigt und seine Auswirkungen bis hinein in die Debatte um die Legitimität der Kindertaufe hat.

Die neuzeitliche Entwicklung des demokratischen Gedankens und die Etablierung demokratischer Staatsformen haben dazu beigetragen, daß es auch in der Kirche zur Ausbildung demokratischer Formen gekommen ist und die Frage kirchlicher Verfassung und Organisation, insbesondere des Verständnisses des kirchlichen Amtes und seines Verhältnisses zur Gemeinde, auch theologisch unter neuen Bedingungen zu einem drängenden Problem geworden ist. In die Diskussion um das Amtsverständnis, auf die wir einzugehen haben, spielen Aspekte einer kritischen historischen Betrachtung des neutestamentlichen Zeugnisses, das Anliegen missionarischer Strukturen der Gemeinde, die Problematik von Institution und Gemeinschaft hinein, zusammen mit Einsichten der Reformation zum Thema Amt und allgemeines Priestertum. In besonderem Maße ist die Amtsproblematik indessen im ökumenischen Dialog unserer Tage thematisch.

Mit dem Stichwort »Ökumene« ist ein letztes Problemfeld angesprochen, das als für die ekklesiologische Diskussion im 20. Jahrhundert charakteristisch von uns zu bedenken ist. Die Frage nach der Einheit der Kirche ist zu einer Schlüsselfrage des Nachdenkens über die Kirche im 20. Jahrhundert überhaupt geworden, nachdem die Kirchen sich definitiv auf den Weg zueinander gemacht haben. Die Wurzeln der ökumenischen Bewegung des 20. Jahrhunderts liegen mindestens insofern im 19. Jahrhundert, als die Frage nach einer innerevangelischen kirchlichen Einheit durch die Bildung von Unionskirchen

---

6. Hier wäre auch auf den Kirchenbegriff Schleiermachers hinzuweisen.
7. Zur evangelischen ekklesiologischen Diskussion im 19. Jh. vgl. *E. Hirsch:* Geschichte der neuern evangelischen Theologie, Bd. V, Gütersloh 1964[3], S. 145–231 (= Kap. 49: Der Streit um den Kirchenbegriff).

unübersehbare Impulse erhielt und als sich diese Frage zunehmend deutlich auf dem Felde der Weltmission stellte[8]. Von entscheidender theologischer Bedeutung ist dann im 20. Jahrhundert (neben den Bemühungen auf der Ebene des Weltrates der Kirchen bzw. seiner Vorgänger-Institutionen) vor allem die ökumenische Öffnung der römisch-katholischen Kirche geworden: ihr ekklesiologisches Angebot, wie es das II. Vaticanum formuliert hat, ihr Eintritt in den bilateralen und multilateralen ökumenischen Dialog, damit verbunden ein neuer Aufbruch der katholischen Theologie. Es kann gegenwärtig kein Kapitel Ekklesiologie ohne ein intensives Gespräch mit dem römisch-katholischen Gesprächspartner geschrieben werden[9].

Man könnte die fünf erwähnten Problemkreise, auf die im folgenden näher einzugehen ist, als Ausformungen eines ekklesiologischen Grundproblems ansehen, das jedes theologische Reden von der Kirche in Atem hält und in Atem halten muß: des Problems des Verhältnisses von (überlieferter) Botschaft von der Kirche und (immer neu erfahrener) Wirklichkeit der Kirche. Keine theologische Ekklesiologie darf lediglich beschreiben, was als Kirche gesehen und erfahren werden kann, vielmehr muß jede theologische Ekklesiologie voll Unruhe bleiben über der Differenz zwischen erfahrener und geglaubter Kirche[10]. Allerdings wäre es falsch, das, was wir als Botschaft von der Kirche hören und als Kirche glauben, einfach jenseits der erfahrenen Wirklichkeit Kirche zu suchen. Vielmehr regt sich in dem, was wir erfahren – wenn anders wir es tatsächlich mit *Kirche* zu tun haben –, immer auch das Geheimnis des Geistes, der menschliches Miteinander allererst zur Kirche macht. Die überraschende historische Entdeckung und neue Orientierung am Ursprung und Grund der Kirche; das Gespür für die Herausforderung durch eine zunehmend nichtchristliche Welt; die Sehnsucht nach Gemeinschaft und Bruderschaft im Angesicht kirchlicher Institutionen; die Bemühung um ein glaubwürdiges Dienstamt in der Kirche; das Ringen um die Einheit, um die Christus (nach Joh 17) betete – all diese Erfahrungen, die wir als Kirche und mit der Kirche machen, sind Signale dafür, daß die Kirche des Glaubensbekenntnisses, wenn überhaupt, dann in, mit und unter der erfahrenen Kirche

---

8. Wie sich im Zusammenhang der Weltmission die Frage nach der Einheit der Kirche stellte, wird eindrücklich an der Weltmissionskonferenz in Edinburgh 1910 deutlich, die bekanntlich als Beginn der ökumenischen Bewegung des 20. Jahrhunderts gilt.

9. Leider bleibt das ebenfalls dringende Gespräch mit der orthodoxen Ekklesiologie ein offenes Desiderat.

10. W. Kasper spricht von dem »alten und klassischen Problem einer angemessenen theologischen und praktischen Verhältnisbestimmung der konkret erfahrbaren Kirchenwirklichkeit, der sichtbaren Kirche, zu ihrem dogmatischen Anspruch und ihrer geistlichen Tiefendimension« (Aspekte gegenwärtiger Pneumatologie, in: Gegenwart des Geistes, hg. von *W. Kasper,* QD 85, Freiburg 1979, S. 19).

zu entdecken ist, daß indessen die Kirche, die wir erfahren, unterwegs ist auf ein Ziel zu, in dem sie aufgehoben wird hinein in die Vollgestalt dessen, was Gott mit der Welt vorhat. Theologische Ekklesiologie hat im Blick auf dieses Ineinander von vorfindlicher und geglaubter Kirche ein Verständnis der Kirche zu entwickeln, das für unseren Weg in und mit der Kirche die Funktion eines Leitbildes annehmen kann. Die geheime Frage, die in den folgenden fünf Problemkreisen mitgeht, ist die nach einer solchen »Vision« von Kirche: nach dem, was wir im Blick auf den Weg der täglich von uns erfahrenen Kirche als den Willen Gottes erkennen können.

II. Jesus von Nazareth – Grund und Maßstab der Kirche

1. Vom 16. zum 20. Jahrhundert: Die Radikalisierung der historischen Rückfrage

Es war eines der entscheidenden Anliegen der reformatorischen Ekklesiologie wie der Reformation überhaupt, das ursprüngliche apostolisch-biblische Zeugnis in neuer Weise zur Geltung zu bringen und seiner kritischen Kraft gegenüber der auf Abwege geratenen kirchlichen Tradition gerecht zu werden. »Wie aber, wenn ich beweise, daß wir bei der rechten alten Kirche geblieben, ja daß wir die rechte alte Kirche sind, ihr aber von uns, das ist von der alten Kirche, abtrünnig geworden, eine neue Kirche angerichtet habt wider die alte Kirche?«[1] In dieser polemischen Frage Luthers an die Adresse der Altgläubigen zeigt sich ein entscheidender Nerv der reformatorischen Ekklesiologie. Es ging der Reformation um eine Erneuerung der Kirche von ihrem biblischen Ursprung her, und es ging ihr – ekklesiologisch – um ein Verständnis von Kirche, das diesem Ursprung entspricht.

Man wird das historisch-kritische Bewußtsein der Neuzeit sicher nicht einfach mit diesem reformatorischen Impuls gleichsetzen dürfen. Aber es ist kaum in Abrede zu stellen, daß wie die Reformation um der Erneuerung der Kirche willen sich am biblischen Zeugnis und der alten Kirche orientierte, so auch die neuzeitliche Option für das Neue, Fortschrittliche häufig durch den Rückgriff auf das Alte, Ursprüngliche begründet wurde, oder zumindest dadurch, daß man das Bestehende als »historisch Gewordenes« relativierte. In diesem Gefälle ist das historisch-kritische Bewußtsein für uns zum neuzeitlichen Geschick geworden[2].

Wollen wir den Wandel des Verständnisses von Kirche vom 16. zum 20. Jahrhundert zureichend in den Blick bekommen, dann haben wir uns also zunächst dieser Radikalisierung der historischen Rückfrage zuzuwenden, in der in einem Kontinuität und Diskontinuität zwischen Reformation und Gegenwart begegnet. Die Frage nach dem Wesen der Kirche ist zureichend nicht beantwortbar, ohne daß nach ihrer ursprünglichen, im biblischen Zeugnis entgegentretenden Gestalt und Idee gefragt wird, und dies in durchaus kritischer

---

1. *M. Luther:* Wider Hans Worst, in: WA 51,478,17 ff.
2. In sehr differenzierter und umsichtiger Weise hat *G. Ebeling* das Verhältnis von reformatorischem Schriftprinzip und historisch-kritischer Methode zum Gegenstand seines Nachdenkens gemacht (Wort und Glaube, Bd. I, Tübingen 1960, S. 1 ff.), wenn gegenwärtig auch wohl die kirchliche Einbindung jeder Schriftauslegung stärker unterstrichen werden müßte.

Intention dem gegenüber, was sich seither entwickelt hat – darin liegt die Kontinuität zwischen reformatorischem und neuzeitlichem Rückgriff auf das Ursprüngliche. Ein wesentliches Element der Diskontinuität zwischen reformatorischer und neuzeitlich-historischer Kritik am Bestehenden am Maßstab des Biblisch-Ursprünglichen liegt in der Ausbildung des historisch-kritischen Instrumentariums, das bei der Anwendung auf das biblische Ursprungszeugnis zur Einsicht in die innerbiblischen Differenzen und ganz besonders in die Grunddifferenz zwischen dem apostolischen Zeugnis und dem vorösterlichen, »historischen« Jesus führt. Hat Jesus eigentlich eine Kirche gewollt oder gar gestiftet, wie es für die Reformation fraglos feststand? Hinzu kommt, als neuzeitliches Motiv, die allgemeine Tendenz in der Gesellschafts- und Geistesgeschichte der Neuzeit zur radikalen Emanzipation von der weltanschaulich-religiös-kirchlichen Tradition schlechthin, die unter dem Stichwort »Säkularisierung« zusammengefaßt zu werden pflegt, deren Beurteilung in der gegenwärtigen theologischen Diskussion indessen auch durchaus kontrovers ist[3].

Diese die theologische Diskussion weitgehend bestimmende Radikalisierung der historischen Fragestellung hat sich in den von uns dargestellten ekklesiologischen Entwürfen der großen Dogmatiker in der Mitte des 20. Jahrhunderts nur in verhältnismäßig geringem Maße niedergeschlagen. Hängt zum Beispiel die Art, in der W. Elert von »Stiftungsmaßnahmen« und vom »Stifterwillen« des vorösterlichen Jesus im Blick auf die nachösterliche Kirche spricht, ohne sich auf die hier anstehenden Argumente der historischen Kritik einzulassen[4], lediglich damit zusammen, daß es, wie wir gleich noch näher zeigen werden, in den dreißiger Jahren unter den Exegeten so etwas wie einen historisch konservativen »Neuen Consensus« gegeben hat, oder steht hier eine dogmatische Grundposition im Hintergrund, derzufolge alle historische Kritik dem im Neuen Testament bezeugten »Worte Gottes« im Grunde nichts anzuhaben vermag – eine Position, die mit beigetragen hat zu der viel beklagten Schere zwischen der Arbeit der historisch-kritischen Exegese und der Dogmatik? Eine Besinnung auf die neueste ekklesiologische Diskussion kann nicht umhin, diesem Problemkreis ihre Aufmerksamkeit zuzuwenden. Dabei steht die Frage im Hintergrund, ob und in welchem Sinne sich das gegenwärtige Fragen nach Ursprung und Grund der Kirche als Weiterführung jenes reformatorischen Plädoyers für die »rechte alte Kirche« verstehen läßt.

---

3. Ich denke besonders an das von *T. Rendtorff* vorgetragene Verständnis der Säkularisation (Zur Säkularisierungsproblematik. Über die Weiterentwicklung der Kirchensoziologie zur Religionssoziologie, abgedr. in: *J. Matthes*: Religion und Gesellschaft. Einführung in die Religionssoziologie I, Hamburg 1967, S. 208–229) und die dadurch ausgelöste Diskussion.
4. Der christliche Glaube, a.a.O. S. 401 f.

2. Jesus und die Kirche: »Implizite Ekklesiologie«

In seiner Untersuchung über »Das Problem der Kirchenentstehung in der deutschen protestantischen Theologie des 20. Jahrhunderts«[5] hat G. Heinz drei Richtungen unterschieden, in denen im Laufe der letzten hundert Jahre zum Problem »Jesus und die Kirche« Stellung genommen worden ist, wenn auch im einzelnen in vielfältigen Variationen. Die Antwort liberaler Theologen geht von der – im Zuge der historischen Kritik neu ins Bewußtsein getretenen – Differenz zwischen Jesus und Paulus (bzw. den anderen frühchristlichen Zeugen) aus und datiert den Ursprung der Kirche in die nachösterlich-apostolische Zeit. Die nachösterliche Kirche wird dann entweder als – wenn auch unumgängliche – Fehlentwicklung der von Jesus gemeinten Glaubens- und Geistesgemeinschaft angesehen[6], oder sie wird als deren zunächst legitime Entfaltung beurteilt[7]. In den dreißiger und vierziger Jahren des 20. Jahrhunderts dominierte sodann eine wesentlich positivere Beurteilung des historischen und sachlichen Zusammenhanges zwischen Jesus und der nachösterlichen Kirche. Man hat im Blick darauf von einem »Neuen Consensus« gesprochen[8]. Diesem »Neuen Consensus« zufolge gehörte es zum Selbstverständnis Jesu als »eschatologischer Heilbringergestalt«, dessen Aufgabe »die Sammlung des endzeitlichen Gottesvolkes war«, daß er »a priori kirchenstifterische Absichten haben und kirchengründende Tätigkeit entfalten« mußte, und daß er – unbeschadet der *eigentlichen* kirchengründenden Daten: Karfreitag, Ostern, Pfingsten – bereits während seines Erdenlebens durch die Bildung des Zwölferkreises den Kern des endzeitlichen Gottesvolkes gebildet hat[9]. Auch Mt 16,18f. wurde von manchen evangelischen Theologen als vorösterlich (im historischen Sinne) beurteilt[10].

Gegenwärtig dürfte indessen eine weitgehende, auch katholische Exegeten umgreifende Übereinstimmung in der wieder kritischeren Beurteilung der Echtheit kirchenstiftender Worte im Munde des vorösterlichen Jesus vorherrschen. Auch der Ruf in die Nachfolge sowie die Bildung des Zwölferkreises lassen sich historisch eher als »missionarisches Instrument Jesu im Ringen um sein Volk« verstehen[11], also um Israel, auf dessen Sammlung Jesu irdi-

---

5. Mainz 1974.
6. So vor allem R. Sohm, später E. Brunner.
7. So u. a. A. v. Harnack, aber z. B. auch A. Loisy, dessen vielzitiertes Wort: »Jesus verkündete das Reich Gottes; was aber kam, war die Kirche« im Sinne einer positiven Zuordnung beider Größen interpretiert werden muß (vgl. G. Heinz, a.a.O. S. 122f.).
8. G. Heinz, a.a.O. S. 213, im Anschluß an F. M. Braun.
9. Ebd.
10. Z. B. von H.-D. Wendland; vgl. Heinz, a.a.O. S. 192f.
11. *A. Vögtle:* Der Einzelne und die Gemeinschaft in: Sentire Ecclesiam (Festschr. H. Rahner), Freiburg 1961, S. 73f., zit. b. *W. Trilling:* Die Botschaft Jesu, Freiburg 1978, S. 66.

scher Auftrag vermutlich überhaupt ausgerichtet war[12], und nicht als Bildung des Kerns oder Anfangs einer neuen Gemeinde. »Die historische Wahrscheinlichkeit, daß Jesus eine Kirche ›gedacht‹, ›gewollt‹ oder ›gegründet‹ habe, ist äußerst gering.«[13] Aber dieses kritische historische Ergebnis muß nicht unbedingt – wie etwa bei R. Bultmann – zur These von einem absoluten Neuanfang zu Ostern führen, der dann in einem der Ursprung des Kerygmas von Kreuz und Auferstehung Jesu und der Ursprung der Kirche wäre[14]. Vielmehr stellt sich die Frage, ob das, was auf Grund von Karfreitag und Ostern definitiv als Kirche in Erscheinung getreten ist und begonnen hat, nicht nur dann zureichend verstanden wird, wenn man es als im irdischen Jesus und seiner Verkündigung von der Herrschaft Gottes begründet sieht, und zwar gerade auch dann, wenn bei Jesus selbst kein ausdrücklicher Stiftungswille und keine Stiftungsanordnungen erkennbar sind.

Es ist in diesem Zusammenhang an das Stichwort »implizite Ekklesiologie« zu erinnern, das kürzlich – in Analogie zur »impliziten Christologie« – vom katholischen Exegeten W. Trilling zur Deutung des hier gegebenen Tatbestandes in Vorschlag gebracht wurde[15], das aber bereits früher eine entscheidende Rolle bei G. Ebeling gespielt hat, der – der Bultmannschule verpflichtet – mit E. Käsemann und E. Fuchs zusammen den Schritt zurück zum vorösterlichen Jesus unternommen hat. »Implizite Ekklesiologie« meint bei Ebeling: Die Erscheinung Jesu von Nazareth als dessen, der in der Vollmacht seines Wortes »die Nähe Gottes befreiend geltend machte«, »zielte auf ein Fruchtbringen«. Jesus ist in diesem Sinne der »Grund der Kirche«; denn wo immer es wahre Kirche gibt, hat sie »dieselben Grundzüge … wie die Vollmacht Jesu«[16]. In diesem Sinn wäre die Kirche die »fortdauernde Präsenz« der Vollmacht Jesu, und diese wiederum wäre der in der Verkündigung ständig gegenwärtige Grund der Kirche. Solche Rede von Jesus als dem Grund der Kirche ist nach Ebeling nicht identisch mit einer Aussage über den zeitlichen Ursprung oder Anfang derselben[17], verträgt sich also zum Beispiel auch mit der Aussage, die Kirche habe ihren Anfang erst nach und durch Ostern. Nach Trilling, der diese letzte Unterscheidung nicht macht, meint »implizite Ekklesiologie«: »Gott führt den mit Jesus gesetzten Anfang seiner Basileia fort, weil diese Basileia nicht gleichsam in Jesus dem Christus ›aufgeht‹ (›Autobasileia‹!), sondern weil ihre Dynamik auf das Ganze gerichtet ist, weil sie die Beglückung und Verwandlung aller Menschen, der Gesellschaft insgesamt und

---

12. *H. Flender:* Die Botschaft Jesu von der Herrschaft Gottes, München 1968, S. 24; zit. ebd.
13. W. Trilling, a.a.O. S. 68.
14. Vgl. G. Heinz, a.a.O. S. 327 f., 330 f.
15. A.a.O. S. 57 ff.
16. Theologie und Verkündigung, a.a.O. S. 97 f.
17. Ebd. S. 94.

der ›Welt‹ schlechthin intendiert. Gott hat für diese Fortsetzung Menschen gerufen, die diesem Gnadenruf antworten und sich ihm ergeben, die von der Basileia Gottes reden, sich von ihr bestimmen lassen und die nach ihrem ›vollkommenen Gesetz der Freiheit‹ (Jak 1,25) leben wollen.«[18] Der Gedanke der »impliziten Ekklesiologie« ist gegenüber Ebeling noch stärker theologisch gewendet und zugleich auf die ganze Menschheit bezogen. Damit ist er auch leichter mit dem Gedanken der Naherwartung des Endes bei Jesus vereinbar, weil diese dann umgriffen ist von einer radikalen Offenheit, die alles Planen letztlich Gott überläßt[19].

Die Denkfigur der »impliziten Ekklesiologie« ist ein Versuch, der traditionellen Auffassung von einer »Stiftung der Kirche« durch Jesus insoweit gerecht zu werden, als sie den ständigen Grund der nachösterlichen Kirche im vorösterlichen Jesus sucht, jedoch ohne sich zu belasten mit historisch fragwürdigen Thesen über einen ausdrücklichen Stifterwillen und eine Stiftungsverordnung Jesu für die nachösterliche Kirche aus Juden und Heiden. Dieses Bemühen ist die ekklesiologische Konsequenz der seinerzeit von E. Käsemann formulierten Einsicht, der Osterglaube habe zwar »das christliche Kerygma begründet, aber ihm seinen Inhalt nicht erst und ausschließlich gegeben«. Gerade der Osterglaube »wurde vielmehr dessen inne, daß Gott gehandelt hat, ehe wir gläubig wurden ...«[20]. Nach Ebeling »besteht die ekklesiologische Relevanz des Ostergeschehens nicht in der Herstellung des Grundes der Kirche, sondern in seiner Proklamation und damit in der Unterscheidung der Kirche von ihrem Grund«[21]. Will eine theologische Ekklesiologie im apostolischen Sinn von der Kirche Gottes als der Kirche Jesu Christi sprechen, dann muß sie – um der Identität des Auferweckten mit dem Gekreuzigten willen – sich bemühen, die Kontinuität von der nachösterlichen Kirche zurück zum vorösterlichen Jesus, seiner Botschaft, seinen Taten und seinem Geschick einsichtig werden zu lassen. Andernfalls wäre, wovon sie spricht, nicht die Kirche Jesu Christi. Damit wird aber eine Interpretation der nachösterlichen Aussagen über die Kirche im Lichte und unter der Maßgabe des vorösterlichen Jesus, den Ostern neu zur Sprache brachte, nötig.

---

18. W. Trilling, a.a.O. S. 71. – *W. Thüsing* hat entsprechend von einer »rudimentär ekklesiologischen Struktur« des jesuanischen Glaubens gesprochen (Strukturen des Christlichen beim Jesus der Geschichte, in: Christentum innerhalb und außerhalb der Kirche, hg. von *E. Klinger,* QD 73, Freiburg 1976, S. 108).
19. W. Trilling, S. 63. Solches Zurückgreifen auf den »impliziten« Anfang der Kirche bei Jesus wirft auch die Frage auf, was die Ausrichtung seiner Botschaft auf das Volk Israel für das theologische Verständnis der Kirche bedeutet. Dieser Frage wäre in Korrespondenz zu Röm 9–11 nachzugehen. Auf dieses Problem und die umfangreiche Literatur zum Thema »Israel und Kirche« kann hier leider nur hingewiesen werden.
20. Exegetische Versuche und Besinnungen I, Göttingen 1960, S. 203.
21. A.a.O. S. 96.

3. Kirche als Geschöpf des Geistes und im Wirkungsfeld Jesu von Nazareth

Was bedeutet es sachlich, wenn die Basileia-Botschaft Jesu zusammen mit seinem Leben, Tun und Geschick zu einem entscheidenden Verständnisschlüssel für das Wesen der Kirche wird – jener Kirche, die als Gemeinde Jesu Christi aus Juden und Heiden zweifellos erst seit Ostern und Pfingsten existiert; jener Kirche, die das biblisch-apostolische Zeugnis in vielfältiger Weise als Schöpfung des Geistes Gottes beschreibt[22]?

Wir bedenken diese Frage auf dem Hintergrund jener Stimmen, die neuerdings die Ekklesiologie stärker in den Kontext der Pneumatologie rücken möchten[23]. Dieses Bestreben hat natürlich sein tiefes neutestamentliches und systematisches Recht. Es ist erwachsen im Zusammenhang weltweit sich zeigender neuer Geistaufbrüche, ökumenischer Erfahrungen und eines gewachsenen Unbehagens an den großkirchlichen Institutionen[24] und ist theologisch Teil einer umfassenden Bemühung um Überwindung der Geistvergessenheit der abendländischen Theologie[25]. Eine pneumatologische Orientierung der Ekklesiologie, die die Kirche als »Sakrament des Geistes« bezeichnen kann[26], ist unter anderem von dem Anliegen bestimmt, ein einseitig an der Institutionalität orientiertes Verständnis der Kirche, das zum Teil als »christomonistisch« diskreditiert wird[27], zugunsten eines vom Communio-Gedanken her konzipierten, das Charismatische in der Kirche unterstreichenden Kirchenbildes zu überwinden[28] und gleichzeitig die Relativität der Kirche dem Wirken des Geistes gegenüber, ihr Hinaus-weisen über sich selbst, ihre »Armut im Geiste« in den Blick zu rücken[29]. Eine vom Pneuma-Geschehen her entworfene Ekklesiologie wäre auch von vornherein der Frage nach dem universalen Wirken des Geistes in der Welt ausgesetzt und hätte das Dasein der Kirche *für* die Welt und den in ihr wirkenden Geist herauszuar-

---

22. Dazu vgl. *H. Schlier:* Ekklesiologie des Neuen Testaments, in: Mysterium Salutis IV,1, hg. von J. Feiner und M. Löhrer, Einsiedeln 1972, bes. S. 209f.

23. J. Moltmann, a.a.O.; *W. Kasper* und *G. Sauter:* Kirche – Ort des Geistes, Freiburg 1976; *M. Kehl:* Kirche – Sakrament des Geistes, in: Gegenwart des Geistes, a.a.O. (o. S. 138 Anm. 10) S. 155–180.

24. Vgl. Wiederentdeckung des Heiligen Geistes, mit Beitr. von *H. Meyer u. a.* (Ökum. Perspektiven 6), Frankfurt am Main 1974. Darin besonders die Einführung von H. Meyer, S. 7ff.

25. Vgl. schon *O. A. Dilschneider:* Die Geistvergessenheit der Theologie, in: ThLZ 86, 1961, Sp. 255–266.

26. So W. Kasper und M. Kehl in den o. Anm. 23 genannten Veröffentlichungen.

27. W. Kasper, in: Gegenwart des Geistes, a.a.O. S. 19.

28. M. Kehl, a.a.O. S. 160.

29. Ebd. S. 161.

beiten[30]. Wir werden auf diese wichtigen und berechtigten Gesichtspunkte in unseren weiteren Überlegungen zurückzukommen haben.

An dieser Stelle indessen geht es uns zunächst darum, daß die Kirche gerade als Geschöpf des Geistes bezogen und orientiert bleibt auf Jesus von Nazareth, den Gekreuzigten und Auferstandenen, als auf ihren Grund und ihr Kriterium. Damit ist nicht jenes von W. Kasper mit Recht kritisierte, nach dem zuvor Ausgeführten aber im Grunde gegenstandslose, Insistieren auf von Jesus gestifteten Institutionen gemeint. Vielmehr geht es um eine Orientierung des Kirchenverständnisses an Verkündigung, Leben und Geschick Jesu, die eine sehr alte Christologie selbst als Geist-Geschehen gewürdigt hat[31]. In diesem Sinne gilt es Ernst damit zu machen, daß der pneumatologische Ansatz der urchristlichen Ekklesiologie den christologischen Ansatz nicht ausschließt, daß diese Ekklesiologie – zugespitzt formuliert – geradezu als »Funktion der Christologie«[32] angesehen werden kann. Christus und seine Heilstat sind der Ursprung der christlichen Gemeinde. Christus ist ihr alleiniger Herr[33]. Der Geist, der ihre Dynamis ist und durch den Gott sie nach Ostern zu Stand und Wesen gebracht hat, ist (nach Apg 2,33) vom erhöhten Christus, der ihn vom Vater empfangen hat, ausgegossen worden. Und nach Joh 16,14 ist es der Geist, der ihn, Jesus, verherrlicht und nur das verkündigt, was Sache dieses Jesus ist[34]. Das Mahl, das sie als Gemeinde begeht, ist Mahl »zu seinem Gedächtnis«, Proklamation seines Todes. Die Rede von der Kirche als »Leib Christi« stellt die christologische Dimension besonders programmatisch in den Mittelpunkt. Soll das alles mehr sein als bloße Nomenklatur, soll diese christologische Orientierung und Fundierung des ekklesiologischen Selbstverständnisses eine echte sachliche Bedeutung haben, dann verweist sie das verstehende Nachfragen auf die Gestalt Jesu von Nazareth, der gekommen ist, geheilt und gelehrt und Gemeinschaft gewährt hat, der die Nähe Gottes verkündet und gebracht hat, den sie verfolgt und getötet haben und den Gott auferweckte. Es ist dann von höchster theologischer Bedeutung, daß die frühe Christenheit – wie besonders das Matthäusevangelium zeigt – diesem Jesus von Nazareth Worte in den Mund gelegt hat, die auf die nachösterliche Kirche bezogen sind. Diese Tatsache bedeutet nämlich nicht nur, daß von Jesus her legitimiert wird, was nach Ostern entstand und sich entwickelte. Es bedeutet gleichzeitig und vor allem, daß sich die nachösterlich-nachpfingstli-

---

30. Ebd. S. 159.
31. Vgl. *A. Nossol:* Der Geist als Gegenwart Jesu Christi, in: Gegenwart des Geistes, a.a.O., bes. S. 134ff.; *W. Kasper:* Jesus der Christus, Mainz 1975[4], bes. S. 296ff.
32. *G. Haufe:* Gemeinde im Neuen Testament. Variabilität und Kontinuität ihres Selbstverständnisses, in: Die Zeichen der Zeit 1972, S. 163.169.
33. Vgl. ebd. S. 169f.
34. Vgl. dazu A. Nossol, a.a.O.

che Kirche immer wieder zu orientieren hat an diesem Jesus von Nazareth, kritisch Maß zu nehmen hat an seiner Botschaft, seinem Leben und Handeln und Leiden, weil dieser Jesus und nichts anderes ihr entscheidender Wesensgrund ist. Und diese Orientierung hat methodisch bewußter zu geschehen – weil mit mehr Einblick in die historischen Zusammenhänge, in Diskontinuität und Kontinuität –, als das den Reformatoren möglich war und von den Dogmatikern in der Mitte des 20. Jahrhunderts geleistet wurde.

Wir lassen uns vom Exegeten drei Aspekte an die Hand geben, die bei solcher Orientierung der Kirche – in ihrer theologischen Reflexion auf sich selbst und in ihrem praktischen Lebensvollzug – eine zentrale material-inhaltliche Rolle zu spielen hätten. Es sind Aspekte, die sich aus der Botschaft Jesu von der Herrschaft Gottes ergeben, jener »jenseitigen und gegenwärtigen Größe«, die »bei aller Gegenwartsmächtigkeit in keiner Gegenwart« aufgeht[35], die es also sowohl verbietet, »Reich Gottes« und Kirche zu identifizieren, wie auch die konkret vorfindliche Kirche als bloßen Hinweis auf etwas absolut Geistig-Jenseitiges abzuwerten[36]. Der erste sich von dort ergebende Aspekt wäre »die radikale und vertrauende Offenheit auf den gütigen Gott hin, die ›Theozentrik‹ Jesu, die seine Basileia-Botschaft trägt«[37]. Die »Unterscheidung der Kirche von ihrem Grund«[38] radikalisiert sich als Offenheit auf den von Jesus verkündeten Gott hin, der allein die Gegenwart und Zukunft der Kirche in der Hand hat. Grunddimensionen des Seins von Kirche wären demnach das Gebet – zum Beispiel das Bitten um die Gegenwart Gottes und seines heilenden, Schuld überwindenden Geistes, vollzogen in der gottesdienstlichen Versammlung – und das hoffende Warten[39] – zum Beispiel auch das Erwarten etwaiger Wandlungen, die im Blick auf die Gestalt der Kirche, ihre Dienste und Ämter und Glaubenssätze und gottesdienstlichen Ordnungen nötig werden.

Ein zweiter Aspekt der Orientierung an der Botschaft Jesu von der Herrschaft Gottes wäre in Jesu »Neuformulierung und Neupraktizierung des Liebesgebotes, besonders in der Zuspitzung auf eine ›Sünder‹liebe und Feindesliebe«

---

35. *G. Klein:* »Reich Gottes« als biblischer Zentralbegriff, in: EvTh 30, 1970, S. 670.
36. Gerade hier kehrt das in der Bezeichnung der Kirche als »Sakrament des Geistes« formulierte Anliegen wieder.
37. W. Trilling, a.a.O. S. 72.
38. G. Ebeling, a.a.O. S. 96, ebenso auch *ders*.: Dogmatik des christlichen Glaubens III, Tübingen 1979, wo E. von der Notwendigkeit einer ekklesiologischen Fundamentalunterscheidung spricht, die darin besteht, daß man »die Kirche als solche von Jesus Christus als ihrem Grund unterscheidet« (S. 357), wobei dann Jesus Christus »der Quellgrund dessen, was daraus entspringt«, ist, »der Grund des Geistesgeschehens« (S. 359).
39. Man denke in diesem Zusammenhang an die Bedeutung, die das Warten auf Gott im Lebensvollzug der Gemeinschaft von Taizé hat.

zu sehen[40]. Kirche ist nur dann und soweit Kirche im Sinne der Botschaft Jesu, als in ihr Annahme der Sünder, ja der Feinde praktiziert wird. Das ist gewiß zunächst ein von Gott den Menschen widerfahrendes Geschehen, aber es ist von Jesus her notwendigerweise (vergleiche Mt 18,21 ff.) zugleich ein Geschehen zwischen Menschen, die im Lichte der Herrschaft Gottes leben. Kirche ist, sofern sie an Jesus orientiert ist, verpflichtete Bruderschaft, in der schuldig gewordene Glieder nicht ausgestoßen, sondern angenommen werden, ja, in der Feinden die Hand zur Versöhnung gereicht wird. Und Kirche ist eine Gemeinschaft, die um die Liebe und Nähe Gottes zu allen Menschen weiß und deren Annahme und Versöhnungsbereitschaft daher an ihren Grenzen nicht haltmacht. Damit hängt – als dritter Orientierungsaspekt von Jesus her – die »Dienstbereitschaft und Hingabewilligkeit« zusammen, »deren Tiefe im Geschick Jesu, in dem ›letzten Mahl‹ und in seinem Tod, erkannt werden können«[41]. Orientierung der Kirche an Jesus heißt Orientierung an seiner Hingabe »bis in den Tod«. Dabei kommt der Tod Jesu gewiß nicht als isoliertes Heilsfaktum in Betracht[42]; aber Leben und Verkündigung Jesu können seit Karfreitag und Ostern auch nicht abgesehen vom Leiden und Sterben Jesu als Orientierung christlich-kirchlichen Daseins im Blick sein. Hier am Kreuz erschließt sich definitiv, was es in dieser Welt bedeutet, ganz in der vertrauenden Hingabe an Gott, ganz im Dienst der Liebe an den Menschen zu stehen; hier zeigt und erweist sich die Gerichtssituation der Welt, aus der sich Jesus nicht heraushält, sondern die er »stellvertretend« trägt und sie so von innen her überwindet (vgl. Joh 12,31). Um die Proklamation und die Feier des Gedächtnisses dieses Sterbens ist die Kirche als Gemeinde dieses Jesus geschart, seine Liebe immer neu empfangend und vor dem eigenen Kreuz nicht zurückschreckend (Mt 10,38). Es ist diese heilbringende Orientierung in der Tat zugleich eine »gefährliche Erinnerung«[43]: gefährlich für die sich orientierende Kirche, in ganz anderem Sinne gefährlich aber für die Welt, deren Werte hier radikal umgewertet werden, deren Maximen in Frage gestellt, ja gestürzt werden. Nur eine Kirche, die sich – gerade auch in ihrem Verhältnis zur »Welt« – auf solchen Kreuzesweg einläßt, kann in Anspruch nehmen, Kirche Jesu Christi zu sein, und steht unter der Verheißung des Sieges Christi.

In der Orientierung an Jesus und seiner Botschaft von der Herrschaft Gottes, wie sie vielfach in neuen systematischen Darstellungen der Ekklesiologie an-

---

40. W. Trilling, a.a.O. S. 72.
41. Ebd.
42. Hierzu und zum Folgenden vgl. auch *U. Kühn:* Jesus Christus, gestorben für unsere Sünden. Zur theologischen Deutung des Kreuzestodes Jesu, in: Die Frage nach Jesus Christus im ökumenischen Kontext (hg. von *H. Kirchner*), Berlin 1980.
43. Diese bekannte Formulierung von *J. B. Metz* findet sich z. B. in dessen Buch: Glaube in Geschichte und Gesellschaft, Mainz 1978[2], S. 77.

zutreffen ist[44], setzt sich der Impuls der Reformation, Maß zu nehmen an der »rechten alten Kirche«, heute unter den Bedingungen der historisch-kritischen Erforschung des Neuen Testamentes als des normgebenden Ursprungszeugnisses des christlichen Glaubens fort. Ein an Jesus orientiertes Verständnis von Kirche tritt, wie der Gang der Diskussion um diese Frage zeigt, nicht notwendig in Konkurrenz zu einem am nachösterlich-apostolischen Zeugnis orientierten Kirchenverständnis, ja schließt, wie wir sehen werden, ein Maßnehmen auch an nachapostolisch-kirchlicher Tradition nicht aus, es hat vielmehr dessen sachgerechter Auslegung zu dienen und befindet sich gerade dann auf der Linie der reformatorischen Neuorientierung am biblischen Zeugnis. Die Nötigung, das reformatorische Erbe unter den Bedingungen des kritischen historischen Bewußtseins fortzuführen, ist damit ein Aspekt der umfassenden Aufgabe, die überlieferte Botschaft von der Kirche unter den Bedingungen neuer Wirklichkeitserfahrung – die in diesem Falle Erfahrung der historischen Wirklichkeit ist – zu verantworten.

---

44. Auf evangelischer Seite außer bei G. Ebeling etwa bei W. Pannenberg und W. Huber, auch bei J. Moltmann.

III. Kirche in der nichtchristlichen Welt

1. Vom 16. zum 20. Jahrhundert: Die neue Welterfahrung

Wir wenden uns einem zweiten Aspekt der Differenz zwischen den ekklesiologischen Konzeptionen des 16. Jahrhunderts und des 20. Jahrhunderts zu: der unterschiedlichen Weise, in der die »Welt« im Sinne der Gesamtheit der Menschen und ihrer Geschichte in den Gesichtskreis eines theologischen Nachdenkens über die Kirche tritt. Der hier bereits beim Vergleich der von uns in Teil A und Teil B dargestellten Konzeptionen ins Auge springende Unterschied gründet wiederum in gewandelter Erfahrung der Wirklichkeit, nämlich in der Erfahrung der Auflösung der personellen Koinzidenz von Kirche und Gesellschaft im Abendland und des Weges der Kirche von der Volkskirche in die Minoritätssituation[1], gleichzeitig aber in der Erfahrung, die aus den zunehmenden Kontakten und Begegnungsmöglichkeiten mit den nichtchristlichen Religionen und den von ihnen hervorgebrachten Kulturen, besonders in Asien, entspringen. Stellte sich die Frage nach Sinn und Wesen der Kirche unter der Erfahrung eines radikalisierten historischen Bewußtseins wesentlich unter dem Gesichtspunkt ihres Grundes und Ursprungs, so stellt sich dieselbe Frage jetzt wesentlich unter dem Gesichtspunkt der Bestimmung ihres Auftrages und ihres Zieles in der Welt.

Das Problem des Verhältnisses von Kirche und Welt stellt sich für die Reformatoren vor allem in Form der Frage nach dem sachgemäßen Zueinander verschiedener Funktionen, Stände oder »Gewalten«, des geistlichen und des weltlich-politischen Regiments, innerhalb des einen, im ganzen christlichen Gemeinwesens. Bei allem Unterschied dieser Funktionen, Stände oder Gewalten nach Zielen und Mitteln im einzelnen zeigte sich, wie stark sie ineinandergreifen und wie, vor allem bei Melanchthon und Calvin, im Hintergrund ihrer Konzeptionen das Ideal einer vollkommenen Societas Christiana wirksam ist. Die Akzente liegen hier bei Luther etwas anders als bei den beiden anderen Reformatoren. Gewiß weiß auch Luther um ein vielfältiges wechselseitiges Zusammenspiel der drei Stände und der zwei Regimente, des weltlichen und des geistlichen, zum Wohl und Nutzen des einen Ganzen. Zugleich steht jedoch bei Luther stärker das Wissen darum im Vordergrund, daß die Welt dem

---

1. Hier bestehen allerdings erhebliche Unterschiede zwischen der etwa in der DDR gegebenen Situation und der Situation in vielen westeuropäischen Ländern und auch in Amerika. Die (westdeutsche) Diskussion um das Phänomen und Problem der »Volkskirche« in den letzten Jahren zeigt allerdings auch, wie unterschiedlich die Situation gesehen und beurteilt werden kann.

Gericht entgegengeht, daß die weltlichen Machtträger hier nur für eine notdürftige Ordnung Sorge tragen können und daß dem geistlichen Regiment die Aufgabe der Rettung und Sammlung des Volkes Gottes zukommt, das unter der Macht der Satansherrschaft zu leiden hat und unter ihr verborgen ist. Diese Satansherrschaft, gegen die der Kampf zu führen ist, begegnet indessen inmitten der christlichen Welt, ja als ihre formelle Manifestation, ist also gerade nicht als Welt von der Kirche in einem äußerlich handhabbaren Sinne zu unterscheiden[2]. Was im Kirchenbegriff der Reformatoren indessen so gut wie nicht im Blick ist – und dies wird man als Folge jener äußeren Koinzidenz von Kirche und Gesellschaft anzusehen haben –, ist der missionarische Auftrag der Kirche an einer nichtchristlichen Welt.

An diesem letzten Punkt unterscheiden sich die von uns dargestellten ekklesiologischen Konzeptionen aus der Mitte des 20. Jahrhunderts – vor allem diejenigen von Althaus, Barth und Tillich – deutlich von der Ekklesiologie der Reformatoren. Wo Althaus nicht nur vom Amt *in* der Gemeinde spricht, sondern wo er vom Amt *der* ganzen Gemeinde, von der »Kirche als Amt«[3] redet mit dem Sinn und Ziel, daß »die ganze Welt Gemeinde werde«[4], dort ist das Umfeld einer nichtchristlichen Welt als Element in die Bestimmung des Wesens der Kirche eingegangen.

Verstärkt tritt dieser Bezug zur nichtchristlichen Welt in Barths Kirchenbegriff in den Vordergrund, wo bereits die Sammlung und Erbauung der Gemeinde unter den Gesichtspunkt gestellt wird, daß es hier um die »vorläufige Darstellung« der ganzen Menschenwelt geht[5]. Dem wird dann überdies das Kapitel über die Sendung der Gemeinde als dritte ekklesiologische Dimension hinzugefügt. Im Unterschied zu Althaus sind diese Aussagen Barths aber, wie sich zeigte, umgriffen von dem universalistischen Gedanken der Erwählung, Rechtfertigung, Heiligung und Berufung aller Menschen durch und in Christus, so daß Gottes heilschaffendes Wirken dem, was die Kirche in die Welt zu bringen hat, schon vorausgeht und dieses allererst ermöglicht. Auch für Tillich ist Sinn und Wesen der Kirche nur im Hinblick auf die nichtkirchliche Welt verständlich zu machen. Und auch für Tillich ist, wie für Barth, dieses Verhältnis nicht durch einen eschatologischen Gegensatz gekennzeichnet, sondern als Verhältnis positiver Entsprechung zu begreifen. Dabei tritt allerdings der von Barth in KD IV/3 breit entfaltete Aspekt der Sendung der Kirche in die Welt auffällig zurück. Im Vordergrund steht bei Tillich demgegenüber

---

2. Das gilt trotz der von den Reformatoren angegebenen »Kennzeichen« der wahren Kirche, die ja Kennzeichen für den Glauben sind, der das äußerlich Verborgene wahrnimmt.
3. Die christliche Wahrheit, a.a.O. S. 507.
4. Ebd. S. 522.
5. Kirchliche Dogmatik IV/1, S. 718; IV/2, S. 695.

die Figur der Manifestation: In der Kirche ist Geistgemeinschaft infolge der ausdrücklichen Begegnung mit der Botschaft von Jesus als dem Christus manifest, während sie außerhalb der Kirche nur in latenter Form anzutreffen ist[6]. Gemeinsamkeiten und Unterschiede zwischen Barth und Tillich sind deutlich sichtbar und weisen auf die Probleme hin, die im jüngsten ekklesiologischen Gespräch – auch zum Beispiel im katholischen Raum – eine verstärkte Rolle gespielt haben. Die Gemeinsamkeit zwischen Barth und Tillich besteht an dieser Stelle darin, daß beide das Verhältnis von Kirche und nichtkirchlicher Welt nicht als das Verhältnis eines eschatologischen Gegensatzes beschreiben. Vielmehr verläuft dieser eschatologische Gegensatz eher quer durch Kirche und Welt hindurch, wie in Tillichs Rede vom »Paradox« der Kirchen ganz deutlich ist. Bei Barth besteht dabei allerdings eine Tendenz zur Aufhebung dieses eschatologischen Gegensatzes überhaupt, sofern er in der Verwerfung und Erwählung Jesu Christi grundsätzlich überwunden ist, was wiederum die Möglichkeit einer »apokatastasis panton« zumindest nicht ausschließt[7]. Der hier sich andeutende Unterschied zwischen Barth und Tillich liegt tiefer darin, daß nach Barth das objektiv in Christus gegebene Heil Kirche und Welt umgreift, während der beide Größen verbindende Faktor für Tillich das Phänomen der »Geistgemeinschaft« ist, die als Möglichkeit menschlicher Gemeinschaft naturgemäß mit der Welt nicht einfach numerisch koinzident sein kann.

Trotz der offensichtlichen Unterschiede zur ekklesiologischen Konzeption der Reformatoren sollte man eine wichtige Parallele, zumindest zu Luthers Gedanken, nicht übersehen: Der eschatologische Gegensatz von Kirche und Welt – entsprechend dem im Johannesevangelium vorliegenden Weltbegriff – ist weder im reformatorischen Denken noch in den neuen Entwürfen einfach identisch mit der vorfindlichen Unterschiedenheit von Kirche und Nicht-Kirche. Vielmehr verläuft der eschatologische Gegensatz (sofern er nicht total aufgehoben ist) sozusagen quer hindurch: nach reformatorischer Sicht durch die äußerlich mit der Christenheit koinzidierende bekannte Welt, die lediglich an ihrem Rand von der unbekannten Gefahr nichtchristlicher Infragestellung tangiert wird; nach den Konzeptionen von Barth und Tillich quer auch durch die nichtchristliche Welt, in deren Mitte sich neuzeitlich die Kirche zunehmend vorfindet. Es stellt sich die Frage, ob darin vielleicht eine neuzeitliche Entsprechung zu jenem von Luther konstatierten Beieinander des Bereichs der Christus- und Satansherrschaft zu sehen ist, wobei dann die Warnung Luthers in doppelter Richtung zu hören wäre: als Anfrage an jene bei Barth sichtbare universalistische Tendenz, derzufolge der eschatologische Gegen-

---

6. Systematische Theologie III, S. 180.
7. Kirchl. Dogmatik II/2, S. 462; vgl. S. 467; dazu kritisch: *G. Gloege:* Heilsgeschehen und Welt (Theol. Traktate I), Göttingen 1965, S. 77ff.

satz durch Christus für die Welt schon aufgehoben ist, und als Anfrage an Tillichs Idee der Geistgemeinschaft, sofern hier unklar wird, inwiefern sie noch in der Erlösungstat Christi gründet.

Im folgenden soll dem Problem »Kirche und Welt« im Blick auf das jüngste theologische Gespräch zunächst unter dem Gesichtspunkt des Sendungsauftrages der Kirche, sodann unter demjenigen des Verständnisses der nichtchristlichen Welt und etwaiger in ihr gegebener Heilsmöglichkeiten nachgegangen werden.

2. Die Sendung der Kirche in die Welt

Die Neubesinnung auf Wesen und Auftrag der Kirche im 20. Jahrhundert hat die Kirche weithin zentral von ihrem Sendungsauftrag her zu verstehen versucht. »Wir sind als christliche Gemeinschaften Kirche in dem Maße, als wir an der Sendung Christi in die Welt partizipieren«, formuliert H. Ott[8] und bringt damit einen weitgehenden Konsensus gegenwärtiger theologischer Besinnung zum Ausdruck. Auch die Bezeichnung der Kirche als »Zeugnis- und Dienstgemeinschaft«[9] drückt diesen weitgehenden Konsensus aus. Die Sendung der Kirche, ihr missionarischer Charakter im weitesten Sinn erweist sich als in der »missio Dei« begründet[10], ist als »Teilhabe der Kirchen am messianischen Werk Jesu Christi«[11], ja als »Teilnahme der Kirche an der Geschichte Gottes«, nämlich an seiner trinitarischen Geschichte[12] zu verstehen. Diese Teilhabe bestimmt die Kirche überall, wo sie da ist: nicht nur in Ländern mit klassischen Missionssituationen, sondern »in sechs Kontinenten«[13]. Gerade in einer zunehmend säkularisierten Gesellschaft und angesichts einer neuen Minderheitensituation haben Kirchen ihren missionarischen Auftrag neu ent-

---

8. *F. Buri, J. M. Lochman* und *H. Ott:* Dogmatik im Dialog I, Gütersloh 1973, S. 36.

9. Diese Bezeichnung ist grundlegend z. B. für das Selbstverständnis des Bundes der Ev. Kirchen in der DDR.

10. Vgl. den Buchtitel der Missionstheologie von *G. Vicedom:* Missio Dei, München 1958. – Die Ansätze einer neuen Missionstheologie finden sich bei K. Hartenstein und W. Freytag, ihre Fortführung bei H. Kraemer und H. J. Margull, ihre Radikalisierung bei J. Chr. Hoekendijk; vgl. dazu: *K. Bockmühl:* Die neuere Missionstheologie, Stuttgart 1964. Der eschatologische Bezug der Mission ist besonders von K. Hartenstein und W. Freytag herausgearbeitet worden (K. Bockmühl, S. 21 f.).

11. *H. J. Margull:* Theologie der missionarischen Verkündigung, Stuttgart 1959, S. 295. Darin drückt sich die eschatologische Begründung und Motivation der Mission aus.

12. J. Moltmann: Kirche in der Kraft des Geistes, a.a.O. S. 81.

13. Von »Mission auf sechs Kontinenten« spricht z. B. ausdrücklich der Bericht der Sektion II der ÖRK-Vollversammlung in Uppsala 1968 in Teil 3 (vgl. Bericht aus Uppsala 1968, hg. von *N. Goodall,* Genf 1968, S. 34).

deckt[14]. Die Theologie ist hier – veranlaßt durch die Erfahrung der Wirklichkeit der nichtchristlichen Welt – auf eine entscheidende Dimension des urchristlichen Verständnisses von Kirche gestoßen (vgl. Mt 28,19f.; Joh 17,18; 20,21 u. ö.). Es darf allerdings nicht übersehen werden, daß über Sinn und Ziel der Sendung der Kirche in die Welt durchaus unterschiedliche Konzeptionen möglich sind und auch tatsächlich vertreten werden. Solche Unterschiede traten bereits bei den von uns in Teil B dargestellten ekklesiologischen Konzeptionen zutage. Wir können – etwas grobmaschig – in der neueren ekklesiologischen Diskussion wenigstens *drei* unterschiedliche Auslegungen des Sendungsauftrages der Kirche unterscheiden.

Dem gewissermaßen klassischen Verständnis des Missionsauftrages der Kirche, wie es exemplarisch vor achtzig Jahren in der fünf Bände umfassenden Missionslehre des Missionswissenschaftlers G. Warneck dargestellt ist[15], entspricht eine ekklesiologische Konzeption, wonach als das eigentliche Ziel der Sendung der Kirche die Sammlung des aus der Gesamtmenschheit herausgerufenen Gottesvolkes erscheint[16]. So ist der »Frankfurter Erklärung zur Grundlagenkrise der Mission« von 1970[17] zufolge oberstes Ziel der Mission die Verherrlichung Gottes, vermittelt Mission die Zueignung des sonst nicht zugänglichen Heils, ist vorrangiges sichtbares Arbeitsziel der Mission die »Sammlung der messianischen Heilsgemeinde«[18].

Diesem Sendungsverständnis steht konträr ein anderes gegenüber[19], wonach

---

14. Das gilt z. B. für die Kirchen in der DDR, wie es sich etwa in vielen Aufsätzen des Buches von *W. Krusche:* Schritte und Markierungen, Berlin 1972, aber auch in einer Fülle sonstiger, häufig ungedruckter Zeugnisse widerspiegelt. Hier zeigt sich, wie wenig die erfahrene Wirklichkeit in sich selbst, sondern wie die erfahrene Wirklichkeit allein im Lichte der biblischen Botschaft zu neuen theologischen und geistlichen Einsichten und Aussagen führt.

15. *G. Warneck:* Evangelische Missionslehre, 5 Bde., Gotha 1897–1903.

16. Wir finden dieses Sendungsverständnis heute u. a. in der evangelikalen Bewegung, z. B. bei *P. Beyerhaus:* Humanisierung – eine Hoffnung der Welt?, Bad Salzuflen 1970²; *ders.:* Die Grundlagenkrise der Mission, Wuppertal 1970; ähnlich aber auch bei *H. Bürkle:* Die Missionstheologie in der gegenwärtigen Diskussion, in: *J. Baur u. a. (Hg.):* Die Verantwortung der Kirche in der Gesellschaft, Stuttgart 1973, S. 177–193.

17. Abgedruckt in: Neue transkonfessionelle Bewegungen, hg. von *G. Gaßmann u. a.,* Frankfurt 1976 (Ök. Dokumentation III), S. 72–79; dort auch weiteres Material, z. B. die Lausanner Verpflichtung von 1974 sowie eine Darstellung der evangelikalen Bewegung.

18. Vgl. G. Warnecks Bestimmung, wonach Mission die Aufgabe der »Ausbreitung des Christentums beziehungsweise Pflanzung der christlichen Kirche in der ganzen Welt« hat (Ev. Missionslehre I, a.a.O. S. 4).

19. Es spielt eine besondere Rolle in der ökumenischen Studie, deren Schlußberichte 1967 vorgelegt wurden: Die Kirche für andere und Die Kirche für die Welt im Ringen um Strukturen missionarischer Gemeinden. Schlußberichte der Westeuropäischen Ar-

es Sinn und Ziel der Sendung der Kirche ist, an der »Aufrichtung des Schalom« in der Welt mitzuwirken, wobei »Schalom« mehr als persönliches Heil ist, vielmehr – alttestamentlich gefüllt – Ausdruck ist für »Frieden, Integrität, Gemeinschaft, Harmonie und Gerechtigkeit«[20]. Die Kirche als »Kirche für andere« (Bonhoeffer) hat zu erkennen[21]: Gott ist »ständig in der Welt am Werk in der Absicht, Schalom aufzurichten«[22], und die Kirche hat die Aufgabe, die in diesem Sinne von der Welt gegebene Tagesordnung zu erkennen und ihr zu entsprechen. Die Reihenfolge »Gott – Welt – Kirche« tritt hier an die Stelle der Reihenfolge »Gott – Kirche – Welt«[23]. Kirche hat keinen Sinn in sich selbst, sie ist nichts als eine »Funktion des Apostolats«[24], sie ist mit Mission im beschriebenen Sinn schlechthin gleichzusetzen, von ihr kann nur »am Rande« die Rede sein, »wenn es darum geht, Gottes Handeln mit der Ökumene, mit der ganzen Welt zu preisen«[25]. In etwas abgewandelter Form begegnet dieses ekklesiologische Konzept auch in neueren Überlegungen zum Öffentlichkeitsauftrag der Kirche, wenn die Kirche hier definiert wird als »die auf das befreiende Handeln und die Versöhnungstat Gottes in Christus gegründete Gemeinschaft von Menschen, in der dieses Handeln Gottes in verschiedenen Weisen der auf Befreiung und Versöhnung gerichteten Kommunikation und Praxis bezeugt wird«[26]. Das Ziel der Mission im klassischen Sinn eines Bemühens um Ausbreitung von Christentum und Kirche kann in diesem Zusammenhang als »christlicher ›Imperialismus‹« verunglimpft werden[27]; vielmehr

---

beitsgruppe und der Nordamerikanischen Arbeitsgruppe des Referats für Fragen der Verkündigung, Genf 1967; dazu ferner: *H. J. Margull (Hg.):* Mission als Strukturprinzip, Genf 1965; *C. W. Williams:* Gemeinde für andere, Stuttgart 1965. Kritisch zu den Schlußberichten: W. Krusche, a.a.O. S. 133ff.

20. *J. Chr. Hoekendijk:* Die Zukunft der Kirche und die Kirche der Zukunft, Stuttgart und Berlin 1964, S. 96.

21. Für Bonhoeffer vgl. bes. den »Entwurf einer Arbeit« (August 1944), in: Widerstand und Ergebung, Neuausgabe, München 1970; dort S. 415 der bekannte Satz: »Die Kirche ist nur Kirche, wenn sie für andere da ist.« Dazu vgl. die Darstellung bei *W. Huber:* Kirche und Öffentlichkeit, Stuttgart 1973, S. 107–114, mit Verweisen auf ältere Lit. (S. 107 Anm. 259). Hubers Darstellung verkürzt die Sicht Bonhoeffers freilich, indem sie die Frage, *was* die Kirche in die Öffentlichkeit einzubringen hat, durch ein gewissermaßen formalisiertes »Für-andere-Dasein« überspielt. In den von Huber beigebrachten Bonhoeffer-Stellen finden sich durchaus deutliche Hinweise auf dieses »Was«.

22. Die Kirche für andere, a.a.O. S. 18.

23. Ebd. S. 19f.; vgl. S. 78.

24. J. Chr. Hoekendijk, a.a.O. S. 99.122.

25. Ebd. S. 122.118.

26. W. Huber: Kirche und Öffentlichkeit, S. 636; vgl. S. 50.641.

27. Ebd. S. 622.

tritt nach dieser Konzeption »die Kirche ... ganz für die Welt ein, um in ihr zu der Humanität beizutragen, die in Jesus sichtbar geworden ist«[28].

Es ist deutlich, wie in diesen zuletzt erwähnten Konzeptionen jene Elemente des Kirchenverständnisses der Reformatoren in verwandelter Form wiederkehren, wonach es Aufgabe und Sinn der Kirche ist, ihren spezifischen Beitrag zu einer umfassenden Societas Christiana zu leisten. Zu fragen ist indessen, ob die veränderte Konstellation des Verhältnisses von Kirche und Welt, wie sie oben angedeutet wurde und wie sie in vielem der urchristlichen Situation näher ist als die im 16. Jahrhundert gegebene Konstellation, nicht eine stärkere Modifikation jenes Bezugs der Kirche zur Gesellschaft, wie sie den Reformatoren richtig erschien, verlangt, und dies in zweierlei Hinsicht. Einmal wäre zu fragen, ob eine an Jesu Botschaft von der Herrschaft Gottes (und sodann am apostolischen Zeugnis) orientierte Vision von Kirche der Ausdrücklichkeit der »vertikalen« Komponente, des Lebens im Angesicht Gottes und seiner Verheißung, nicht anders Rechnung tragen muß, als das in jenem auf die moderne Gesellschaft hin funktionalisierten Kirchenbegriff möglich ist. Kirche ist die Gemeinschaft derer, die bekennend und dankend vor Gottes Angesicht stehen; ihre Botschaft von Befreiung und Versöhnung ist auf Glauben, Liebe und Dankbarkeit aus, die einen Menschen zum Christen, zu einem Jünger des Herrn, eine Gruppe von Menschen zu einer Gruppe von Christen macht. Genau in dieser primären Dimension des Seins von Kirche ist es aber – zweitens – notwendig begründet, daß die Kirche neutestamentlich als »Braut Christi«, als »Schafstall«, als »Volk Gottes« etc. bezeichnet wird[29] und daß damit ein *relativer* Eigen-Wert und Eigen-Sinn der Kirche ausgesagt ist: relativ angesichts dessen, was wir an Vollgestalt von Gott her noch erwarten, auch im Blick auf die ganze Welt, aber doch unumgänglich einfach deshalb, weil jene primäre ekklesiale Dimension je länger desto weniger eine Dimension der Gesellschaft als solcher sein wird.

Umgekehrt muß sich das ganz auf die Sammlung des Gottesvolkes heraus aus der Welt zugeschnittene Sendungsverständnis fragen lassen, ob darin nicht der Dienstauftrag der Kirche auch an der nichtchristlichen Welt im Ansatz zu kurz kommt. Die Kirche ist im Laufe ihrer Geschichte in Verantwortungsbereiche hineingerufen worden, die im Neuen Testament erst ansatzweise angesprochen sind[30]. Daß die Reformatoren unter *ihren* gesellschaftlichen Vor-

---

28. Ebd. S. 623. – Eine ähnliche Grundtendenz findet sich auch in den Dokumenten aus Südamerika, die in dem Band »Neue transkonfessionelle Bewegungen« (o. S. 154 Anm. 17) unter dem Stichwort »aktionszentrierte Bewegung« zusammengestellt sind; ebenso in der südamerikanischen »Theologie der Befreiung«.

29. Vgl. die Zusammenstellung neutestamentlicher Bilder für die Kirche im I. Kapitel der Konstitution »Lumen Gentium« des II. Vaticanums.

30. Vgl. immerhin die Darlegung biblischer Ansätze bei *H. Gollwitzer:* Die Revolution

aussetzungen des Corpus Christianum um den Öffentlichkeitsauftrag an der Gesamtgesellschaft wußten[31], behält seine verpflichtende Kraft gerade dann, wenn Wesen und Dasein der Kirche solchen Dienstauftrag immer zugleich transzendieren. Dieser Dienstauftrag ist der Kirche auch dann nicht abgenommen, wenn aus der christlich orientierten Gesellschaft eine betont nichtchristliche Gesellschaft wird oder wenn die Welt, in der die Kirche lebt, eine von anderen Religionen bestimmte Welt ist. Die Kirche ist tatsächlich immer auch »Zeugnis- und Dienstgemeinschaft«, gesandt zur Verkündigung der die Herzen wandelnden und befreienden Botschaft von Gottes Heilshandeln in Christus, und gesandt zum Dienst an einer gerechten und menschlichen Ordnung der Welt[32].

Im Lichte solchen relativen Eigen-Wertes und Eigen-Sinns der Kirche kann nun aber von ihrem Zeugnis und Dienst in einem noch weitergreifenden Sinn gesprochen werden. Zeugnis und Dienst der Kirche bleiben, wenn sie Kirche nach dem Willen Gottes ist, nicht beschränkt auf missionarische und gesellschaftsdiakonische Aktionen. Zeugnis und Dienst der Kirche geschehen zuerst und vor allem durch ihr glaubwürdiges *Dasein* als Kirche[33]. Barths Formulierung von der Kirche als »vorläufiger Darstellung« der ganzen Menschenwelt dürfte bereits in diese Richtung weisen, die dann etwa im Zusammenhang der Beschreibung der Kirche als »das messianische Volk des kom-

---

des Reiches Gottes und die Gesellschaft, in: Diskussion zur »Theologie der Revolution«, hg. von *E. Feil* und *R. Weth,* München und Mainz 1969, S. 41–64.

31. Vgl. außer den Hinweisen in unserer Darstellung oben in Teil A etwa auch: *Ulrich Duchrow:* Christenheit und Weltverantwortung, Stuttgart 1970, S. 552 ff.

32. Dies dürfte auch ein Ergebnis der weitgefächerten Diskussion über die lutherische Zwei-Reiche-Lehre sein (vgl. dazu auch W. Huber: Kirche und Öffentlichkeit, a.a.O. S. 435–489.

33. Um diese Frage ging es schon in der ökumenischen Diskussion zum Thema »Präsenz« oder »Bekehrung« (vgl. Die Kirche für andere, S. 33 ff.; W. Krusche, a.a.O. S. 176 ff.). Wichtig in diesem Zusammenhang ist neuerdings die Ekklesiologie-Studie des Lutherischen Weltbundes, deren Schlußbericht »Die Identität der Kirche und ihr Dienst am ganzen Menschen« den Gesichtspunkt der in der Kirche und von der Kirche für die Welt gelebten Gemeinschaft und Verantwortung als zentrales ekklesiologisches Moment hervorhebt, das als notwendige Ergänzung der in CA VII formulierten »Minimalaussagen« zum Thema Kirche in einer heute zureichenden Definition von Kirche zum Ausdruck kommen muß. Vgl. die Darstellung von *U. Duchrow:* Die Identität der Kirche und ihr Dienst am ganzen Menschen, in: EvTh 37, 1977, S. 409–425; ferner den Beitrag Duchrows in dem o. Teil B III Anm. 22 genannten Band zu Barmen III, S. 278 ff., sowie die Bemerkungen von R. Weth, ebd. S. 200 f. Eine »Ekklesiologie der Befreiung«, wie sie afrikanische Theologen in der LWB-Studie vertraten (vgl. ebd. S. 292), dürfte vom NT-Zeugnis her allerdings nur dann legitimiert sein, wenn sie ihr Zentrum in der geistgewirkten Freiheit der Kinder Gottes hat.

menden Reiches« von J. Moltmann ausgezogen wird[34]. Wegweisend dürfte in diesem Zusammenhang sein, daß das II. Vaticanum die Kirche grundlegend als »Sakrament, das heißt Zeichen und Werkzeug für die innigste Vereinigung mit Gott wie für die Einheit der ganzen Menschheit« bezeichnet und beschrieben hat[35]. Der Begriff des Sakraments in Anwendung auf die Kirche[36] läßt nämlich besonders deutlich werden, daß die Kirche nicht nur zur Welt hin relativ ist, sondern primär und eigentlich auf Gott hin: Zeichen für und Hinweis auf sein immer größeres, beherrschendes und weitergreifendes Wirken, das, indem es in der Kirche für die Welt Gestalt gewinnt, solche Gestalt doch von vornherein unendlich übergreift. Dennoch ist solche Gestalt, wo sie je wirklich wird, ein echtes Zeichen und ein echtes Licht in dieser Welt: glaubwürdig und sichtbar, sofern die Kirche als Gemeinde das lebt, was sie durch Jesus, das *eine* Zeichen und Bild Gottes und durch seine Botschaft entdeckt hat und wozu sie frei geworden ist: ein Dasein im Vertrauen auf Gottes Gerechtigkeit und Barmherzigkeit, in Umkehr der Herzen, im Warten auf Gottes immer neues Kommen und in festlicher Freude vor ihm; ein Dasein in verpflichteter Bruderschaft, in der einer den anderen annimmt und einer für den anderen da ist, wo man sich der »kaputten Existenzen« annimmt, der Schuldigen, Bedrängten, Armen, Kranken innerhalb und außerhalb der Kirche[37]; ein Dasein,

34. J. Moltmann, a.a.O. S. 220. »Die Christenheit ist noch nicht die neue Menschheit, sie ist aber deren Vorhut im Widerstand gegen tödliche Verschlossenheit, in Hingabe und Stellvertretung für die Zukunft des Menschen. Ihre messianische Vorläufigkeit nötigt die Kirche zum Selbsttranszendieren über ihre sozialen und geschichtlichen Grenzen hinaus. Ihre geschichtliche Endgültigkeit gibt ihr Gewißheit in der noch ungewissen Geschichte und Freude im Schmerz an ihrem Widerstand« (S. 220–221). Als »Gemeinschaft der Freunde« (S. 343), als »Gemeinde, die sich versammelt« (S. 360), um das festliche Leben der Zukunft vorwegzunehmen (S. 129 ff., 287 ff.), ist sie schon jetzt für die ganze Menschheit eine Art Ferment der Hoffnung und Freiheit (S. 186 ff.). – Auf der gleichen Linie liegt W. Pannenbergs ekklesiologischer Ansatz: »In der Kirche geht es um die vorwegnehmende Präsenz der menschlichen Bestimmung in der Gesellschaft« (Thesen zur Theologie der Kirche, a.a.O. S. 9).
35. Lumen Gentium, n. 1. Vgl. zum Begriff »Sakrament« in diesem Zusammenhang den Kommentar von A. Grillmeier, in: LThK[2], Erg.-Bd. I, S. 157 f.
36. Der Begriff des Sakraments wurde in der katholischen Theologie früher im wesentlichen im Blick auf die durch die Kirche vermittelte Gemeinschaft des Menschen mit Gott angewandt (vgl. z. B. *O. Semmelroth*: Die Kirche als Ursakrament, Frankfurt 1953 (1963[3]); *ders.*: Die Kirche als Sakrament des Heils, in: Mysterium Salutis IV/1, a.a.O. S. 309–356. Der Begriff ist also jetzt gewissermaßen erweitert worden.
37. Die diakonische Dimension der Kirche in dem hier gezeichneten Sinne – also im Unterschied zu einer gesamtgesellschaftlich-politischen Diakonie – spielt in letzter Zeit in den Überlegungen im Bereich der DDR-Kirchen eine verstärkte Rolle, wobei auch das Verhältnis der institutionellen Diakonie (Innere Mission) zur institutionellen Kirche grundsätzlich reflektiert wird.

das nicht zurückschreckt davor, daß wir als Kirche ständig »das Sterben unseres Herrn Jesu Christi an unserem Leibe« tragen (2 Kor 4,10), davor, daß die Kirche immer wieder Stein des Anstoßes und Ärgernisses ist, daß an ihr der eschatologische Gegensatz von Kirche und Welt nicht zur Ruhe kommt (Joh 16,18ff.; 17,14), davor, daß sie nicht aufhört, die Signatur des Vorläufigen, Gebrochenen, der Verborgenheit zu tragen. Gerade an dieses Letzte erinnert auch Luthers Zeugnis von der Verborgenheit der Kirche, das in der gegenwärtigen ekklesiologischen Besinnung vielleicht nicht immer deutlich genug gehört wird[38].

3. Die Welt als Wirkungsraum Christi

Die bisher erörterten Einsichten über die Sendung der Kirche in die Welt werden, wie wir sahen, häufig flankiert von Aussagen über die Welt als einen Bereich, in dem Christus immer schon zum Heil der Menschen am Werke ist. Wo das, wie bei Tillich, zu der Aussage führt, daß das entscheidende Geschehen von Kirche – nämlich die »Geistgemeinschaft« – auch außerhalb der manifesten Kirche in latenter Form anzutreffen ist, stellt sich die Frage, ob damit nicht der Sendungsauftrag der (manifesten) Kirche faktisch unterlaufen, Zeugnis und Dienst der Kirche ihrer letzten Dringlichkeit beraubt werden. Kann unter solchen theologischen Voraussetzungen der Anspruch der Kirche durchgehalten werden, daß nur ihre Botschaft Menschen, sofern sie ihr folgen und Glieder der Kirche werden, »aus diesem verkehrten Geschlecht« (Apg 2,40) errettet? Andererseits drängt sich einer kleiner werdenden Christenheit mit immer größerer Dringlichkeit die Frage nach dem Heil der Nichtchristen auf.

Die Interpretationsgeschichte des cyprianischen Axioms »Extra ecclesiam nulla salus« zeigt, wie sehr man seit Jahrhunderten um eine abgemilderte Auslegung desselben bemüht ist[39], so daß die gegen Tillich gerichtete verschärfende Formulierung »Extra ecclesiam manifestam nulla salus«[40], wie sie kürzlich begegnete, eigentümlich fremd anmutet. Aufsehenerregend in der Geschichte der Interpretation dieses Axioms war in letzter Zeit insbesondere das II. Vaticanum, das feierlich erklärt hat: Nicht nur Angehörigen anderer Religionen, sondern auch solchen Menschen, »die ohne Schuld noch nicht zur ausdrücklichen Anerkennung Gottes gekommen sind«, werde das zum Heil Notwendige von der göttlichen Vorsehung nicht verweigert, und zwar dann,

---

38. Zum Beispiel tritt diese Dimension in der Kirchenkonstitution des II. Vaticanums völlig in den Hintergrund, aber auch bei J. Moltmann handelt nur ein kleiner Abschnitt von der »Kreuzgemeinde« (a.a.O. S. 103ff.).
39. Vgl. dazu und zum Folgenden: *Y. Congar:* Heilige Kirche, Stuttgart 1966, S. 434ff.
40. *H.-G. Pöhlmann:* Abriß der Dogmatik, Gütersloh 1973, S. 243.

wenn sie, »nicht ohne die Hilfe der göttlichen Gnade, das rechte Leben zu erreichen suchen«[41].

Diese erstaunliche Konzilsaussage nimmt bekanntlich Gedanken auf, die K. Rahner, seinerzeit beratender Theologe auf dem Konzil, in seiner Theorie vom »anonymen Christentum« noch weiter entfaltet und tiefergreifend begründet hat. Nach Rahner gilt, daß jeder Mensch, also auch der Nichtchrist, »wahrhaft und wirklich dem Einfluß der göttlichen, übernatürlichen, eine innere Gemeinschaft mit Gott und eine Selbstmitteilung Gottes anbietenden Gnade ausgesetzt ist, mag er zu dieser Gnade im Modus der Annahme oder der Ablehnung stehen«[42]. Auf Grund dieser Tatsache ist es *jedem* Menschen, unabhängig davon, ob er der christlichen Verkündigung begegnet ist oder nicht, möglich, diese Gnade, die eo ipso die Gnade des Christusheiles ist, anzunehmen. Geschieht solche Annahme ohne ausdrückliche Begegnung mit der Verkündigung der Kirche, ist von »anonymem Christentum« zu sprechen. Rahner beschreibt das innerste Wesen des Christentums in der Weise, daß es auch dort wiederzufinden ist, wo der Name Christi nicht ausdrücklich genannt wird, zum Beispiel wenn er es Glaube nennt, wo ein Mensch sich »als gegründet im Abgrund des unaufhebbaren Geheimnisses erfährt und dieses Geheimnis in der Tiefe seines Gewissens und in der Konkretheit seiner Geschichte … als erfüllende Nähe und nicht als verbrennendes Gericht erfährt und annimmt«[43], oder wo ein Mensch »eine sittliche Forderung seines Gewissens als *absolut* für ihn gültige erfaßt und in freier, wenn vielleicht auch noch so unreflektierter Zustimmung als für ihn gültig annimmt«[44].

Die umfangreiche Diskussion zu dieser Theorie[45] ist als solche ein Beweis für die Dringlichkeit der aufgeworfenen Frage. Für die These Rahners spricht, daß sie versucht, dem biblischen Zeugnis vom allgemeinen Heilswillen Gottes gerecht zu werden[46], daß sie gleichzeitig an der Heilsnotwendigkeit des Glaubens festhält und daß sie Heil nur durch die Gnade Christi Ereignis werden läßt. Allerdings stellt sich auch bei dieser Rahnerschen These die Frage nach der Begründbarkeit und Dringlichkeit der Sendung der Kirche zu Zeugnis und Dienst in der Welt, ist doch dieser These zufolge das Heil nicht mehr an das explizite Bekenntnis zu Christus gebunden[47], ja, auch nicht mehr an ein von

---

41. Lumen Gentium, n. 16.
42. *K. Rahner:* Schriften zur Theologie V, S. 145.
43. Ebd. S. 15.
44. Ebd. VIII, S. 197.
45. Auf die umfangreiche Diskussion zu dieser Theorie Rahners und insbesondere auch auf ihre spezifische Ausformung durch den transzendentalen Ansatz der Theologie Rahners kann an dieser Stelle nicht eingegangen werden. Vgl. v. a. *E. Klinger (Hg.):* Christentum innerhalb und außerhalb der Kirche (QD 73), Freiburg 1975.
46. 1 Tim 2,4; Joh 3,16; 1 Petr 3,19 (Höllenfahrt Christi).
47. Vgl. die Kritik W. Thüsings, in: E. Klinger (Hg.), a.a.O.

außen auf den Menschen zukommendes Wort der Verkündigung[48]. Rahner selbst bemüht sich allerdings um eine neue Begründung der Dringlichkeit der Mission, auch wenn die Kirche den Nichtchristen nicht mehr einfach als »exklusive Gemeinschaft der Heilsanwärter« gegenübersteht[49]. Diese Begründung sieht er in der »inkarnatorischen Dynamik der Gnade«[50], derzufolge anonymes Christentum im Grunde auf »kirchlich-gesellschaftliche Verfaßtheit«[51] drängt, weil christlicher Glaube sich »in allen Dimensionen der menschlichen Existenz, also auch in seiner Geschichtlichkeit und Gesellschaftlichkeit auswirken und darstellen will«[52]. In diesem Sinne wohnt nach Rahner dem »anonymen Christentum« ein elementarer Drang zur Überwindung der Anonymität, zum öffentlichen Bekenntnis und zur verfaßten Gemeinschaftlichkeit inne; es findet seine Erfüllung in der »*ausdrücklichen* und *amtlichen* Heils- und Offenbarungsgeschichte«[53], und die verfaßte Kirche, das kirchliche Christentum seinerseits bildet »den geschichtlich greifbaren Vortrupp, ... die geschichtlich und gesellschaftlich verfaßte Ausdrücklichkeit dessen, was der Christ als verborgene Wirklichkeit auch außerhalb der Sichtbarkeit der Kirche gegeben erhofft«[54].

Die These K. Rahners vom »anonymen Christentum« ist ein Beispiel für ein an vielen Stellen des gegenwärtigen theologischen und ökumenischen Gesprächs anzutreffendes intensives neues Fragen nach dem Heilswirken Gottes außerhalb der Kirche, nach dem »Christus extra muros ecclesiae«. Die Rede von einem kosmischen Wirken Christi[55] oder vom Heilswirken Gottes in revolutionären Prozessen[56] bezeugt das ebenso wie die neuen Ansätze einer Theologie der nichtchristlichen Religionen[57] und das Bemühen, statt einer Mission alten Stiles mit den nichtchristlichen Religionen in einen fairen »Dia-

---

48. Vgl. die Kritik von E. Jüngel, ebd.
49. Schriften zur Theologie V, S. 156.
50. Ebd. IX, S. 513.
51. Ebd. S. 510.
52. Ebd. S. 513.
53. Ebd. VIII, S. 362.
54. Ebd. V, S. 156; vgl. VIII, S. 341.
55. Vgl. etwa das Hauptreferat von *J. A. Sittler* in Neu Delhi »Zur Einheit berufen«, in: Neu-Delhi 1961, hg. von *W. A. Visser't Hooft*, Stuttgart und Basel 1962, S. 512–523.
56. Vgl. dazu u. a. den o. S. 156 f. Anm. 30 genannten Band.
57. Vgl. etwa *W. Pannenberg*: Erwägungen zu einer Theologie der Religionsgeschichte, in: *ders.*: Grundfragen systematischer Theologie, Göttingen 1967, S. 252–295; *ders.*: Wissenschaftstheorie und Theologie, Frankfurt 1973, S. 303 ff., 361 ff.; *H. Bürkle*: Einführung in die Theologie der Religionen, Darmstadt 1977; *H. R. Schlette*: Die Religionen als Thema der Theologie (QD 22), Freiburg 1963; *C. H. Ratschow*: Die Religionen (HST 16), Gütersloh 1979.

log« einzutreten[58]. Und all diese Versuche, die sich jeweils auch mancherlei kritischen Rückfragen aussetzen mußten, haben erheblich zu jenem Wandel im Verständnis der Sendung der Kirche in die Welt beigetragen, von dem bereits oben die Rede war.

Das Recht der Rahnerschen These entscheidet sich vor allem an der Frage, ob in jenem von Rahner beschriebenen »impliziten« Glauben von Nichtchristen oder »anonymen Christen«[59] dem inneren Wesen nach schon das gegeben ist, was durch die Explizitheit des Christusglaubens und -bekenntnisses manifest wird. Was ist die eigentliche »Existenzbewegung« des expliziten Christusglaubens, und unterscheidet sie sich wesentlich von der »Existenzbewegung« jenes von K. Rahner beschriebenen »impliziten«, »anonymen« Glaubens[60]? Wenn es richtig ist, daß expliziter christlicher Glaube seiner innersten Lebensbewegung nach der in Jesus selbst erschienenen und von ihm verkündeten Lebensbewegung im Angesicht der Herrschaft Gottes entspricht, und wenn es andererseits wahr ist, daß diese Lebensbewegung – schon nach dem Zeugnis des Neuen Testamentes – auch »unthematisch« vollzogen werden kann[61], dann wären damit wesentliche Gesichtspunkte zugunsten der Rahnerschen These gegeben.

Es wäre indessen verfehlt, von solchen Gesichtspunkten her ein Unterlaufen des Sendungsauftrages der Kirche konstatieren zu wollen. Auch wenn eine Heilsnotwendigkeit der Kirche in einem absoluten Sinne nicht mehr behauptet werden könnte, so wäre die Dringlichkeit ihres oben beschriebenen Zeugnisses und Dienstes kaum gemindert. Ist sie doch, wenn und sofern sie wahrhaft Kirche ist[62], das eine (und einzige) von Gott gesetzte öffentlich-koopera-

---

58. Es sei an das Dialog-Programm des ÖRK erinnert.

59. *H. Fries* hat darauf hingewiesen, daß in diesem Ausdruck sich eine Deutung formuliert, die »den Christen zu Gebote steht«, also nicht ohne weiteres von Nichtchristen akzeptiert werden wird (Der anonyme Christ – das anonyme Christentum als Kategorien christlichen Denkens, in: E. Klinger [Hg.], a.a.O. S. 28). Man kann dennoch fragen, ob sich für den hier gemeinten Sachverhalt ein unmißverständlicher Ausdruck finden ließe.

60. Vgl. *H. Ott:* Als protestantischer Theologe unterwegs mit dem Theologumenon von den »anonymen Christen«, in: E. Klinger (Hg.), a.a.O. S. 94. Hier wären Analysen dieser Existenzbewegung des Glaubens in der von H. Ott vorgeschlagenen Richtung nötig, und es wäre zugleich nötig, diese Grundstrukturen, wie W. Thüsing, a.a.O., vorschlägt, im Blick auf Jesus von Nazareth zu erkunden, auf den uns das nachösterliche Zeugnis verweist.

61. Vgl. *E. Schweizer* zu Mt 25,31 ff., in: Das Evangelium nach Matthäus (NTD 2, 13. Aufl.), Göttingen 1973, S. 314: Es gibt »ein echtes, wenn auch nicht seine Fülle erreichendes Glauben ..., das im Tun des Willens Gottes gegenüber den Armen und Geringen besteht, ohne notwendig um die Quelle zu wissen, aus der es lebt«.

62. Dieser Vorbehalt ist nötig gegenüber jeglicher Form eines ekklesiologischen Tri-

tive »Zeichen« seiner in Christus erschienenen Wahrheit, ein »Zeichen«, durch das ein Ruf ergeht an alle Menschen, sich Christus zu öffnen, und zwar nicht nur im Herzen und im persönlichen Verhalten, sondern in anthropologisch-umfassender, gemeinschaftlich-konkreter verbindlicher Gestalt. Für die vorfindliche Welt ist dieses Zeichen und dieser Ruf – auch wenn ein Wirken Christi und eine Heilsmöglichkeit für Menschen außerhalb der Kirche wohl nicht geleugnet werden dürfen – schlechterdings notwendig als Stimme der Wahrheit, Ort der Hoffnung und Manifestation der Liebe, angesichts der Verwirrung und Ausweglosigkeiten der Welt und der trügerischen Vielfalt ihrer Lebensangebote. Daß dieser Ruf und dieses sichtbare Zeichen – Kirche genannt – von Gott kontingent »gesetzt« ist und sich nicht in einem dynamisch-evolutiven Prozeß aus der Menschheit herausgebildet hat, muß wohl kritisch gegenüber Rahner festgehalten werden, sosehr Rahner uns mit Recht an die Unveräußerlichkeit solcher manifesten, gemeinschaftlich-konkreten unverstellten Gestalt der Christengnade erinnert.

Sind das Überlegungen, die die Reformation und ihre Ekklesiologie ein für allemal hinter sich lassen? Oder könnte es sein, daß sich in diesen Gedanken eine gewisse, unter den Denkvoraussetzungen der Neuzeit formulierte, Parallele zu dem sehen ließe, was Luther (in Einklang mit der christlichen Tradition) meinte, wenn er von der »Ecclesia ab Abel« sprach[63]?

---

umphalismus, der die – oft arg – gebrochene Realisierung des Sinnes und Wesens von Kirche in unseren vorfindlichen Kirchentümern übersieht.

63. WA 51,477,30. Gerade hier wäre die Erwägung interessant, inwieweit sich solche von Luther vorchristlich für real gehaltene Kirche etwa in Israel manifestiert hat und was das für eine heutige Ekklesiologie bedeuten könnte.

IV. Kirche als Gemeinschaft im Geist und als Institution

1. Vom 16. zum 20. Jahrhundert: Das unerledigte Problem eines doppelten Kirchenbegriffs

Wir haben uns nun der Frage zuzuwenden, welche Größe wir eigentlich konkret im Auge haben, wenn wir von der Sendung der Kirche in die Welt sprechen oder wenn wir zuvor über Grund und Ursprung der Kirche nachgedacht haben. Meinen wir die Kirche als verfaßte Institution, wie es sich zuletzt von K. Rahners Begründung des Sendungsauftrages der Kirche her nahelegte? Oder denken wir an die geistliche Gemeinschaft derer, die »mit Ernst Christen sein wollen« und deren Zahl durchaus nicht deckungsgleich ist mit der Mitgliederzahl der verfaßten Kirche? Das Problem kompliziert sich, wenn wir daran denken, daß es die verfaßte Institution Kirche immer nur in der Mehrzahl gibt: in der Mehrzahl von Orts- und Landeskirchen nicht nur, sondern in der Mehrzahl von Konfessionskirchen und anderen christlich-kirchlichen Gruppierungen.

Wir nehmen damit das bereits in der reformatorischen Ekklesiologie virulente Problem eines doppelten Kirchenbegriffs auf, das sich bis in die Gegenwart hinein als unerledigt erweist. Besonders deutlich artikuliert sich diese Frage, wie wir gesehen haben, in Apologie Artikel VII, wo von der Kirche im Sinne einer »societas externarum rerum ac rituum« die eigentliche, wahre Kirche im Sinne einer »societas fidei et spiritus sancti in cordibus« unterschieden wird, die allerdings über den ganzen Erdkreis verstreut tatsächlich existiert, also nicht nur als unsichtbare »civitas platonica« gedacht, vielmehr an den Erkennungszeichen (notae) Evangelium und Sakramente erkennbar ist[1].

Auch Calvins Kirchenbegriff ist grundlegend bestimmt durch die Differenz zwischen der wahren, unsichtbaren Kirche im Sinne der Schar der von Gott Erwählten (und der vollendeten Gerechten) und der äußerlich sichtbaren kirchlichen Gemeinschaft, die um der eigentlichen Kirche willen da ist und der gerade deshalb Calvins besonderes Interesse gilt. Beim späten Luther steht der aus dem Kampf gegen die Papstkirche herrührende Gegensatz zwischen falscher und wahrer, unter dem Papsttum verborgener, Kirche im Vordergrund, wobei auch für ihn die wahre Kirche an bestimmten Zeichen, göttlichen Institutionen, erkennbar ist. Im Gefolge der Konsolidierung eines eige-

---

1. Apol. VII, 5.12.20. – Dieser Differenzierung scheinen mir die von *D. Rössler:* Die Institutionalisierung der Religion (in: Volkskirche – Kirche der Zukunft?, hg. von *W. Lohff* und *L. Mohaupt,* Hamburg 1977, bes. S. 55 f.), gebrauchten Formulierungen nicht in vollem Maße gerecht zu werden.

nen lutherischen Kirchentums dominiert beim späten Melanchthon die Tendenz zu einem einschichtigen Kirchenbegriff im Sinne eines »coetus scholasticus«.

Die Problematik des doppelten Kirchenbegriffs bleibt indessen weiterhin virulent. Er kehrt wieder in der lutherischen Orthodoxie etwa bei Johann Gerhard[2] wie – verändert – im Pietismus, in der Aufklärung, bei Schleiermacher, in der Erlanger lutherischen Theologie[3]. Die Tendenz des späten Melanchthon setzt sich freilich ebenfalls fort: in der späteren Orthodoxie bei Quenstedt und Buddeus, im 19. Jahrhundert bei strengen Vertretern des lutherischen Konfessionalismus[4]. Das Problem ist auch in den von uns beschriebenen Konzeptionen aus der Mitte des 20. Jahrhunderts gegenwärtig. Kritisch abgewehrt wird ein doppelter Kirchenbegriff in Elerts Beschreibung der Kirche als »coetus baptizatorum«, aufgenommen wird er im Gefolge der Erlanger Theologie von Althaus in der Unterscheidung von Kirche und Kirchentum. Bei Barth wiederum tritt infolge der Koinzidenz von erwählter, geheiligter und sich (in Gottesdienst und kirchlicher Ordnung) erbauender Gemeinde das Problem nicht eigentlich in den Blick. Hingegen wird in Tillichs Unterscheidung von »Geistgemeinschaft« und Kirche das Anliegen der Aufklärung aufgenommen, den Kreis der wahren Gottesverehrer nicht an die Grenzen der »statutarischen« Institution Kirche zu binden. »Kirche« meint bei Tillich[5] die begrifflich von »Geistgemeinschaft« unterschiedene und mit ihr auch faktisch nicht deckungsgleiche, zweideutige, in vielem fragwürdige, nur in der Mehrzahl vorfindliche institutionelle gesellschaftliche Größe.

Tatsächlich hat sich in Neuzeit und Gegenwart das uns von der Reformation überkommene Problem insofern verschärft, als das zunehmende Schwinden der Deckungsgleichheit von Kirche und Gesellschaft sich nur verzögert auf den Rückgang der volkskirchlichen Taufpraxis auswirkte. So kam es zu dem Phänomen einer zunehmenden Differenz zwischen lediglich getauften (und vielleicht konfirmierten) nominellen Kirchengliedern und praktizierenden Christen[6]. Hinzu kommt ein starkes Unbehagen an der Institution Kirche auch und gerade bei bewußten Christen, das sicher weitgehend eine Folge des neuzeitlichen Freiheitsbewußtseins schlechthin ist[7], das aber in der Kirche

---

2. *J. Gerhard:* Loci theologici, loc. 22, cap. 7, §§ 69 ff.

3. Vgl. E. Hirsch, a.a.O. (o. S. 137 Anm. 7); *W.-D. Marsch:* Institution im Übergang, Göttingen 1970, S. 24–51.

4. Zu Quenstedt und Buddeus vgl. D. Rössler, a.a.O. S. 56–60.

5. Das gilt wenigstens für den späteren Tillich, der nicht mehr von »latenter Kirche« spricht.

6. Diese Differenz ist infolge der sinkenden Taufziffern in den Kirchen der DDR allerdings rückläufig.

7. Es manifestiert sich als antiinstitutioneller Affekt von Kant über Marx bis hin zu J. Habermas.

konkret genährt wird durch die Erfahrung der Anonymität und Formalität des Institutionellen, die in schwer vermittelbarem Kontrast zu den primären Einsichten und Empfindungen des christlichen Glaubens steht[8].

Es ist an die Konzeptionen Elerts und Barths mit ihrem Plädoyer gegen einen doppelten Kirchenbegriff die Frage zu richten, ob die von ihnen entwickelte Sicht der in vielem so zweideutigen, problematischen Realität der kirchlichen Institution schon genügend gerecht geworden bzw. ob die theologische Einsicht mit dieser empirischen Realität bereits in genügendem Maße vermittelt ist. Dasselbe ist bei der katholischen ekklesiologischen Konzeption zu fragen, derzufolge ja ebenfalls gilt: »Die mit hierarchischen Organen ausgestattete Gesellschaft und der geheimnisvolle Leib Christi, die sichtbare Versammlung und die geistliche Gemeinschaft, die irdische Kirche und die mit himmlischen Gaben beschenkte Kirche sind nicht als zwei verschiedene Größen zu betrachten, sondern bilden eine einzige komplexe Wirklichkeit, die aus menschlichem und göttlichem Element zusammenwächst.«[9] Gegen einen doppelten Kirchenbegriff spricht allerdings, daß das Neue Testament einen solchen nicht kennt[10]. Hinzu kommt die Schwierigkeit, konkrete Grenzziehungen innerhalb der Schar der Getauften vorzunehmen. Gehören die sogenannten »Randsiedler«, die, die sich nur partiell mit der Institution Kirche, der sie angehören, identifizieren[11], tatsächlich nur noch zur äußeren Institution Kirche oder nicht vielleicht gerade auch zur geistlichen Gemeinschaft? Sind die Gründe eines nichtpraktizierenden Kirchengliedes, nicht aus der Kirche »auszutreten«, in jedem Falle und mit Sicherheit ungeistliche Gründe? Ja, kann bei erfolgtem formellen »Kirchenaustritt« mit Sicherheit gesagt werden, daß jedes geistliche Band dessen, der ja bleibend Getaufter ist, mit der Kirche zerschnitten ist[12], zumal dann, wenn ein solcher Austritt ein Protest um der Vision einer »besseren« Kirche willen ist[13]? Und umgekehrt: Steht nicht ein »praktizierender« Christ ständig im Kampf mit sich selbst, seinem Erbe, seiner Umwelt, so daß es immer wieder nur zu gebrochenen Versuchen des Christ-

---

8. Eine Illustration dazu bietet das Geschehen um Hans Küng.

9. Lumen Gentium, n. 8.

10. Vgl. H. Schlier, a.a.O. (o. S. 145 Anm. 22), S. 207 f.

11. Zu diesem die neuere Kirchensoziologie und auch die Überlegungen zu den parakirchlichen Gruppierungen stark bewegenden Problem vgl. z. B. W.-D. Marsch, a.a.O. S. 140 f.

12. Biblisch gesprochen muß die Frage gestellt werden: Wann ist die von Paulus 1 Kor 5,5 vorausgesetzte Situation heute tatsächlich gegeben, und bedeutet jene »Übergabe an den Satan zum Verderben des Fleisches« in jeder Hinsicht eine Trennung von der Kirche?

13. Der kürzlich von E. Käsemann angedrohte Kirchenaustritt wäre eine solche Protestation *für* eine bessere Kirche gewesen. Was hätte ein solcher Schritt ekklesiologisch bedeutet?

seins kommt? Diese Fragen deuten darauf hin, daß auch dann, wenn man einen doppelten bzw. doppelschichtigen Kirchenbegriff befürwortet, die »zwei Schichten« dieses Kirchenbegriffs offenbar gar nicht ohne weiteres voneinander abzuheben sind. Und sie drängen weiter zu der grundsätzlichen Frage, welche Bedeutung im Blick auf das geistliche Wesen der Kirche eigentlich ihren institutionellen Momenten zuzuerkennen ist, vor allem dann, wenn sie – wie es bei den Institutionen »Wort und Sakramente« nach reformatorischem Verständnis der Fall ist – in jedem Falle *notae* der wahren Kirche im Sinne von eben diese Kirche *bewirkenden* Zeichen darstellen.

2. Kirche als Institution

Die reformatorische Lehre von den göttlichen Institutionen[14], der im Zusammenhang des Problems eines doppelten bzw. doppelschichtigen Kirchenbegriffs eine Schlüsselfunktion zukommt, rückt gegenwärtig durch die sozialwissenschaftlichen Einsichten und Theorien zu Wesen und Begriff der Institution im allgemeinen in ein neues Licht. Dies ist vor allem auch deshalb von erheblicher Bedeutung, weil es im Zuge der historisch-kritischen Erforschung der Anfänge der Kirche und ihrer Beziehung zum vorösterlichen Jesus problematisch geworden ist, zum Beispiel im Blick auf Taufe und Abendmahl noch in dem Sinne als von Gott gegebenen Institutionen zu sprechen, wie das den Reformatoren möglich war[15]. Es ist aus diesem Grund nötig, einen Blick auf die Versuche gegenwärtiger Ekklesiologie zu werfen, Einsichten der Sozialwissenschaften und der von ihnen entwickelten Institutionentheorien für das theologische Verständnis der Kirche fruchtbar zu machen. In Soziologie und Sozialphilosophie sind mehrere Institutionentheorien entworfen, weitergeführt und diskutiert worden. Wichtig ist auf der einen Seite besonders die anthropologisch begründete Institutionenphilosophie A. Gehlens. Nach Gehlen haben Institutionen eine Entlastungsfunktion, sie orientieren menschliches Verhalten, stützen seine Motivationen von außen und dienen so dazu, Funktionserfüllungen dauernd und stabil zu gewährleisten, wodurch der Mensch instand gesetzt wird, seine geistigen Energien oberhalb des Selbstverständlichen einzusetzen[16]. Daneben ist von T. Parsons und –

---

14. Vor allem bei M. Luther, vgl. oben S. 21 ff.

15. Auch z. B. in dem von *H. Dombois* herausgegebenen Bericht »Recht und Institution«, Witten 1956, wird eine solche direkte Gottgegebenheit kirchlicher Institutionen wie Taufe und Abendmahl noch vorausgesetzt.

16. Zur Institutionenlehre A. Gehlens vgl. von theologischer Seite: W.-D. Marsch, a.a.O. S. 118–125; D. Rössler, a.a.O. S. 62 f.; *L. Dullaart:* Kirche und Ekklesiologie. Die Institutionenlehre Arnold Gehlens als Frage an den Kirchenbegriff in der gegenwärtigen systematischen Theologie, München und Mainz 1976; *M. Kehl:* Kirche als Institution, Frankfurt 1976, S. 24 ff.

weiterentwickelt – von N. Luhmann ein Institutionenverständnis vorgelegt worden, das an sozialen Strukturen im Sinne von Systemen von Erwartungsmustern orientiert ist. Institutionen sind hiernach so etwas wie internalisierte Erwartungsmuster und bilden so stabilisierende Strukturelemente sozialer Systeme. Je komplexer soziale Systeme sind, um so problematischer werden die für ihren Bestand notwendigen Konsense, und es ist (nach Luhmann) nötig, die Institutionalisierung von Konsensen selbst zu institutionalisieren[17]. Im Unterschied zu der relativ konservativen Tendenz dieser Institutionentheorien versteht J. Habermas Institutionen als Formen der Herrschaft und der Repression, gegen die die Rechte des Subjektes mit dem Ziel zwangloser und herrschaftsfreier Kommunikation geltend zu machen sind[18]. Gemeinsam ist diesen unterschiedlichen Theorien immerhin die Betonung der Objektivität einer Institution, der der einzelne sich als ihm überlegener und vorgegebener Macht unterordnen muß, die zugleich Bedürfnisse für ihn wahrnimmt und darin ihren Sinn sichtbar werden läßt, deren Leistungen der einzelne als Konsument in Anspruch nehmen kann – mag das in der Reflexion dann positiv oder kritisch gewertet werden[19].

Nachdem die Soziologie selbst unter anderem auch am Phänomen der Religion und der kirchlichen Institution studiert hat, was es um das Wesen von Institutionen eigentlich ist[20], liegen nun bereits einige *theologische* Untersuchungen vor, in denen, im einzelnen und auch im Ergebnis durchaus unterschiedlich, versucht wird, mit Hilfe der soziologischen Einsichten zu einem neuen positiven Verständnis des institutionellen Charakters der Kirche zu gelangen[21].

---

17. Zu Parsons und Luhmann: D. Rössler, a.a.O. S. 61 f., M. Kehl, a.a.O. Vgl. ferner den Band: Zur Theorie der Institution, hg. von *H. Schelsky,* Gütersloh 1970.

18. Dazu D. Rössler, a.a.O. S. 64; M. Kehl, a.a.O.

19. D. Rössler, S. 65ff.

20. Religion erscheint hier als menschliches Grundbedürfnis, das sich notwendig institutionalisiert, und Religionssoziologie ist die diesem Sachverhalt zugewandte sozialwissenschaftliche Bemühung. Vgl. etwa die Einführung und Übersicht in: *J. Matthes:* Religion und Gesellschaft, und: *ders.:* Kirche und Gesellschaft (Einführung in die Religionssoziologie I und II), Reinbek bei Hamburg 1967 und 1969. Hier auch Kurzdarstellungen der klassischen Ansätze von E. Durkheim, J. Wach und M. Weber. – Der erste umfängliche *theologische* Versuch, den Fragestellungen der Sozialphilosophie und Soziologie gerecht zu werden, stellt die auch heute noch in vielem bedeutsame Erstlingsarbeit von *D. Bonhoeffer* dar: Sanctorum Communio. Eine dogmatische Untersuchung zur Soziologie der Kirche (1930), München 1960³.

21. Ein positiver Rückgriff auf die institutionenkritische Theorie von J. Habermas im theologischen Raum findet sich bei G. Hasenhüttl mit seiner Forderung einer »herrschaftsfreien Kommunikation« in der Kirche (*G. Hasenhüttl:* Kirche und Institution, in: Concilium 10, 1974, S. 7–11; *ders.:* Herrschaftsfreie Kirche, Düsseldorf 1974).

W.-D. Marsch nimmt in seiner Arbeit »Institution im Übergang« (1970)[22] die von der Reformation her noch offene Frage nach der theologischen Bedeutung der empirischen, institutionellen Kirche und das Problem des doppelten Kirchenbegriffs zum Ausgangspunkt seiner Überlegungen. Er will betont nicht von zweierlei Kirche sprechen, sondern unterscheidet innerhalb der einen Kirche ihre empirische und ihre transzendentale Seite. »Nur ›in, mit und unter‹ der historisch-soziologisch verifizierbaren Gestalt von Kirche vermögen wir zu erkennen, wie es um die glaubend zu denkende bzw. denkend zu glaubende Kirche in Wahrheit bestellt ist« (19). Die historisch-soziologisch verifizierbare Gestalt der Kirche ist aber ihre Gestalt als geschichtlich gewordene Institution, für Marsch die unumgängliche Bedingung des geistlichen Ereignisses »Kirche«. Denn »erst weil Kirche als Institution *da ist,* kann Kirche als Ereignis *werden*« (17) und zwar in sehr vielfältigen vereinskirchlichen und volkskirchlichen Formen. Dabei wird von Marsch neben der entlastenden, positiven Funktion der kirchlichen Institution (im Sinne Gehlens) auch auf ihre Inadäquatheit dem geistlichen Ereignis gegenüber, ja, auf ihre Hinderlichkeit verwiesen. Kirche als Institution ist ja ein »Teil der Gesellschaft, in der sie sich organisiert« (161), sie »verwaltet Religion« (166), so wie es ihr von der Gesellschaft als Rolle zugedacht ist und wie es auch die Erwartung ihrer Mitglieder ist. Sie ist »Dienstleistungsbetrieb« (233) für Religion. Marsch bewertet dieses im Blick auf das »geistliche Ereignis« höchst ambivalente empirische Phänomen Kirche von der Christologie her. Kirche ist, indem sie *so* ist, »auch ein Teil der alten Welt und der unerlösten Menschheit« (171), ihr Kirchesein ist »so verborgen, wie in Jesus Gott als Mensch, wie der Auferstandene als der Gekreuzigte. Ihre Dialektik ist die der Inkarnation« (203).

Dieser Versuch, dem Phänomen der empirisch-institutionellen Kirche theologisch gerecht zu werden, läuft letzten Endes erneut auf jene Dualität heraus, die das Ereignis der »denkend zu glaubenden Kirche« im Sinne des neuen Lebens im Lichte der Herrschaft Gottes (187) jenseits der gesellschaftlichen Wirklichkeit ansiedelt, diese also gerade nicht selbst in das transzendental-geistliche Geschehen einbezieht[23]. Muß aber nicht auch die institutionelle und rechtliche Gestaltung als Bewährungsfeld des neuen Seins ernst genommen werden[24], zumal dann, wenn stärker, als das bei Marsch geschieht, kirchliche Grundinstitutionen wie Taufe und Abendmahl in die Betrachtung einbezogen werden?

---

22. Vgl. o. S. 165 Anm. 3. Die folgenden Seitenverweise im Text beziehen sich auf dieses Werk.

23. Wie das z. B. von K. Barth, aber auch etwa von H. Dombois u. a. zu Recht versucht wird.

24. Vgl. dazu auch: *U. Kühn:* Die theologische Bedeutung der empirischen Kirche, in: Theologische Versuche IX, hg. von *J. Rogge* und *G. Schille,* Berlin 1977, S. 131–144.

Im Unterschied zu Marsch wertet T. Rendtorff[25] die soziologische Einsicht, daß die Institution Kirche organisierte Religionsverwaltung ist, nicht als Erweis dafür, daß das wahre Kirchesein unter Elementen der alten, unerlösten Welt verborgen ist, sondern im Gegenteil: als Ausdruck der Vorgegebenheit des rechtfertigenden Handelns Gottes, das sich die Grundinstitutionen der »ecclesia externa« (Wort, Sakramente, Amt; 121) zu seinen eigenen Mitteln gemacht hat. Rendtorff wehrt sich gegen alle Versuche einer Kirchenkritik, die darauf hinauslaufen, in irgendeinem Sinne die Glieder der Kirche selbst (seien es kirchliche Mitarbeiter, seien es Laien, seien es Arbeitsgruppen oder Kreise, sei es auch nur die gottesdienstlich feiernde Gemeinde) zum Subjekt der Kirche werden zu lassen. Sofern nämlich diese Versuche sich nicht mit der Tatsache begnügen, daß allein Gott durch jene institutionellen Mittel das Subjekt der Kirche ist, treten sie dem Bekenntnis von der Rechtfertigung zu nahe und tasten faktisch die von dort erschlossene Freiheit gegenüber allen sonstigen kirchlichen Gestaltungen (den religiösen Leistungen des 16. Jahrhunderts) wieder an. Vielmehr erweist sich allein eine in diesem Sinne vom Rechtfertigungsartikel her verstandene Kirche als »Institution der Freiheit«, die offen ist für alle, die keine bestimmten kirchlichen Formationen fordert, deren Möglichkeiten vielmehr als »Volkskirche allemal reicher sind als die bestimmten Realisierungen hier und dort« (124).

Im Gegensatz zu Marsch bindet Rendtorff das eigentliche theologische Wesen und geistliche Ereignis von Kirche einseitig und direkt an jene Grundinstitutionen, in denen die Kirche, soziologisch gesprochen, »Religion verwaltet«. Die Zentrierung des Kirchenbegriffs auf die Institutionen Wort, Sakramente, Amt läßt im Ansatz die bei Marsch noch anzutreffende grundlegende Dualität von transzendentalem Ereignis und empirischer Realität von Kirche hinter sich. Wiederholt sich zwischen Marsch und Rendtorff jene schon in der Reformation, sodann in der lutherischen Theologie des 19. Jahrhunderts, schließlich zwischen Althaus und Elert beobachtbare Differenz, wonach das entscheidende, eigentliche Ereignis von Kirche *entweder* ansatzweise in der glaubenden Gemeinde *oder* aber in der Heilsinstitution zu sehen ist? Allerdings scheint diese Differenz des Ansatzes jetzt insofern verschärft zu sein, als Rendtorff dem »Ereignis« der glaubenden Gemeinde die ekklesiologische Relevanz überhaupt zu bestreiten scheint[26]. Hier wird man

---

25. *T. Rendtorff:* Theologische Probleme der Volkskirche, in: Volkskirche – Kirche der Zukunft?, a.a.O. S. 104–131. Die folgenden Verweise im Text beziehen sich auf diesen Beitrag.

26. Die früher von *T. Rendtorff* entwickelte Christentumstheorie (z. B. Christentum außerhalb der Kirche, Hamburg 1969) läßt sich mit dieser ekklesiologischen Position nur so zusammendenken, daß auch das außerkirchliche Christentum letztlich als Wirkung der göttlichen Institutionen Wort, Sakramente, Amt anzusehen ist, sich jedoch in seiner Gestalt in extremer Freiheit jeder kircheninstitutionellen Reglementierung ent-

jedoch die Frage stellen müssen, ob es nicht ein fundamentales Mißverständnis des Artikels von der Rechtfertigung ist, wenn die durch sie entbundene Freiheit nicht jene neue Verbindlichkeit bei sich hat, die das Leben im Licht der Herrschaft Gottes (nach Jesus), im Dienste der Gerechtigkeit (nach Paulus) kennzeichnet. Ist es nicht kurzschlüssig, die Suche nach einer adäquaten und verbindlichen Gestalt der Kirche als Gemeinde und in diesem Sinne nach der Kirche als Subjekt ihres Handelns als neue Form von Werkgerechtigkeit zu disqualifizieren? Hängt nicht gerade von solcher Art Verbindlichkeit auch die Glaubwürdigkeit des Zeugnisses der Kirche ab[27]? Der bei Rendtorff vorfindliche Begriff der Volkskirche löst in seiner die Gestalt der Gemeinde betreffenden Unverbindlichkeit – für christliches Zeugnis in einer atheistischen Umwelt besonders schwer begreiflich! – die Lebenskonturen der gemeinschaftlichen Existenz aus der Freiheit des Glaubens in problematischer Weise auf. Darüber hinaus bleibt die bereits erwähnte Frage offen, wie Rendtorff unter den Bedingungen der historischen Kritik die – als solche natürlich gemeinchristlich-reformatorische – These von Wort und Sakramenten als Grundinstitutionen des Handelns Gottes begründen will.

Gerade diese letztere Frage wird, über die Thesen von Marsch und Rendtorff hinaus, durch die wichtige katholische Untersuchung von M. Kehl »Kirche als Institution« (1976)[28] in ein neues Licht gerückt. Kehl legt seiner Untersuchung den Hegelschen Begriff der »konkreten Freiheit« zugrunde, demzufolge Freiheit als bloß subjektives Phänomen noch abstrakt betrachtet wäre; vielmehr verwirklicht sich Freiheit konkret immer im Gegenüber zum anderen und bedarf daher, um als Freiheit leben zu können, der »Gemeinschaftsformen der intersubjektiven Freiheit« (8). Ein solches intersubjektives Gefüge aber nimmt bei zunehmender Größe notwendig die Gestalt von Institutionen an: das sind Gemeinschaftsstrukturen im Sinne einer »sachhaft vergegenständlichten, formalisierten Form des Sozialen« (10). In diesem Hegelschen Begriff der »konkreten Freiheit« sieht Kehl den Problemhorizont aller sozialwissenschaftlichen Institutionentheorien aufleuchten, den er so formuliert: »Wie kann die Freiheit der Subjektivität und die objektive Wirklichkeit gesellschaft-

---

zogen hat. Die Auseinandersetzung mit dem Konzept einer Volkskirche im allgemeinen und mit dem Christentumsverständnis T. Rendtorffs im besonderen spielt eine wichtige Rolle in einigen der Beiträge in dem der Rezeption von Barmen III gewidmeten Band (vgl. o. S. 112 Anm. 22, dort bes. S. 20f., S. 203ff.). Allerdings kommt in den meisten Aufsätzen dieses Bandes das Unverzichtbare am Verständnis der Kirche als »coetus baptizatorum« nicht genügend zum Ausdruck (vgl. dazu unten S. 178ff.

27. Mit Recht wird z. B. von W. Huber: Kirche, a.a.O. (o. S. 135 Anm. 1), S. 122ff., auf »christliche Brüderlichkeit« als von der Botschaft her verbindliches Gestaltprinzip von Kirche verwiesen.

28. Vgl. o. S. 167 Anm. 16. Die folgenden Seitenverweise im Text beziehen sich auf dieses Werk.

licher Institutionen so miteinander vermittelt gedacht werden, daß sowohl die wechselseitige Bedingtheit beider als auch ihre Eigenständigkeit bewahrt bleiben?« (23). Vom Problemhorizont, wie er in Hegels »konkreter Freiheit« angedeutet ist, sieht er aber auch eine sinnvolle Verständnismöglichkeit der Kirche als Institution gegeben. Die Kirche als Institution ist weder das bloß Äußere im Gegenüber zum Innerlich-Geisthaften; noch ist sie als lediglich Statisch-Verfügbares der Dynamik und Unverfügbarkeit des Charismas entgegengesetzt. Vielmehr muß sie als Form und Struktur der Kirche als Gemeinschaft begriffen werden – notwendig aus dem einfachen Grunde, weil die subjektive Freiheit, zu der das Evangelium befreit, eingebunden ist in ein Intersubjektives, weil der freie Mensch im Sinne des Evangeliums der »dienende Mensch« ist und solches Eingebundensein der Formen bedarf. In diesem Zusammenhang unterscheidet Kehl zwischen dem primären institutionellen Gefüge der Kirche (Sakramente, Amt etc.) und den sekundären organisatorischen Ausformungen. Es ist das Besondere an jenem primären institutionellen Gefüge, daß hier das »Mehr« kirchlicher Gemeinschaft gegenüber den je einzelnen zutage tritt: im Sinne einer besonderen Berufung und Beauftragung der Kirche durch Gott, im Sinne einer nicht nur heiligen, sondern heiligenden Kirche, im Sinne des Sakraments Gottes für die Menschen[29]. In diesem »Mehr« der Gemeinschaft gegenüber den versammelten einzelnen begegnet eine soziologische einer theologischen Einsicht, wie Kehl unter Hinweis auf D. Bonhoeffer betont (151 Anm. 143). Dabei bleibt aber die Forderung bestehen, daß trotz ihres formal-objektiven Charakters auch und gerade die primären kirchlichen Institutionen rückgebunden sein müssen an die intersubjektiv-personale Wirklichkeit der Gemeinschaft (316), ja daß, um solche Rückbindung zu sichern, ein wirksames Gegenüber des Gemeindlich-Charismatischen zum Amtlichen der Kirche selbst institutionalisiert sein muß (321).

Im Versuch von M. Kehl ist das relative Recht des Entwurfs von Marsch – die Kirche im strengen Sinne als »transzendentales Ereignis« zu verstehen – und des Entwurfs von Rendtorff – die Kirche als institutionelles Mittel für Gottes befreiendes Handeln anzusehen – aufgenommen und in die Perspektive der Gemeinde als Gemeinschaft in »konkreter Freiheit« gerückt. Damit ist zugleich ein auch für eine evangelische Ekklesiologie fruchtbarer Ansatz gegeben, der es ermöglicht, die institutionellen Grundelemente der Kirche, die ja auch im II. Vaticanum noch durchaus positivistisch begründet werden, von ihrem Grundverständnis als Sakrament des Heils, verkörpert im Volk Gottes, her neu und besser zu verstehen und über einen doppelten Kirchenbegriff legitim hinauszukommen. Allerdings bedarf die Unterscheidung zwischen primärem institutionellen Gefüge (Wort, Sakramente, Amt) und dessen sekun-

---

29. Vgl. bei Kehl S. 145 ff., in Auseinandersetzung mit H. Küng.

dären Ausformungen noch einer weitergehenden Begründung, die – wenn sie nicht positivistisch durch den Hinweis auf eine unableitbare »Einsetzung« oder eine alte Tradition erfolgen kann oder soll – vom inneren Wesen und Sinn dieser Institutionen her erfolgen müßte.

3. Kirche als Bruderschaft, versammelt um Wort, Sakrament und Gebet

Wir sind, indem wir ein einseitig an ihren Grundinstitutionen orientiertes Verständnis von Kirche abgewehrt haben, einem Impuls des reformatorischen Kirchenverständnisses gefolgt, wonach die Kirche grundlegend und eigentlich als »heiliges Volk« (Luther), als »Versammlung aller Gläubigen« (CA VII), als Schar der von Gott Erwählten (Calvin) zu beschreiben ist. Dieser Impuls, der dem Ansatz des neutestamentlichen Kirchenverständnisses entspricht[30] und gegenwärtig auch etwa in der römisch-katholischen Ekklesiologie eine immer stärkere Bedeutung gewonnen hat[31], ist im Gefolge des Anstaltsdenkens des späteren Melanchthon allzusehr zurückgetreten oder ganz verloren gegangen. Daß es für das »heilige Volk«, die »christliche Gemeinde« wesentlich ist, daß sie sich versammelt[32], wird dabei vom reformatorischen wie vom neutestamentlichen Kirchenverständnis ebenso selbstverständlich vorausgesetzt wie die geistlich-theologische Einsicht, daß nicht solches Sich-Versammeln als Gemeinschaftsaktion der Christen, sondern die Berufung durch den Geist des Herrn das Geschehen ist, das die Kirche entstehen und sie mehr sein läßt als eine Vereinigung religiös Gesinnter: nämlich Leib Christi, der im Geist seine eigentliche Lebenskraft hat und aus diesem Geist jene Freiheit gewinnt, die in der Bindung der Liebe und im Dienst der Gerechtigkeit lebt[33].

Daß es indessen gleichzeitig nötig ist, im Blick auf dieses »heilige Volk« von bestimmten Grundinstitutionen zu sprechen, ist mit der Tatsache gegeben, daß diese von Gott berufene Schar ein welthaftes Sozialgebilde ist, das in solchen Institutionen seine unumgänglichen Entlastungs- und Stabilitätsstrukturen hat, die ihr Dasein als Existenz in »konkreter Freiheit« (im oben erläu-

---

30. Der neutestamentliche Begriff »ekklesia« meint die »Gemeinschaft der Menschen als die Versammlung Gottes in Christus« (K. L. Schmidt, in: ThWNT III, S. 511).

31. Bezeichnenderweise setzt das II. Vaticanum in seinen Darlegungen über die Kirche nicht bei den institutionellen Elementen der Kirche, sondern bei ihrem geistlichen Wesen als »Gemeinschaft des Glaubens, der Hoffnung und der Liebe« an (Lumen Gentium, n. 8) und markiert damit eine Wendung hin zu einer Communio-Ekklesiologie im katholischen Raum.

32. Gerade dieses Element ist für den biblischen »ekklesia«-Begriff wesentlich.

33. Vgl. H. Schlier, a.a.O. S. 210; für den lutherisch-reformatorischen Kirchenbegriff unterstreicht diese Komponente u. a. *H. Fagerberg:* Theologie der lutherischen Bekenntnisschriften von 1529 bis 1537, Göttingen 1965, S. 265 ff.

terten Sinn) ermöglichen. Die Einsichten der Sozialwissenschaften leisten, wie wir gesehen haben, dem theologischen Verstehen hier einen wichtigen Dienst. Daß auch und gerade in solchen »stabilisierenden« Institutionen das geistlich-»transzendente« Wesen der Kirche Ausdruck gewinnt, daß diese Institutionen mithin mehr sind als lediglich zwischenmenschliche Verhaltensregulierungen, daß ihnen vielmehr – als wesentlichen Ausdrucks- und Gestaltformen der Kirche Christi – ein auch das geistliche Wesen der Kirche realisierender »sakramentaler« Sinn eignet, sollte von daher nicht wundernehmen[34]. Es ist indessen durchaus nicht zufällig, daß die Zahl jener von der Kirche als Sakramente bezeichneten Institutionen geschwankt hat[35]. Und es gehört theologisch in denselben Zusammenhang, daß Luther, wie wir sahen, neben Taufe und Abendmahl, die später allein als Sakramente galten, eine Reihe weiterer »Kennzeichen« der Kirche nennt, die für ihn den Rang göttlicher Institutionen haben. Es muß davon ausgegangen werden, daß als Begründungs- und Entdeckungszusammenhang[36] für diese Kennzeichen nicht ausschließlich die unableitbar-positive Einsetzung durch den irdischen Jesus oder auch ein differenzierterer Zusammenhang von Umstiftungen jüdischer Institutionen (wie beim Herrenmahl) in Frage kommen. Vielmehr ist dafür zugleich auf die der Kirche als Leib Christi und als Gemeinschaft des Geistes nach Ostern und Pfingsten eigentümlichen Lebensvollzüge und Existenzdimensionen zu verweisen[37], die als solche ein Kriterium dafür sind[38], welche Handlungen der Gemeinde als für sie notwendige Grundinstitutionen zu gelten haben.

Wir konkretisieren diese grundsätzlichen Überlegungen in Kürze an den in dem bekannten Summarium Apg 2,42 (und vorher in 2,38 und 41) genannten Grundinstitutionen der frühen Kirche.

Nach Apg 2,41 wurden durch die Taufe immer neue Menschen zur Kirche als der Gemeinde Christi »hinzugetan«. Die Institution der Taufe hat hiernach

---

34. Zur gegenwärtigen Besinnung auf den Sakramentsbegriff vgl. *U. Kühn*: Art. »Sakrament«, in: Taschenlexikon Religion und Theologie, Bd. 4, Göttingen 1974², S. 11–16.
35. Vgl. ebd.
36. Für die Unterscheidung von Begründungs- und Entdeckungszusammenhang vgl. *G. Sauter*: Die Begründung theologischer Aussagen – wissenschaftstheoretisch gesehen, in: ZEE 15, 1971, S. 299–308; dazu W. Pannenberg: Wissenschaftstheorie und Theologie, a.a.O. S. 295ff., 323f.
37. Es ist deutlich, wie sich damit der sakramententheologische Ansatz überhaupt wandelt, zumindest auch eine Entlastung von der historischen Problematik der Einsetzung der Sakramente in Sicht kommt (vgl. dazu auch: *U. Kühn*: Das Abendmahl – Eucharistie der Gemeinde Jesu, in: KuD 25, 1979, S. 289–302).
38. Hinzu kommen natürlich die Kriterien der biblischen Bezeugung und der kirchlichen Tradition.

den ekklesialen Sinn einer Anfangshandlung[39]. Die Kirche als soziale Gruppe braucht eine solche Institution, um zu erkennen: Wer getauft wird, von dem ist eindeutig und klar, daß er von nun an zu dieser Gruppe hinzugehört (personelle Identität). In der Taufe ereignet sich ein wechselseitiges Berufungs- und Verpflichtungsgeschehen zwischen der Kirche und dem einzelnen[40]. Sofern nun aber die Kirche, die hier mit dem einzelnen handelt, mehr und anderes als ein bloß menschlicher Verein ist und sofern das Taufbegehren des einzelnen ein Lebensbekenntnis zu Christus ist, geschieht in der Taufe tatsächlich mehr als etwas bloß Zwischenmenschliches: ein definitives Berufenwerden durch Christus, eine »Versiegelung« mit dem Heiligen Geist (2 Kor 1,22)[41]. An dieser geistlichen Tiefendimension der Taufe ist die Taufparänese des Neuen Testaments[42] und die spätere Tauflehre der Kirche mit Recht speziell interessiert[43]. Als vorösterliche »Präformation« der kirchlichen Taufinstitution könnte man außer der Berufung und Taufe Jesu[44] die Berufung der Jünger durch Jesus ansehen.

Das »beständige Bleiben in der Lehre der Apostel« (Apg 2,42) verweist auf einen Lehr- und Verkündigungsvorgang nicht nur im urchristlichen Gemeindegottesdienst, sondern auch im Jerusalemer Tempel[45] und ist in der Kirche in zunehmendem Maße und in verschiedener Weise institutionalisiert worden. Es handelt sich um ein Tun der Gemeinde, in welchem sie immer neu aus-

---

39. Mit Recht spricht z. B. *K. Rahner* ganz selbstverständlich vom »Sakrament der christlichen Initiation« und vom »Eingegliedertsein in die Kirche« als »sacramentum et res« der Taufe (Kirche und Sakramente, QD 10, Freiburg 1960, S. 78).

40. Vgl. K. Barth, der KD IV/4,177, die Taufe mit Wasser einen »gemeinsam gesprochenen Schwur« nennt.

41. Dies wäre gegen Barths Bestreitung des sakramentalen Wesens der Taufe geltend zu machen.

42. Daß das Neue Testament keine programmatische Tauflehre entfaltet, ist immer wieder betont worden, z. B. von *W. Marxsen:* Der Exeget als Theologe, Gütersloh 1968, S. 226 ff.

43. Für weitere Nachweise und Entfaltungen muß auf den Band über die Sakramente in diesem Handbuch verwiesen werden. Durch die Praxis der Kindertaufe wird der hier angedeutete geistlich-ekklesiale Sinn der Taufe nicht notwendig verkehrt. Die Kindertaufe wurde und wird ja nicht ausschließlich in volkskirchlichen Situationen geübt, sondern auch in Minderheitssituationen, und sie hat hier sehr deutlich den Charakter von Bekenntnis und Verpflichtung, die stellvertretend für das Kind von Eltern, Paten und Gemeinde zum Ausdruck gebracht werden. Dies kommt dort zuwenig in den Blick, wo die Kindertaufe schlechthin als Symptom und stabilisierendes Element von Volkskirchlichkeit erscheint, und zwar sowohl bei Kritikern wie bei Befürwortern der Kindertaufpraxis (vgl. z. B.: Kirche als »Gemeinde von Brüdern« [Barmen III], a.a.O. S. 21).

44. Vgl. Luthers Lied »Christ unser Herr zum Jordan kam«; K. Barth sieht in der Taufe Jesu die eigentliche Einsetzung der christlichen Taufe (KD IV/4,57).

45. Vgl. *E. Haenchen:* Die Apostelgeschichte, Göttingen 1956, S. 157.

drücklich werden läßt, was ihre eigentliche sachliche Basis bildet: die Botschaft und Lehre der Apostel von Leben, Leiden und Auferstehung Jesu und von den daraus folgenden Konsequenzen für Leben und Heil der Menschen. In diesem Tun geht es insbesondere um die sachliche Identität von Kirche: ihrer Identität von Jesus her über die erste nachösterliche Christenheit in alle Zukunft. Die Kirche ist in diesem Sinne apostolische Kirche – oder sie ist nicht Kirche. Solches ständige »Erinnern« an Grund und Sinn des Kircheseins ist wiederum mehr und anderes als ein bloß menschliches Sicherinnern und Vergewissern. So entscheidend es als *Äußerung* des geistlichen Wesens dieser Gemeinschaft ist, wird es zugleich immer neu zu einem *Mittel,* durch das *Gott* der Kirche sein Heil widerfahren läßt, sie ständig in ihr Sein als Gemeinde des Herrn ruft (Kirche als creatura verbi). Darin liegt zugleich eine Analogie zu der Vollmacht des Wortes im Munde des vorösterlichen Jesus[46].

Auch die »Gemeinschaft«, von der Apg 2,42 spricht, deutet vermutlich eine »Institution« an: die »Darbietung von Gaben im Gottesdienst«, ja darüber hinaus »mindestens auch das Ganze der Einsammlung und Verteilung von Naturalgaben und Geld«[47]. Die verpflichtete brüderliche Liebe, die ein entscheidender Wesenszug der Gemeinde im Sinne Jesu[48] ist, hat Institutionen gebildet und bedarf offensichtlich der Institutionen, damit die Freiheit nicht zum »Deckel der Bosheit« (1 Petr 2,16) – zum Beispiel des Vergessens der Armen in der Gemeinde – wird.

Mit dem »Brotbrechen« ist das Herrenmahl als eine ekklesiale Institution genannt[49]. Es ist jene Institution, in der das wechselseitige Teilhaben der Gemeindeglieder aneinander und vor allem aller zusammen an Jesus in Form der Versammlung bei einem Mahlgeschehen einen besonders dichten und singulären Ausdruck findet. Gerade das Herrenmahl ist dem Zeugnis des Neuen Testaments zufolge ein Geschehen zur »Erinnerung« an Jesus (1 Kor 11,24 f.): an die Mahlgemeinschaft Jesu mit den Seinen, besonders das letzte Mahl; an das heilbringende Sterben Jesu; im Sinne des sehnsüchtigen Hoffens auf die

---

46. Dies hatte, wie wir bereits sahen (o. S. 143), besonders G. Ebeling herausgearbeitet.

47. Haenchen, a.a.O.

48. Vgl. oben S. 145 ff.

49. Die Nennung des »Brotbrechens« erst an dritter Stelle räumt – für heutiges, rückschauendes Empfinden – der Eucharistie für das Dasein und Wesen der Kirche fast einen zu beiläufigen Platz ein. Aber vielleicht erklärt sich die in Apg 2,42 vorliegende Aufzählung einfach dadurch, daß in den vier genannten Stücken die Grundelemente des urchristlichen Gottesdienstes in der dort geübten Reihenfolge genannt werden (so, nach Darstellung Haenchens, J. Jeremias und O. Bauernfeind) – so sehr damit gleichzeitig ein Blick auf Grundelemente des christlichen Lebens überhaupt erfolgt (so Haenchen selbst, a.a.O.; ebenso *H. Conzelmann:* Die Apostelgeschichte, HNT 7, Tübingen 1963, S. 31).

Gemeinschaft in der künftigen Vollendung der Herrschaft Gottes[50]. Das Herrenmahl als Erinnerung an diesen Jesus bekam zunehmend die Gestalt einer großen Danksagung[51], in der die Gemeinde der sie selbst zu einem Leib zusammenbindenden (1 Kor 10,16f.) Gegenwart ihres Herrn in einem besonderen Maße gewiß ist. Es ist die Institution, in der jene drei ekklesialen Elemente der Botschaft von der Herrschaft Gottes[52] einen besonders eindrücklichen, symbolisch-sakramentalen Ausdruck finden: die Ausrichtung des Lebens auf Gott, die brüderliche Liebe (wo sie fehlt, ist das Herrenmahl mißbraucht: 1 Kor 11), das Leiden um der Herrschaft Gottes willen als Hineingenommenwerden in die Lebensbewegung Jesu. Von daher ist es verständlich und sachgemäß, daß das Herrenmahl als Eucharistie in zunehmendem Maße die zentrale »Institution« der Gemeinde der Getauften wurde. In dieser »heiligen Festversammlung« sind zugleich alle vier in Apg 2,42 genannten Elemente enthalten.

Das letztere gilt auch von den »Gebeten« (Apg 2,42), die für den Lebensvollzug der christlichen Gemeinde von Anfang an eine entscheidende Rolle gespielt haben: als Danksagung, Bitte und vor allem auch als Fürbitte. Sie bedürfen ebenfalls – um der »konkreten« Bindung der christlichen Freiheit willen – der Institutionalisierung; denn auch das freie Gebet des einzelnen lebt von dem regelmäßigen Gebet der Gemeinde.

Es sind offensichtlich nicht zufällig gerade diese institutionellen Elemente, die in dem Summarium von Apg 2,42 (zusammen mit 2,38 und 41) genannt werden. Eine nähere Betrachtung läßt sie nämlich verständlich werden als Ergebnis der Institutionalisierung[53] von fundamentalen Dimensionen des geistlichen Wesens und Lebens der Kirche. Der ständige Bezug der Kirche auf Jesus von Nazareth als ihren Grund (Lehre der Apostel, Herrenmahl), die Dimension ausdrücklichen Stehens vor dem Angesicht Gottes (Gebete, Herrenmahl), die verpflichtete Liebe in bruderschaftlicher Gemeinschaft (»Gemeinschaft«, Herrenmahl), das Mitgehen mit dem Herrn auf seinem Wege ins Leiden (Herrenmahl) – diese geistlichen Grunddimensionen des Kirche-Seins, von denen schon wiederholt die Rede war, lassen sich unschwer in diesen Institutionalisierungen wiedererkennen, bei denen dem Herrenmahl eine besonders umfassende Bedeutung zukommt. Die Taufe hat offenbar den Sinn

---

50. Die neutestamentliche Erforschung des urchristlichen Herrenmahls hat in besonderem Maße dessen eschatologischen Bezug herausgearbeitet.

51. Auf das Verständnis des Herrenmahls als Eucharistie deutet vielleicht schon die Formulierung in Joh 6,23 hin.

52. Vgl. oben S. 145ff.

53. Genau dieser *Vorgang* der Institutionalisierung ist es, der gegenwärtig im Gespräch zwischen Soziologie und Theologie ein besonderes Interesse beansprucht. Dazu nochmals D. Rössler, a.a.O.

einer Institutionalisierung der letztverbindlichen, lebenslangen Übergabe eines Menschen in solchen geistlich-gemeinschaftlichen Lebenszusammenhang, von woher es erklärbar ist, das sie zusammen mit der Eucharistie in der Geschichte der Christenheit stets in besonders herausgehobenem Sinn als Sakrament gewertet wurde. Wichtig ist indessen umgekehrt, daß gerade vom Summarium von Apg 2,42 her zugleich die Relativität der späteren kirchlichen Zählung der Sakramente deutlich wird, die durch Luthers Aussagen über die Kennzeichen der Kirche gewissermaßen bestätigt wird, die es überdies zuläßt, in der Akzentuierung bestimmter Institutionen – so etwa des apostolischen Wortes oder auch des Amtes in der Kirche (das als eigene Institution Apg 2,42 überhaupt nicht genannt wird) – je nach der gegebenen Situation zu variieren.

4. Der Sinn kirchlicher Grundinstitutionen angesichts der Inkongruenz von Geist und Institution

Nach diesem Versuch, den Sinn überkommener kirchlicher Grundinstitutionen im Lichte des gegenwärtigen Gesprächs über Begriff und Wesen von Institution überhaupt zu erhellen, wenden wir uns noch einmal der Ausgangsfrage dieses Kapitels zu: wie denn die offensichtliche Differenz zwischen dem in den kirchlichen Grundinstitutionen (besonders der Taufe) Vollzogenen und Festgestellten und den beobachtbaren wirklichen geistlichen Lebensvollzügen der Gemeinschaft der Glaubenden theologisch zu beurteilen sei.

Wir stehen vor der Tatsache, daß ein großer Teil derer, die als Kinder getauft (und vielleicht noch konfirmiert) wurden, sich dem Lebensvollzug der Gemeinde entzogen haben, zum Teil aus der Kirche »ausgetreten« sind und eine antichristliche Haltung angenommen haben. Wir stehen vor der Tatsache, daß es Kirchenaustritte »um des Evangeliums willen« gibt. Wir stehen zunehmend aber auch vor der Tatsache, daß Ungetaufte, die von der Botschaft erreicht wurden oder auch nur mit ihr sympathisieren, an Vollzügen der Kirche – insbesondere in spezifischen Gemeindegruppen – teilnehmen und hin und wieder sogar fragen, warum sie nicht am Herrenmahl teilnehmen dürfen. Wir stehen vor der Tatsache zahlreich besuchter Gottesdienste, in denen eine Übersicht über die am Herrenmahl Teilnehmenden nicht möglich ist. Und wir stellen uns weithin die Frage, ob auch in überschaubaren Verhältnissen die Zurückweisung vom Tisch des Herrn überhaupt sachgerecht sein kann. Wir stehen über das alles hinaus vor der Tatsache einer Fülle kirchlicher und parakirchlicher Gruppenbildungen und Bewegungen quer durch die Kirchen hindurch, vor Neuaufbrüchen aus Geistwirkungen heraus, die die überkommene institutionelle Gestalt der Kirche überhaupt in Frage stellen[54]. Wir ste-

---

54. Vgl. die Dokumente sowie die Darstellung und Charakterisierung der charismatischen Bewegung in: Neue transkonfessionelle Bewegungen, a.a.O. (o. S. 154 Anm. 17), S. 19ff., 31ff., 153ff.

hen vor der Tatsache, daß die kirchlichen Institutionen – auch und gerade die Institution des Herrenmahls – durch die konfessionelle Trennung in ihrem Sinn verkehrt werden und daß es Gruppen gibt, die die trennenden kirchlichen Regelungen bewußt ignorieren und überspringen. Eine Vielzahl der antiinstitutionellen Reaktionen gegen die Kirchen von einzelnen und Gruppen entspricht dem Verlangen nach größerer Verbindlichkeit, als sie in den Kirchen weithin praktiziert wird. Solche Reaktionen drücken die Befürchtung aus, es möchte innerhalb der institutionell funktionierenden Kirchen das Evangelium und der Geist Gottes schließlich ganz verspielt werden.

Diese Tatsachen aus dem Leben unserer Kirchen machen deutlich, daß das im Voranstehenden zu Sinn und Wesen kirchlicher Institutionen – und insbesondere der sogenannten »Grundinstitutionen« – Gesagte durch einige zusätzliche Überlegungen zu ergänzen ist.

Sie erinnern uns zunächst einmal daran, daß es so etwas wie eine Inkongruenz zwischen den kirchlichen Institutionen und dem Wirken des Geistes Gottes gibt. Das betrifft schon die bisher erörterten Grundinstitutionen, in verstärktem Maße allerdings die kirchliche Verfassung (wovon im nächsten Kapitel zu handeln ist). Diese Inkongruenz hat ihre klassische reformatorische Formulierung im »ubi et quando visum est Deo« von CA V, wonach es in der freien Verfügung Gottes liegt, in welchem Maße er seinen Geist tatsächlich durch jene Institutionen Wort und Sakramente wirksam werden läßt. Hier liegt das unabgegoltene Recht des doppelten Kirchenbegriffs von Apologie VII (und aller späteren in dieser Richtung weitergehenden Überlegungen), und auch das II. Vaticanum kennt die – im Anschluß an Augustin formulierte – Unterscheidung zwischen solchen, die »zwar ›dem Leibe‹, aber nicht ›dem Herzen‹ nach« Glieder der Kirche sind[55]. Wir werden heute allerdings in zunehmendem Maße darauf aufmerksam, daß jene Inkongruenz nicht nur in der Weise gegeben ist, daß die, die »dem Herzen nach« Glieder der Kirche sind, *weniger* sind als die Getauften. Vielmehr muß in mehrfacher Hinsicht von einem »Überschießen« des Geistes über das Institutionell-Kirchliche (in Taufe, Eucharistie, Wort) gesprochen werden: im Sinne einer Wirksamkeit des Geistes Gottes außerhalb der Grenzen der Kirche[56], aber auch und vor allem im Sinne des Charismatisch-Geistgewirkten *in* der Kirche, das jene Grundinstitutionen immer wieder transzendiert, sie überbietet, relativiert und in ihrem So-Sein in Frage stellt[57]. So wenig das Leben aus dem Geist um seiner Identi-

---

55. Lumen Gentium, n. 14.
56. Vgl. o. S. 159ff.
57. Vgl. M. Kehl: Kirche – Sakrament des Geistes, a.a.O. (o. S. 145 Anm. 23), S. 160f. – Hier dürfte auch die echte Herausforderung der charismatischen Bewegung an die Kirche liegen (vgl. die Stellungnahme des Straßburger Ökumenischen Instituts, Nr. 115, in: Neue transkonfessionelle Bewegungen, a.a.O. S. 39).

tät mit dem Geist Jesu Christi und der Identität der Gemeinde dieses Herrn willen sich von jenen Grundinstitutionen lösen darf, so wenig geht es in diesen Institutionen einfach auf. Ja, man muß wohl weitergehen und fragen, ob die vorfindlichen institutionellen Kirchen eigentlich vor jener »antichristlichen« Perversion geschützt sind, die Luther im Blick auf die Kirche, die er erlebte, meinte konstatieren zu müssen? Gibt es nicht so etwas wie einen geistlichen »Ausverkauf« der Kirche selbst, angesichts dessen mancher Einspruch, manche Warnung der erwähnten Gruppen und Bewegungen als berechtigt anzusehen ist?

Gerade wenn man diese Fragen ernst nimmt, wird man jedoch auch zu bedenken haben, daß die kirchlichen Grundinstitutionen zunächst einmal die Funktion haben, das »Übergängliche« zwischen Geisterfülltheit und Geistlosigkeit in der Kirche zu markieren und offenzuhalten. Die Kirche ist – ihrem inneren Wesen nach – immer auch »simul iusta et peccatrix«, sie ist »zugleich heilig und stets der Reinigung bedürftig«[58], sie ist Schauplatz des Kampfes zwischen dem Geist Gottes und menschlichem Ungeist, der sich nicht nur zwischen verschiedenen Gliedern der Kirche, sondern *in* ihnen und auch in der Handhabung des Institutionellen der Kirche abspielt. Die Diskrepanz zwischen geglaubter und erfahrener Kirche hat theologische Relevanz für den Kirchenbegriff selbst. Die kirchlichen Grundinstitutionen haben hier den Sinn, kontinuierliche und gewisse Zeichen des göttlichen Geistes und der göttlichen Zuwendung inmitten jenes Kampffeldes zu sein. Sie repräsentieren den geistlichen Sinn der Kirche den schwankenden »Gemütszuständen« ihrer Glieder und den Verzerrungen sowie der mißbräuchlichen Handhabung der institutionellen Gestalt der Kirche gegenüber. Die klassische Formulierung der reformatorischen Ekklesiologie für diesen Sachverhalt findet sich in CA VIII. Eine Kritik an dieser »offenhaltenden« Funktion der kirchlichen Grundinstitutionen, insbesondere der Sakramente, hat häufig die Tendenz, ein vermessenes Sich-Erheben über die Niedrigkeit der Kirche zu sein. Das war der Fall bereits bei Novatianern und Donatisten und dann bei allen ihren Nachfolgern. Solche, die in diesem Sinne *nur* »dem Geiste«, aber nicht »dem Leibe« nach der Kirche angehören wollen, müssen sich fragen lassen, ob sie damit nicht vor der unumgänglichen Niedrigkeit des »coetus baptizatorum« ausweichen. Es wird sich aber auch die Kirche selbst die Frage stellen, wie ernst sie es nimmt, daß »Randsiedler«, gar nicht Praktizierende oder gar Ausgetretene nach wie vor ihre getauften Glieder bleiben, sie sich also von ihnen nicht dispensiert wissen darf, sondern zumindest eine Aufgabe besonderer Fürbitte für sie hat[59].

Schließlich haben wir bereits in diesem Zusammenhang daran zu denken, daß

---

58. Lumen Gentium, n. 8.
59. In diesem Sinne ist in der Tat von so etwas wie einem Recht des Gedankens einer

jene kirchlichen Grundinstitutionen immer auch die Bedeutung von Zeichen kirchlicher Einheit gehabt haben und heute im christlichen Bewußtsein verstärkt gewinnen (besonders die Eucharistie). Es wäre deshalb an solche »parakirchlichen« Gruppierungen, die sich jenseits dieser institutionalisierten kirchlichen Vollzüge etablieren (und die notwendigerweise zu eigenen Institutionalisierungen gelangen) oder auch nur dieselben ohne ausdrückliche Verbindung mit der Kirche praktizieren, die Frage zu richten, ob sie damit nicht einem entscheidenden Merkmal und Kriterium dessen, was Kirche zur Kirche Jesu Christi macht, widersprechen: nämlich der Verpflichtung zu Liebe und Bruderschaft. Allerdings ist diese Frage in gleicher Weise an die Großkirchen selbst zu richten und muß an späterer Stelle noch ausführlich aufgenommen werden.

Volkskirche zu sprechen, ohne daß das allerdings zu den Konsequenzen führen darf, die wir bei der Rendtorffschen Position kritisierten.

V. Amt und Ämter in der Kirche

1. Vom 16. zum 20. Jahrhundert: Das reformatorische Erbe im Umfeld demokratischen Bewußtseins und ökumenischer Verantwortung

Die Problematik des institutionellen Charakters der Kirche spitzt sich an einer von uns bisher ausgesparten Stelle besonders zu: in der Frage nach Amt und Ämtern in der Kirche. Weil die Diskussion dieser Thematik im 20. Jahrhundert ein besonderes Gewicht bekommen hat, widmen wir ihr einen eigenen Gedankengang. Woher ist dieses besondere Gewicht zu erklären?

Bei den Reformatoren war die Amtsfrage, wie wir sahen, in doppelter Weise thematisch. Auf der einen Seite wehren sie einmütig den auf der formalen Sukzession bestimmter Personen beruhenden Anspruch des Amtes in der katholischen Kirche ab, sofern er nicht legitimiert ist durch die Nachfolge in der apostolischen Lehre und Verkündigung. Auf der anderen Seite gehört das Amt unabdingbar zum Wesen (wenn nicht gar zu den Kennzeichen) der Kirche. Dabei unterscheidet sich die Rede von »dem« (einen) Amt der Lehre des Evangeliums (und der Sakramentsverwaltung) bei Melanchthon von der pluralischen Aussage über »Ämter« (im Dienst der Verkündigung) bei Luther und über das vierfache Amt bei Calvin. Indessen zeigt sich insbesondere bei Luther, wie alle Erörterungen der Reformatoren zur Amtsfrage die Neuentdeckung des Priestertums aller Christen und der Verantwortung, in der die Gemeinde als kirchliche Gesamtheit steht, als Basis und Hintergrund haben – ein in der gegenwärtigen Besinnung stark wirksames Ferment. Es mag mit dieser reformatorischen Neuentdeckung zusammenhängen, daß in den von uns behandelten dogmatischen Konzeptionen aus der Mitte des 20. Jahrhunderts das Interesse an der Amtsfrage im ganzen zurücktritt. Dies gilt vor allem für Barth und Tillich.

Die Rede von der »Kirche als Amt« bei Althaus signalisiert deutlich die Tendenz, die Rede von einem besonderen Amt bewußt hineinzunehmen in den der Kirche als Ganzes (und allen ihren Gliedern) gegebenen Dienstauftrag, um so ein falsches Gegenüber von Amt und Gemeinde zu vermeiden. Auch bei Elert tritt die Lehre vom Amt verhältnismäßig zurück. Das Fehlen einer ausdrücklichen Amtslehre in Barths Ekklesiologie ist um so auffälliger, als Barth der Ordnung und dem Recht in der Gemeinde und seiner theologischen Begründung an und für sich besondere Aufmerksamkeit widmet (in KD IV/2 im Zusammenhang des auferbauenden Handelns der Gemeinde) – bis hin zum Gedanken der Vorbildhaftigkeit des kirchlichen Rechtes für das weltliche Recht[1]. Man könnte hier sogar eine gewisse Parallele zu dem ausgedehnten Interesse an Fragen kirchlicher Ordnung in Calvins Ekklesiologie konstatieren, die sich jedoch gerade nicht mehr auf die Amtslehre Calvins erstreckt. Allenfalls der auf dem Boden und im Geist der Theologie Barths geprägte und auch kirchenpolitisch wirksam gewordene[2] Begriff der »bruderschaftlichen Christokratie«[3] wäre hier anzuführen, der aber, in ganz deutlicher Korrektur auch an der Amtsvorstellung Calvins, alle Formen herrschaftlicher Vor- und Überordnung, wie sie im überlieferten Amtsbegriff zweifellos mitenthalten sind, aus dem Kirchenbegriff ausschalten will.

Zweifellos spielen in der hier sichtbar werdenden Kritik am überkommenen Amtsbegriff neben dem reformatorischen Erbe und biblischen Einsichten auch neuzeitliche demokratische Ideale eine Rolle[4]. Und damit dürfte zugleich der eine der beiden entscheidenden Faktoren genannt sein, die der Amtsdiskussion im 20. Jahrhundert ein so großes Gewicht verliehen haben. Das neuzeitliche demokratische Bewußtsein hat dazu beigetragen, daß es in den evangelischen Kirchen zur Bildung von Synoden (mit Laienrepräsentation) und neuerdings in der katholischen Kirche zur Bildung von Räten und ebenfalls von Synoden gekommen ist[5] und daß ein allein auf die »Betreuung« der Gemeinde[6] angelegtes Pfarramt als problematisch erschien. Das gleiche Bewußtsein äußert sich zum Beispiel auch in einem Gefühl der Unterprivilegierung derjenigen kirchlichen Mitarbeiter, die nicht im Pfarramt stehen[7]. In

---

1. Es sei an dieser Stelle hingewiesen auf die umfängliche Diskussion um Wesen und Ansatz des Kirchenrechts sowie auf die großen nach dem Zweiten Weltkrieg entwickelten diesbezüglichen Konzeptionen (von J. Heckel, S. Grundmann, Erik Wolf, H. Dombois), wie sie *W. Steinmüller:* Evangelische Rechtstheologie, 2 Bde., Köln und Graz 1968, in großer ökumenischer Fairness hilfreich aufgearbeitet hat. Es wäre wünschenswert, diese Diskussion mit der neueren Diskussion um die Institutionenproblematik zu vermitteln, und es ist eine – vom Vf. selbst empfundene – Lücke dieser Darstellung, daß das hier nicht geschehen ist. Vgl. wenigstens o. S. 111f.
2. Man denke an die Bruderräte der Bekennenden Kirche.
3. Vgl. für Erik Wolf bes. W. Steinmüller, a.a.O. I, S. 331ff.
4. Vgl. den grundlegenden Hinweis auf die Devise »Freiheit, Gleichheit, Brüderlichkeit« in: Gemeinde – Amt – Ordination. Votum des Ausschusses Amt und Gemeinde (der EKU) vom April 1970, abgedr. in: Amt und Ordination im Verständnis evangelischer Kirchen und ökumenischer Gespräche, hg. von *A. Burgsmüller* und *R. Frieling,* Gütersloh 1974, S. 55; ebenso bei *H. Küng:* Wozu Priester? (Eine Hilfe), Einsiedeln 1971, S. 13ff.
5. Im katholischen Bereich wird auch auf die Laienrepräsentation in der Geschichte der Konzilien hingewiesen; vgl. z. B. *H. Küng:* Strukturen der Kirche (QD 17), Freiburg 1962, S. 77ff.
6. Die Kritik an einem so verstandenen Pfarramt hat in der Diskussion um die Amtsfrage in den Kirchen der DDR eine wichtige Rolle gespielt; vgl. z. B. W. Krusche, a.a.O. (o. S. 154 Anm. 14), S. 132.
7. Hier liegt eines der wesentlichen Stimulantien der ausgedehnten Diskussion um eine neue Ausbildungs- und Ämterkonzeption in den Kirchen der DDR, vor allem auf der Tagung der Bundessynode in Eisenach 1975 (vgl. Mitteilungsbl. des Bundes der Ev. Kir-

diesem Zusammenhang ist kritisch etwa auch auf die Einflüsse einer konservativen Staats- und Gesellschaftslehre des 19. Jahrhunderts auf den neueren lutherischen Amtsbegriff verwiesen worden[8].

Ein zweiter Faktor, der die Amtsfrage im 20. Jahrhundert zu einem besonders stark diskutierten ekklesiologischen Thema hat werden lassen, ist die ökumenische Bewegung und der ökumenische Dialog. Hier hat sich die Amtsfrage in zunehmendem Maße als neuralgischer Punkt erwiesen[9]. Einen theologisch besonders profilierten Standpunkt in dieser Frage finden wir im römisch-katholischen Amtsverständnis, wie es sich offiziell und maßgeblich in der Kirchenkonstitution des II. Vaticanums[10] artikuliert hat, verbunden mit entsprechenden ökumenischen Schlußfolgerungen im Ökumenismusdekret. Dieser Konzeption zufolge haben die Amtsträger zwar gemeinsam mit allen Gläubigen am Priestertum Christi teil (10), die Art und Weise dieser Teilhabe unterscheidet sich jedoch, da die Amtsträger nach dem Willen, ja der ausdrücklichen Einsetzung Christi (10, 18) mit einer besonderen »sacra potestas« ausgerüstet sind, kraft deren sie das priesterliche Volk heranbilden und leiten und das eucharistische Opfer vollziehen. Das Bischofsamt, besonderer Schwerpunkt der Amtslehre der Kirchenkonstitution, bildet »auf Grund göttlicher Einsetzung« (20)[11] die Nachfolgeinstitution der Apostel im Dienst der Leitung, der Lehre und des Kultes. Es ist an die »auf den Ursprung zurückreichende Nachfolge«[12] gebunden, kraft deren die Bischöfe »Keimlinge apostolischen Samens«[13] besitzen (20), und die Übertragung erfolgt durch die Handauflegung in der Bischofsweihe (21), die im Unterschied zur Priesterweihe als die »Fülle des Weihesakraments«[14] qualifiziert ist (21). Nur ein von einem in apostolischer Sukzession stehenden Bischof geweihter Priester ist gültig ordiniert und hat die Vollmacht zur Feier der Eucharistie[15]. Die Bischöfe als Kollegium haben zusammen mit dem Papst die höchste Gewalt in der Kir-

---

chen in der DDR v. 20. 11. 1975, S. 58f.; in den dort abgedruckten »Gesichtspunkten zur Ausbildung …« verbirgt sich die genannte Tendenz hinter Abschnitt V).

8. Vgl. *J. Hempel:* Die Relevanz der Situation für die Frage der kirchlichen Ämter, in: Luth. Rundschau 20, 1970, S. 287–293 (= Die Zeichen der Zeit 1972, S. 246–249).

9. Vgl. Accra 1974, hg. von *G. Müller-Fahrenholz* (Bh ÖR 27), Korntal 1975, S. 138f.

10. Besonders in Kapitel III über den hierarchischen Aufbau der Kirche. Die folgenden Verweise im Text beziehen sich auf die numerierten Abschnitte von »Lumen Gentium«.

11. »… ex divina institutione«.

12. »… successio ab initio decurrens«.

13. »… apostolici seminis traduces«.

14. »… plenitudo sacramenti ordinis«.

15. Von da leitet sich das Urteil über die fehlende »Substanz« des Sakraments der Eucharistie in den reformatorischen Kirchen her (Ökumenismusdekret »Unitatis Redintegratio«, n. 22).

che inne (22)[16], stellen so das Band kirchlicher Einheit dar (23) und lehren »auf unfehlbare Weise die Lehre Christi«[17], zumal wenn sie zum Ökumenischen Konzil versammelt sind (25). Eine weitere Besonderheit der Amtskonzeption des II. Vaticanums bilden die Bestimmungen über die Reaktivierung des Diakonats als eigenständiges Amt (29) und damit die Wiedergewinnung der altkirchlichen Drei-Ämter-Stufung.

Diese anspruchsvolle amtstheologische Konzeption des II. Vaticanums hat nicht nur eine sehr intensive neue Diskussion um das Amtsverständnis in der katholischen Theologie hervorgerufen, sondern hat im Zusammenhang der ökumenischen Begegnung und des ökumenischen Dialogs zusammen mit dem Amtsverständnis der anderen »katholischen« Kirchen[18] auch für die evangelische Besinnung im Bereich der Amtsproblematik entscheidende Bedeutung gewonnen. Verschiedene ökumenische Konsensustexte zur Amtsfrage[19] zeigen, in welchem Maße sich evangelisches Denken auf die hier bestehende Herausforderung eingelassen hat. Unverkennbar ist allerdings eine Diskrepanz, die zwischen evangelischen Aussagen und Erörterungen auf der Ebene dieses ökumenischen Dialogs und Tendenzen und Problemen der innerevangelischen Amtsdiskussion besteht, die vor allem im Bezugsfeld des zuerst genannten Faktors geführt wird.

Wir versuchen im folgenden, auf einige Sachgesichtspunkte näher einzugehen, die in dem Gespräch auf den beiden genannten Ebenen von Bedeutung sind.

2. Hermeneutische Fragen

In der Diskussion um das Amtsverständnis spitzen sich jene hermeneutischen Fragen besonders zu, auf die wir schon im Blick auf den Ansatz des Kirchenverständnisses überhaupt, insbesondere im Blick auf die Frage nach einer

---

16. Zu der Schwierigkeit des Verständnisses dieser Bestimmung und den verschiedenen Deutungsmöglichkeiten vgl. den Kommentar zu n. 22 von K. Rahner, in: LThK², Erg.-Bd. I, S. 227f.

17. »... doctrinam Christi infallibiliter enuntiant«.

18. Diese Nomenklatur, die in der Ökumene wenigstens vor einiger Zeit üblich war, faßt die Kirchen zusammen, die in ihrer Struktur der sichtbaren Kontinuität der Kirche ein besonderes Gewicht geben (insbes. durch die bischöfliche Sukzession).

19. Vgl. zum evangelisch/römisch-katholischen Gespräch: Um Amt und Herrenmahl, hg. v. *G. Gaßmann u. a.*, Frankfurt 1974; sodann das Faith and Order-Dokument »Das Amt« (verabschiedet in Accra 1974), das allerdings zur Zeit überarbeitet wird; schließlich das kürzlich fertiggestellte römisch-katholisch/lutherische Dokument »Das geistliche Amt in der Kirche unter besonderer Berücksichtigung des ordinierten Bischofsamtes« (vorläufig verabschiedet in Augsburg 1980; vor einer Veröffentlichung werden evtl. noch geringfügige Ergänzungen vorgenommen).

Stiftung der Kirche durch den vorösterlichen Jesus gestoßen waren[20]. Diese Fragen stellen sich jetzt so: Von woher sind die Maßstäbe zu gewinnen für das, was im Blick auf Amt und Ämter heute in der Kirche gelten soll? Daß zunächst und in erster Linie das Neue Testament maßgebend ist, kann als gemeinsamer Ausgangspunkt angesehen werden. Aber hier bereits begegnen vielfältige Schwierigkeiten. Geht noch das II. Vaticanum davon aus, daß der geschichtliche (vorösterliche und österliche) Jesus das besondere Amt (und auch den päpstlichen Primat) gestiftet hat[21] und stimmen ihm darin – abgesehen vom Petrusprimat – auch einige lutherische Theologen zu[22], so gilt es auf der anderen Seite weitgehend als sicher, daß ein besonderes Amt oder besondere Ämter im historischen Sinne nicht auf Jesus zurückgeführt werden können[23]. Welche theologische Relevanz kommt diesem historischen Befund zu? Welche theologische Bedeutung hat ferner die Tatsache verschiedener Gemeindeverfassungen und Ämterstrukturen in der Urchristenheit[24]? Wie ist es in diesem Zusammenhang zu bewerten, daß in den Spätschriften des Neuen Testaments ganz deutlich Ansätze zum späteren Amtsbegriff und Ordinationsverständnis vorliegen? Ist das ganze Neue Testament auch in dieser Richtung für uns maßgebend, oder ist diese Entwicklung bereits als frühkatholische Einengung anzusehen[25] und von daher unter Umständen für eine

---

20. Vgl. o. Kap. II,2.
21. Lumen Gentium, n. 18 und 19.
22. Zum Beispiel *E. Sommerlath:* Amt und allgemeines Priestertum, in: *E. Kinder (Hg.):* »Allgemeines Priestertum« im Neuen Testament u. a. Aufs. (Schriften des Theol. Konvents Augsburg. Bekenntnisses 5), Berlin 1953, S. 42 ff.; P. Brunner: Pro Ecclesia I, a.a.O. S. 297 f., 306; *G. Voigt:* Das eine Amt und die aktive Gemeinde, in: Die Zeichen der Zeit 1972, bes. S. 356 ff. Vgl. auch die in Teil B dargestellte Position von W. Elert.
23. Zum Beispiel *E. Schweizer* im Blick auf den Zwölferkreis: »Die Zwölf sind – wie andere – Boten an das nicht gläubige Israel. Nie erscheinen sie als Lehrer einer sich bildenden Gemeinde der Gläubigen, nie führen sie andere in die Geheimnisse der Lehre Jesu ein, nie haben sie für Ordnung und Zucht unter denen zu sorgen, die Jesus gehorsam sind«, sie bilden während der irdischen Wirksamkeit Jesu nie »das Bild eines Führerkollegiums«, der Zwölferkreis war nicht »als Schule für Gemeindeleiter gedacht« (Gemeinde und Gemeindeordnung im NT, Zürich 1962², S. 22 ff.). Auch in der katholischen Exegese wird die Einsetzung besonderer Ämter durch Jesus in einem direkten historischen Sinne kaum mehr behauptet (vgl. z. B. die entsprechende Feststellung von *K. Kertelge:* Gemeinde und Amt im NT, München 1972, S. 27).
24. Auf sie weist neben E. Schweizer grundlegend auch *E. Käsemann* hin, dessen Aufsatz »Amt und Gemeinde im Neuen Testament« (Exeget. Vers. und Besinnungen I, Göttingen 1960, S. 109–134) für die weitere Diskussion grundlegend gewesen ist, wobei insbesondere die Einsicht in die Pluralität urchristlicher Verfassungen allgemeine Überzeugung geworden ist.
25. Ebd., bes. S. 130, sowie Bd. II, Göttingen 1965², bes. S. 248 f.

heutige Amtskonzeption überhaupt nicht ernsthaft in Anschlag zu bringen[26]? Welche Bedeutung kommt schließlich dem neutestamentlichen Apostelbegriff für den theologischen Amtsbegriff zu? Wenn man einmal absieht von der allgemein anerkannten Unterscheidung zwischen solchen apostolischen Funktionen, die einmalig und unwiederholbar sind, und solchen, die in der Kirche notwendig ihre Fortsetzung finden müssen, bleibt noch die Frage: Was bedeutet es amtstheologisch, daß es im Neuen Testament keinen einheitlichen Apostelbegriff gibt[27] und daß eine Verwaltung von Sakramenten offenbar nicht zu den von einem Apostel normalerweise wahrzunehmenden Funktionen gehörte[28]?

Wenn demnach eine direkte Ableitung eines dogmatischen Amtsbegriffs aus den neutestamentlichen Aussagen zu Amt und Ämtern problematisch, wenn nicht unmöglich ist, wird man fragen müssen, ob im Wesen der Kirche und ihres Auftrags liegende sachliche Notwendigkeiten erkennbar sind, die in den Spätschichten des Neuen Testaments und dann jenseits des neutestamentlichen Zeitalters zur Ausbildung des altkatholischen Amtsbegriffs geführt haben, und zu welchen Folgerungen im Blick auf eine Ämterstruktur der Kirche wir auf Grund solcher sachlichen Notwendigkeiten heute kommen. Solche sachlichen Notwendigkeiten wären einmal in der »Sache« des Evangeliums von Jesus Christus als solcher zu suchen, zum Beispiel darin, daß sie »weitergesagt« werden will, daß sie gemeinschaftsstiftend wirkt und dabei sakramentale Zeichen eine entscheidende Bedeutung haben; sodann in den auch sozialwissenschaftlich erhellbaren Strukturgesetzen von Gemeinschaften, zu denen auch die Bildung von Ämter-Institutionen gehört, die in besonderem Maße den Sinn einer Gemeinschaft repräsentieren, die andererseits für die Durchführung bestimmter in der Gemeinschaft notwendiger Funktionen Sorge zu tragen haben[29]; schließlich in den sich wandelnden Umständen und Situationen, die Herausforderungen auch an die institutionelle Gestaltung darstellen: so etwa im zunehmenden zeitlichen Abstand von den Urereignissen, der der Sorge für die gleichbleibende Überlieferung steigende Bedeutung zukommen ließ, oder in der größer werdenden Kirche mit ihren Leitungs- und Ordnungsproblemen, der Neuartigkeit der Beziehung zur staatlichen Au-

---

26. So z. B. Moltmann: Kirche in der Kraft des Geistes, a.a.O. S. 327 ff., der in seiner Darstellung diese im NT sich abzeichnende Entwicklung einfach überschlägt.
27. Vgl. dazu: R. Schnackenburg: Apostolizität. Stand der Forschung, in: Katholizität und Apostolizität (Beih. 2 zu KuD), Göttingen 1971, S. 51–73, dort auch ausführliche Verweise auf die frühere Literatur.
28. Das macht gerade auch die von Schnackenburg (ebd.) gegebene Übersicht deutlich.
29. Vgl. die Überlegungen von G. Krusche: Soziologische Faktoren im Amtsverständnis, in: Die Zeichen der Zeit 1971, S. 171–179 (erw. Fassung in: Wiss. u. Praxis in Kirche und Gesellschaft 61, 1972, S. 28 ff.).

torität sowie in neuen Möglichkeiten gesellschaftlich-diakonischer Wirksamkeit der Kirche[30].

Darüber hinaus gewinnt gerade in der Frage des kirchlichen Amtes der Faktor *Tradition* eine erhebliche Bedeutung. Gehört es nicht zu den Sach-Notwendigkeiten des Evangeliums und der Kirche, daß es um der Selbigkeit und Kontinuität beider in der Geschichte willen auch eine Konstanz kirchlicher Amtsstrukturen gibt? Das ist offensichtlich ein wesentlicher Grund dafür, daß in der katholischen Lehre vom Amt der Tradition eine so hohe konstitutive Bedeutung zuerkannt wird. So wird in der Kirchenkonstitution die Lehre vom Bischofsamt wesentlich auf die Tradition begründet[31]. Insbesondere die »successio ordinaria« der Bischöfe – selbst ein tradierendes Element – wird auch von kritischen katholischen Theologen mit dem Hinweis auf das katholische Traditionsprinzip als unumgängliche Vollgestalt der apostolischen Nachfolge angesehen[32].

Welche Verpflichtung erwächst einer heutigen Amtsstruktur aus der geschichtlich gewordenen Gestalt der Kirche, kann man gar von einem »inkarnatorischen Gestaltwerden in Raum und Zeit« sprechen[33]? Es ist in diesem Zusammenhang allerdings bemerkenswert, daß zum Beispiel K. Rahner eben diesen Gedanken eines »inkarnatorischen Gestaltwerdens« auch kritisch gegenüber der weithin gültigen katholischen Ämterlehre geltend macht. Er fragt nämlich erstens, ob die Kirche auf Grund ihres »Wesensrechtes« nicht auch in späterer als der nachapostolischen Zeit »irreversible Entscheidungen« treffen konnte, Entscheidungen, die vielleicht andersartigen als den gewohnten Strukturen in der Kirche Heimatrecht geben; und er fragt von da aus zweitens, ob ausgerechnet die »monarchische« Struktur des Bischofs- und Papstamtes unveränderliches »ius divinum« sei. Es ist einsichtig, wie bedeutsam solche Fragen auch für das Problem einer Ämteranerkennung sind[34].

Auch in evangelischen Gesprächsbeiträgen spielt ganz selbstverständlich der Rückgriff auf die Tradition – in diesem Falle auf bestimmte Linien der reformatorischen Tradition – eine entscheidende Rolle. Das zeigt sich deutlich in der Art des Schriftgebrauchs, wobei zugleich, wie wir schon sahen, auch nichttheologische, der gesellschaftlich-politischen Wirklichkeit entnommene Denk- und Gestaltungsmuster wirksam sind.

---

30. Vgl. z. B. *E. Schlink:* Der kommende Christus und die kirchlichen Traditionen, Göttingen 1961, S. 176.

31. Lumen Gentium, n. 20.

32. So etwa von *W. Kasper:* Ökumenischer Konsensus über das kirchliche Amt?, in: StZ 191, 1973, bes. S. 227f., mit Berufung u. a. auf J. Ratzinger.

33. *J. W. Mödlhammer:* Amtsfrage und Kirchenverständnis, in: Cath (M) 28, 1974, S. 136.

34. *K. Rahner:* Vorfragen zu einem ökumenischen Amtsverständnis (QD 65), Freiburg 1974, S. 32–39.

All diese Einsichten, Fragen und Beobachtungen haben es zunehmend als fraglich erscheinen lassen, ob die in diesem ganzen Zusammenhang gebräuchlichen Kategorien »ius divinum« und »ius humanum«[35] geeignet sind, dem komplexen Sachverhalt in genügendem Maße gerecht zu werden[36]. Die Ergebnisse der historischen Forschung verbieten eine Rede vom »ius divinum« im Sinne einer auf Jesus zurückgehenden Einsetzung oder Stiftung des Amtes[37]. Auf der anderen Seite muß man fragen, ob nicht der fortlaufenden institutionellen Formierung der Kirche, sofern sie aus ihrem »Wesensrecht« heraus erfolgt, ein bestimmtes Maß an geistlicher Verbindlichkeit zuerkannt werden muß, das in solcher Formierung mehr erkennen läßt als bloße beliebig änderbare menschliche Einrichtungen. Ganz gewiß wird man je nach der sachlichen Nähe zum geschehenden Evangelium und je nach Alter und Allgemeinheit solcher Institutionen und Strukturen Unterschiede in ihrer Verbindlichkeit für die gegenwärtige und künftige Gestalt der Kirche zu machen haben. Das ist das bleibend berechtigte Anliegen jener traditionellen Unterscheidung zwischen göttlichem und menschlichem Recht in der Kirche und spiegelt sich zum Beispiel auch in der Unterscheidung eines »primären institutionellen Gefüges« der Kirche von dessen »sekundären organisatorischen Ausformungen« wider[38]. Jedoch hat die Relativierung bzw. »Verflüssigung« jener Differenz für eine dogmatische Lehre vom Amt Anlaß zu sein, etwa der altkirchlich gewordenen und in der Ökumene bis zur Stunde weithin akzeptierten dreifachen Gestalt des Amtes, die ja auch für Calvin ein wichtiges Vorbild war, in ganz neuer Weise nachzudenken.

3. Amt, Charisma und Gemeinde
Die inhaltlichen Fragen im Blick auf das Amtsproblem konzentrieren sich vor allem auf zwei Fragenkreise: auf den Fragenkreis, der das Gegenüber eines (ordinierten) Amtes zur Gemeinde und sein Verhältnis zu Charisma und Cha-

---

35. Sie spielen z. B. noch in der Studie »Recht und Institution« (s. o. S. 167 Anm. 15) eine wichtige Rolle.
36. Vgl. K. Rahner, a.a.O. (Anm. 34), S. 32ff.; *H.-J. Urban:* »Göttliches« und »menschliches« Recht in der Kontroverse um das Amt in der Kirche, in: Una Sancta 28, 1973, S. 214–220; Amt und universale Kirche. Bericht der offiziellen lutherisch-römisch-kath. Dialoggruppe in den USA (1974), in: Papsttum und Petrusdienst, hg. von *H. Stirnimann* und *L. Vischer* (Ökumen. Perspektiven 7), Frankfurt 1975, S. 109, 123.
37. Vgl. zur historischen Problematik der Einsetzung der Sakramente o. S. 174 Anm. 37.
38. M. Kehl: Kirche als Institution, a.a.O. (o. S. 167 Anm. 16), S. 315. Es ist aufschlußreich, daß Kehl bei der Beschreibung des »primären institutionellen Gefüges« der Kirche über das hinausgeht, was hier traditionellerweise als »ius divinum« zu nennen wäre.

rismen in der Gemeinde betrifft, und auf den Fragenkreis um das Bischofsamt. Wenden wir uns zunächst dem erstgenannten Fragenkreis zu.

Die Frage von Amt, Charisma und Gemeinde wird sowohl auf ökumenischer Ebene wie innerhalb der Kirchen diskutiert. In der ökumenischen Amtsdebatte zeigt sich eine bemerkenswerte Konvergenz der Standpunkte, die sich in den Konsensusdokumenten der letzten Jahre widerspiegelt. W. Kasper hat einen solchen möglichen Konsens bereits 1971 konstatiert und ihn inhaltlich so umrissen: »Das theologisch entscheidende Kriterium für das rechte Verständnis des kirchlichen Amtes liegt … darin, ob man das Amt sowohl als Größe innerhalb der Gemeinschaft der Glaubenden versteht, wie als Größe, welche der Gemeinde auch gegenübersteht und ein Zeichen der unverfügbaren Vorgegebenheit des Heils darstellt.«[39] Er fügt hinzu, daß damit Abgrenzungen sowohl nach »links« wie nach »rechts« vorgenommen sind, wobei die Fronten hier quer durch die Konfessionskirchen hindurchgehen. Die »Abgrenzung nach rechts« ist gegen eine Amtstheologie gerichtet, die das besondere Amt, auch wenn es sich »dem Wesen und nicht bloß dem Grade nach« vom allgemeinen Priestertum der Gläubigen unterscheidet[40], nicht umgriffen sein läßt vom Gedanken der Gemeinschaft aller Glaubenden, innerhalb deren sein Wesen und Ort erst sinnvoll bestimmt werden kann. Eine »Abgrenzung nach links« sei aber ebenso nötig: nämlich gegen eine Auffassung, die das Amt – im Zuge jener Einordnung – lediglich als Exponenten der Gemeinschaft der Glaubenden, nicht aber zugleich als »Zeichen der unverfügbaren Vorgegebenheit des Heils« und in diesem Sinne als Grundlage und Voraussetzung des Daseins der Kirche verstehen will.

Diesem von Kasper genannten zweifachen Kriterium entspricht das Amtsverständnis der Kirchenkonstitution des II. Vaticanums, sofern es der Behandlung der Amtsfrage in Kapitel III Überlegungen zu Wesen und Begriff des Volkes Gottes als Amt und Laien umgreifenden Gesichtspunkt vorordnet[41]. Umgekehrt wird nicht nur in den katholisch-lutherischen Amtsdokumenten, sondern auch im Faith and Order-Dokument »Das Amt« von dem einen besonderen (ordinierten) Amt gesprochen, das der Gemeinde gegenübersteht und als »Zeichen der Priorität der göttlichen Initiative und Autorität im Leben der Kirche«[42]. Es hat die Funktion, »die christliche Gemeinschaft durch die Verkündigung und Unterweisung des Wortes Gottes zu sammeln und aufzuerbauen und das liturgische und sakramentale Leben der eucharistischen

---

39. *W. Kasper:* Zur Frage der Anerkennung der Ämter in den lutherischen Kirchen, in: ThQ 151, 1971, S. 109.
40. »… essentia et non gradu tantum« (Lumen Gentium, n. 10).
41. Vgl. G. Philips, in: LThK², a.a.O. (o. S. 185 Anm. 16), S. 146.
42. Das Amt (Accra), n. 14; zit. in: Das geistl. Amt (vgl. o. S. 185 Anm. 19), Nr. 20.

Gemeinschaft zu leiten«[43], und es ist begründet im Amt der Apostel und der Sendung der Apostel durch Christus[44].

Dieser bemerkenswerte Konsensus im ökumenischen Dialog über die Amtsfrage steht indessen, wie schon angedeutet, in unverkennbarer Spannung zur Gesprächslage innerhalb der evangelischen Kirchen. Hier ist die traditionelle lutherische Position von dem einen ordinierten Amt, das konkret die Gestalt des Pfarramts hat, gerade umstritten[45]. Die kritische Erörterung des überkommenen Amtsbegriffs erfolgt dabei nicht nur von der Fragestellung »Amt und allgemeines Priestertum« her[46], sondern im Mittelpunkt steht gegenwärtig vor allem der Gesichtspunkt der vielen verschiedenen besonderen Dienste in der Gemeinde, deren Vereinbarkeit mit Gestalt und Lehre von *dem* einen Amt fraglich ist. Verschiedene Einsichten und Motive sind im Blick auf die überkommene lutherische Lehre und Praxis vom einen Amt kritisch wirksam geworden. Da ist erstens der neutestamentliche Befund, der zur Hinterfragung des Überkommenen Anlaß war, insbesondere die Vielfalt der aus den Charismen entspringenden wesentlich gleichrangigen Dienste und Ämter in den paulinischen Gemeinden[47]. Zweitens spielte die Suche nach missionarischen Strukturen der Gemeinde eine entscheidende Rolle, in denen das Leitbild von »Hirt und Herde« – nämlich »die Vorstellung des ständigen Gegenübers des Pfarrers als des immer nur Gebenden zur Gemeinde als der immer nur Empfangenden und bleibend auf Betreuung, Versorgung und Leitung durch den Pastor angewiesenen, fest umgrenzten und unter sich bleibenden Schar« – abgebaut wird, statt dessen die »Laien« als »Boten und Werkzeuge Jesu Christi in den Sachbereichen der Welt« neu entdeckt werden[48]. In der neueren Diskussion geht es hier vor allem um das Miteinander verschiedener Dienste im einen Verkündigungsauftrag[49]. Es spielt – drittens – das Gefühl der kirchlichen Mitarbeiter, die nicht im Pfarramt stehen, eine wichtige Rolle, in ihrem Dienst unterbewertet und in ihrer Dienststellung unterprivilegiert zu sein – das hier im Hintergrund wirksame neuzeitliche demokratische Empfin-

---

43. Das Amt (Accra), n. 15; zit. in: Das geistl. Amt, Nr. 29.
44. Das Amt (Accra), n. 13; vgl. Das geistl. Amt, Nr. 16f.; Reform und Anerkennung kirchlicher Ämter, Mainz und München 1973, S. 17f. (= Nr. 7 und 9).
45. Als Belege für die Diskussion in den ev. Kirchen der DDR können z. B. gelten die Aufsätze von U. Kühn, J. Hempel, W. Krusche einerseits, G. Voigt andererseits, in: Die Zeichen der Zeit 1972, S. 241ff. und S. 345ff.
46. Vgl. z. B. noch E. Sommerlath, a.a.O. (o. S. 186 Anm. 22).
47. Bestimmend für die Diskussion waren besonders die Beiträge von E. Schweizer und E. Käsemann (s. o. S. 186 Anm. 23 und 24).
48. Vgl. z. B. W. Krusche, a.a.O. S. 132, ferner die ökumenischen Überlegungen zum missionarischen Charakter der Kirche (vgl. o. S. 154 Anm. 19).
49. Vgl. für die DDR-Diskussion o. S. 183 Anm. 7.

den wurde als eine entscheidende Ursache der neueren Amtsdiskussion überhaupt bereits erwähnt. Schließlich kommen – viertens – heute Erfahrungen aus der charismatischen Bewegung hinzu, in der zwar das Prinzip einer autoritativen geistlichen Leitung eine entscheidende Rolle spielt, wo aber das Charisma solcher Leitung durchaus nicht an das ordinierte Amt gebunden sein muß, so daß sich hier in neuer Weise die Frage nach Charisma und Amt, charismatischer und amtlicher Kirche stellt[50]. In der theologischen Diskussion dieser kritischen Anfragen an das traditionelle Amtsverständnis spielt das Denkmuster von einem rein funktional verstandenen Amt als Inbegriff des in der Gemeinde und durch sie nötigen Dienstes der Verkündigung, das der ganzen Gemeinde anvertraut ist, und der unterschiedlichen Gestalten, in denen es sich konkret realisiert, eine zentrale Rolle[51]. Dieses Denkmuster wurde teilweise auch der Interpretation des Verhältnisses von CA V zu CA XIV zugrunde gelegt[52].

Welche Gesichtspunkte könnten geeignet sein, zu einer Überwindung der Spannung zwischen ökumenischem und innerevangelischem Gesprächsstand in der Amtsfrage beizutragen? Gemeinsamer Ausgangspunkt könnte die – der reformatorischen Tradition entsprechende – Einsicht sein, daß die für die Kirche grundlegenden Funktionen der Wortverkündigung und der Sakramentsverwaltung auch von bestimmten Personen ausgeübt werden müssen, damit sie als Funktionen wirksam werden. Aber diese Einsicht als solche vermag noch nicht zureichend zu begründen, weshalb hierzu die Form eines *besonderen* Dienstes in der Kirche, zu dem ordiniert wird, notwendig ist und weshalb solcher Dienst nicht auch in der Gestalt einer Vielfalt verschiedener Ämter, ja prinzipiell durch alle Glieder der Gemeinde, ausgeübt werden kann[53]. Diese Frage erhebt sich insbesondere dann, wenn die Sakramentsverwaltung – wie häufig in der evangelischen Argumentation – als eine Art

---

50. Vgl. für die DDR-Situation die (hektograph.) Berichte der Theologischen Studienabteilung beim Bund der Ev. Kirchen in der DDR »Charismatische Bewegung in der DDR« (August 1978), dort bes. S. 69ff., sowie »Kirche und charismatische Erneuerung« (August 1979), dort bes. S. 63f. – Vgl. im übrigen die o. S. 154 Anm. 17 sowie unten S. 205f. Anm. 16 u. 22 genannten Publikationen.

51. Diese Konzeption wurde auch vom Vf. vertreten – außer in dem Anm. 45 genannten Aufsatz vor allem in: Amt und Ordination (12 Thesen), in: Theol. Versuche II, hg. von *J. Rogge* und *G. Schille,* Berlin 1970, S. 193–208.

52. So ebd. Jedoch dürfte die Diskussion gezeigt haben, daß bereits in CA V das eine, konkrete, an bestimmte Personen gebundene Amt gemeint ist und in CA XIV von demselben Amt unter dem Gesichtspunkt seiner sachgemäßen Ausübung in der Kirche gesprochen wird.

53. Vgl. z. B. *W. Pannenberg:* Ökumenische Einigung über die gegenseitige Anerkennung der kirchlichen Ämter?, in: Cath (M) 28, 1974, bes. S. 145.

bloßer Annex zu der der ganzen Gemeinde und allen ihren Gliedern aufgetragenen Wortverkündigung verstanden wird[54].

Es bieten sich indessen besonders drei Gesichtspunkte bzw. Begriffe an, die auch in der ökumenischen Diskussion eine wichtige Rolle spielen, um zu einer besseren Einsicht in die Sinnhaftigkeit der Rede von dem einen, besonderen Amt in der Gemeinde und inmitten der vielen Charismen und Dienste zu führen. Das eine ist der Begriff der »Leitung«. Ein Dienst der Leitung taucht nicht nur in den Charismenlisten bei Paulus auf, sondern wird in den paulinischen Gemeinden zunächst einmal vor allem vom Apostel selbst wahrgenommen. Man erfaßt das Zu- und Miteinander der Dienste und Ämter in den paulinischen Gemeinden nur dann zureichend, wenn man diese Leitungsfunktion des Apostels selbst mitberücksichtigt[55]. Erst von daher ist auch die Frage nach dem späteren kirchlichen Amt als Nachfolgeamt der Apostel zureichend gestellt. Auch soziologische Einsichten tragen dazu bei, einen besonderen Leitungsdienst im Sinne von Letztverantwortung als unumgänglich für eine Gemeinde anzusehen[56]. Nicht die Verkündigung des Evangeliums schlechthin wäre von daher dem Träger dieses besonderen Amtes vorbehalten – die Verkündigung ist in der Tat der Auftrag sehr vieler Dienste in der Gemeinde –, vielmehr wäre seine Aufgabe eher als Stimulierung, Koordination und Integration der verschiedenen Dienste in der Sorge um das Geschehen der Verkündigung zu beschreiben[57]. Solcher Leitungsdienst ist ein geistlicher Dienst, ein Dienst, der in Ausübung des Wortes geschieht[58], nicht primär ein technisches »Management«. Darauf weist vor allem ein zweiter Begriff hin, von dem her die Notwendigkeit des besonderen Amtes in den Blick kommen kann: der Begriff der »Einheit«. Der Dienst der geistlichen Leitung der Gemeinde ist in seinem Zentrum immer auch Dienst an der Einheit. Dies gilt sowohl im Blick auf die jeweilige Ortsgemeinde wie im Blick auf die regionale und gesamtkirchliche Gemeinschaft aller Ortsgemeinden. Von solcher Verantwortung für die Einheit her wäre es speziell zu begründen, daß der Träger des besonderen Amtes auch den kirchlichen Auftrag der Verwaltung für die

---

54. Das bereits erwähnte EKU-Votum z. B. (s. o. S. 183 Anm. 4) berücksichtigt die Sakramentsverwaltung bei der Bestimmung des kirchlichen Amts überhaupt nicht! Das Zurücktreten des Gesichtspunktes der Sakramentsverwaltung als eines spezifischen Auftrags des kirchlichen Amtes fällt auch in vielen Diskussionsvoten aus jüngerer Zeit auf.

55. Darauf macht vor allem der katholische Exeget *U. Brockhaus* aufmerksam: Charisma und Amt, Wuppertal 1972; vgl. aber z. B. auch den Hinweis von E. Schlink, a.a.O. S. 185, auf den apostolischen Dienst der Kirchenleitung.

56. Dazu G. Krusche, a.a.O.

57. H. Küng: Wozu Priester?, a.a.O. S. 90.

58. Das ist als reformatorisches Anliegen mit Recht in der Amtsdiskussion immer wieder geltend gemacht worden.

Sakramente Taufe und Abendmahl hat, die ja in besonderem Maße Vollzüge kirchlicher Einheit sind[59]. Schließlich ist es der in der lutherischen Tradition naheliegende Begriff der »Öffentlichkeit« (vgl. CA XIV), dessen Implikate auf die Sinnhaftigkeit und Notwendigkeit eines besonderen Amtes hinweisen können. Dieser Begriff verliert nämlich mit dem Schwinden der gesellschaftlichen »Öffentlichkeit« des Predigtamtes, wie sie im 16. Jahrhundert gegeben war, nicht einfach seinen Sinn. W. Pannenberg zum Beispiel sieht mit diesem Begriff die »Wahrnehmung der allen Christen gemeinsamen Sache« angesprochen, und zwar auch im Gegenüber zu den Glaubenden[60]. Insbesondere ist dieser Begriff als Hinweis auf die »Letztverantwortung« für die Überlieferung des apostolischen Evangeliums[61], auf die »besondere Verantwortung für die Bindung an die apostolische Tradition«[62], also als Hinweis auf die dem besonderen Amt zukommende Lehrverantwortung gesehen worden – eine Verantwortung, die, wie wir schon sahen, historisch gesehen mit dem wachsenden Abstand von den Urereignissen immer wichtiger für die Kirche wurde[63].

Das möglicherweise mit Hilfe dieser Gesichtspunkte zu gewinnende Verständnis eines besonderen Amtes der Lehr- und Verkündigungsverantwortung, der Einheit, der Leitung[64], das mit gebührender Vorsicht auch als ein Zeichen für das Gegenüber Christi zur Gemeinde angesehen werden kann[65],

---

59. Vgl. zum Gesichtspunkt des »Dienstes an der Einheit« W. Pannenberg, a.a.O. (o. Anm. 53), S. 145f.; ferner z. B. *W. Kasper:* Neue Akzente im dogmatischen Verständnis des priesterlichen Dienstes, in: Conc 5, 1969, S. 167; ebenso etwa die »Thesen zum Amtsverständnis« des Ök.-theol. Arbeitskreises in der DDR von 1974 (dort bes. These IV/2), in: Die Zeichen der Zeit 1975, S. 82.

60. W. Pannenberg, a.a.O. S. 149–151, in Interpretation insbes. der Thesen 7 und 15 des o. Anm. 44 erwähnten Memorandums der deutschen ökumenischen Universitätsinstitute.

61. So etwa E. Schlink, a.a.O. S. 176. Von einer »Letztverantwortung« für Evangeliumsverkündigung und Lehre als von einem entscheidenden Element des Propriums des Amtes des Pfarrers spricht auch *J. Hempel:* Rolle und Funktion des Amtes in einer sich wandelnden Kirche und Gesellschaft, in: Die Zeichen der Zeit 1975, S. 252.

62. Diese Formulierung aus einem (unveröffentlichten) Bericht des Bischofskonventes der ev. Bischöfe in der DDR zur Frage eines gemeinsamen Ordinationsformulars, in Auslegung des Begriffs »öffentliche Wortverkündigung«.

63. In diesem Zusammenhang müßte allerdings über die spezifische Funktion des theologischen Lehrers in der Kirche nachgedacht werden (vgl. z. B. *H. Küng:* Unfehlbar? Eine Anfrage, Einsiedeln 1970, S. 181 ff.).

64. Diese Funktionen sind auch z. B. für das Amtsverständnis des II. Vaticanums grundlegend (Lumen Gentium, n. 25.28), in Überwindung des Amtsverständnisses des Tridentinums, wonach das Amt zentral als Opferpriestertum zu bestimmen ist (vgl. DS 1763.1771).

65. Es wäre allerdings zu fragen, ob diese Zeichenhaftigkeit nur dem besonderen ordi-

führte allerdings nicht zum traditionell-lutherischen Begriff von *dem* (einen) Amt der Kirche zurück[66], sondern liefe vielmehr auf den Begriff des »besonderen« Amtes – *neben* anderen Ämtern und Diensten im Auftrag der Verkündigung – zu[67]. Die Rede von *dem* (einen) Amt der Kirche fällt ja im übrigen aus dem ökumenischen Konsensus seit der alten Kirche heraus, der heute im ökumenischen Gespräch eine wachsende Rolle spielt und der, wie wir sahen, ein dreifaches Amt in der Kirche kennt (wobei an dieser Stelle zunächst vor allem das Nebeneinander von Priester und Diakon Aufmerksamkeit verdient). Bemerkenswerterweise hat sich ja Calvin ausdrücklich an dieser altkirchlichen Ämterstruktur orientiert. Dieser altkirchlich-ökumenischen Drei-Ämter-Struktur könnte vielleicht ebenso wie der Vier-Ämter-Lehre Calvins eine hilfreich vermitteltende Bedeutung in jener oben erläuterten etwas gespaltenen Gesprächssituation zukommen. Daß in der altkirchlichen Ordnung (und in gewisser Weise ja auch bei Calvin) die drei Ämter im Sinne einer hierarchischen Stufung einander zugeordnet sind, widerspricht zwar einer abstrakten Anwendung des Prinzips »Freiheit – Gleichheit – Brüderlichkeit«, ist aber doch wohl mit einem sinnvollen Demokratieverständnis vereinbar, in dem es ganz selbstverständlich gestufte Verantwortungsbereiche und entsprechende Über- und Unterordnungen gibt[68].

Im übrigen schließt die Existenz und der Auftrag des besonderen Amtes nicht die Beteiligung von nichtordinierten Repräsentanten der Gemeinde am Dienst der Leitung, der Einheit, der Lehrverantwortung aus, entsprechend dem reformatorischen Grundsatz, daß die Gemeinde die Vollmacht hat, die in der Kirche verkündete Lehre zu beurteilen[69]. Eine solche Mitverantwortung

---

nierten Amt oder nicht auch anderen Ämtern und Diensten in der Kirche (modifiziert) zukommt.

66. So die entsprechenden Formulierungen der im deutschen Sprachgebiet gültigen lutherischen Ordinationsagende.

67. So die entsprechenden Formulierungen im neuen, demnächst in Kraft tretenden gemeinsamen Ordinationsformular der im Bund der Ev. Kirchen in der DDR zusammengeschlossenen Kirchen.

68. Von hier aus wäre eine Auseinandersetzung mit der Parole von einer »herrschaftsfreien Kirche« vorzunehmen. *Daß* es in der Kirche illegitime, dem Geiste Christi nicht voll entsprechende (oder gar widersprechende) Herrschafts- und Administrationsstrukturen gibt, darüber besteht gewiß kein Streit. Jedoch bedarf die Kirche als Gemeinschaft von Sündern (vgl. oben S. 180 f.) neben der Aufgliederung unterschiedlicher Verantwortungsbereiche als solcher auch der Strukturen disziplinarischer Über- und Unterordnung, ohne die keine menschliche Gemeinschaft auskommt. Insofern ragt die Problematik der Zwei-Reiche-Lehre in den Kirchenbegriff und die kirchliche Praxis hinein. Es bedarf dann allerdings des genügenden institutionellen Gegengewichts, um das naheliegende Abgleiten in illegitime Praktiken nach Möglichkeit zu verhindern.

69. Vgl. Luthers Schrift »Daß eine christliche Versammlung oder Gemeinde Recht oder Macht habe, alle Lehre zu urteilen …« (1523), in: WA 11,408 ff.

der Gemeinde durch nichtordinierte Repräsentanten bedarf der Institutionalisierung und könnte so ein weiteres Korrektiv gegenüber einer mißbräuchlich-autarken Amtswahrnehmung des Trägers des besonderen Amtes sein[70]. Auf die Ordinationsproblematik soll hier eben nur hingewiesen werden. *Daß es zu kirchlichen Ämtern Ordination im Sinn von Berufung, Sendung, Segnung[71] gibt, ist kaum bestritten. Problematisch ist zum einen die Frage, ob es nur eine oder ob es mehrere Ordinationen gibt. Die voranstehenden Überlegungen legen es einerseits nahe, von einer Mehrzahl von Ordinationen zu sprechen. Andererseits könnte sich unter dem Gesichtspunkt der Stufung der Ämter auch ein differenzierender Sprachgebrauch empfehlen[72]. Auf ein weiteres mit der Ordination im besonderen zusammenhängendes Problem weist die kritische Anfrage der charismatischen Bewegung hin, ob in jedem ordinierten Amtsträger denn ohne weiteres das geistliche Charisma der Leitung vorausgesetzt werden dürfe[73]. In dieser Anfrage ist das grundsätzliche Problem von Kirche als geistlicher Gemeinschaft und Kirche als Institution noch einmal präsent. Nach dem im vorigen Kapitel erörterten wäre dazu in Kürze zu sagen: Sofern es richtig ist, daß die Institution Kirche nicht etwas *neben* der Kirche im Sinne geistlicher Gemeinschaft darstellt, sondern im Gegenteil – wenigstens im Ansatz und der Intention nach – eine Form ist, die sich die geistliche Gemeinschaft selbst geben mußte, um als geistliche Gemeinschaft existieren zu können, ist die seit den Tagen der Urchristenheit institutionell geordnete Ordination zugleich mehr und anderes als etwas *bloß* Institutionelles. In ihr vollzieht sich ein Übertragungs- und Beauftragungsgeschehen des ganzen (geistlichen) Volkes Gottes, das dem Beauftragten im Namen dieser Gemeinschaft und aus der Tatsache dieses Auftrags heraus eine Dienstfunktion anvertraut. Ihre Wahrnehmung kann daher nicht einfach als eine Vollmacht lediglich aus den eigenen geistlichen Fähigkeiten angesehen werden, und ihre Übertragung vermittelt ein Stück echter Gewißheit für die Gesamtheit der kirchlichen Gemeinschaft selbst[74] wie auch für den so Beauftragten[75]. Daß die Kirche bei denen, die sie beauftragt, nach ihrer Eignung, ihrem »Charisma« fragt, ist bei dem allen die notwendige Voraussetzung verantwortlichen Handelns. Es wird der Kirche zum Schaden gereichen, wenn sie es hier an Sorgfalt mangeln läßt. Und daß in den paulinischen Gemeinden sich Charismen ohne formelle Beauftragungen als Dienstfunktionen zum

---

70. Vgl. den entsprechenden Hinweis von M. Kehl; vgl. o. S. 172.

71. In der Ordinationsdiskussion im Bereich der DDR spielt der Begriff »Vergewisserung« eine Rolle, der aber zu eng ist.

72. Etwa, wie bisher vielfach üblich, »Ordination« und »Einsegnung«.

73. Dazu vgl. die oben S. 192 Anm. 50 genannten Berichte.

74. Darin liegt u. a. der Sinn von CA VIII.

75. Es ist in diesem Sinne richtig, vom »Trost«, der in der Ordination liegt, zu sprechen.

Nutzen der Gemeinde bewährten (1 Kor 12), widerspricht dem nicht und ist auch in Gegenwart und Zukunft immer wieder Wirklichkeit, der Raum zu geben ist. Jedoch erreicht ein solches Charisma nicht von selbst jene ausdrückliche gesamtkirchliche Dimension, die ihre eigene geistliche Bedeutung hat und die in der ausdrücklichen, im Namen der Gesamtheit der Kirche erfolgenden Berufung, Segnung und Sendung Ausdruck findet[76].

4. Die Frage des Bischofsamtes

Von besonderer ökumenischer Bedeutung ist die Frage des Bischofsamtes, weil sich für die »katholischen« Kirchen insbesondere an dieser Stelle die Frage der Gültigkeit und möglichen Anerkennung der Ordination anderer Kirchen, damit verbunden die Frage der Gültigkeit der Eucharistie in diesen Kirchen und insgesamt die Frage der Anerkennung anderer Konfessionskirchen als Kirchen im eigentlichen Sinn entscheidet. Die römisch-katholische Kirche hat, wie wir bereits sahen, auf dem II. Vaticanum eine ausgeführte Lehre vom Bischofsamt entwickelt, und auch in den ökumenischen Konsensus-Dokumenten zum Thema »Amt« spielt diese Frage eine wichtige Rolle. Demgegenüber ist in der innerevangelischen Amtsdiskussion das Problem des bischöflichen Amtes bisher bemerkenswert zurückgetreten.

Es sind vor allem die folgenden Fragenkreise, um die die Überlegungen kreisen. Das eine ist die Frage, ob es überhaupt zum Wesen der Kirche und ihrer Amts-Institution gehört, daß das besondere Amt über das Leitungs-, Einheits- und Lehramt auf der Ebene der Ortsgemeinde hinaus »nach oben« gestuft ist, das heißt, ob es eine eigene Gestalt des besonderen Amtes auf übergemeindlicher Ebene mit besonderen Funktionsbereichen gibt. Diese Frage wird von den »katholischen« Kirchen den Kirchen ohne Bischofsamt gegenüber in kritischem Sinne aufgeworfen. Es hat sich nun ein weitgehender ökumenischer Konsensus dahingehend angebahnt, daß auch dort, wo ein eigentliches Bischofsamt unbekannt ist, die Funktion einer übergemeindlichen »Episkope« in jedem Falle nötig ist und wahrgenommen wird. Solche »Episkope« wird im Faith and Order-Dokument über das Amt relativ allgemein als »Aufsicht über die Kirche und die Feier des christlichen Geheimnisses« erläutert[77].

Demgegenüber ist in der lutherisch-katholischen Erklärung über »Das geistliche Amt in der Kirche«, das uns im folgenden als wichtiges Beispiel dient[78], genauer von der Episkope als der »Funktion pastoraler Aufsicht und des

---

76. Auf die unübersehbare Literatur zum Thema »Amt und Charisma« kann hier nur pauschal verwiesen werden.
77. Das Amt (Accra), n. 26.
78. Die folgenden Verweise im Text beziehen sich auf die numerierten Abschnitte dieses Dokuments.

Dienstes der Einheit in einem größeren Bereich«, das heißt auf übergemeindlicher Ebene, die Rede, der die spezifischen Funktionen von »Lehramt bzw. Lehrzucht, Ordination, Visitation, Kirchenordnung« zukommen (42). Im Blick auf »Episkope« in diesem Sinne wird zunächst historisch dargelegt, daß sich die Unterscheidung von lokalen und übergeordneten regionalen Ämtern überhaupt und dann speziell das altkirchliche Bischofsamt naturgemäß erst in nachneutestamentlicher Zeit und im Prozeß einer längeren Entwicklung herausbildete (38). Im Blick auf die lutherischen Kirchen wird sodann darauf verwiesen, daß auch in ihnen von Anfang an Ämter mit übergemeindlicher »Episkope« existierten (Visitatoren, Superintendenten, Pröpste), und daß diese Gestalten von »Episkope« entgegen der ursprünglichen Intention der Confessio Augustana (Artikel XXVIII) und der Apologie (Artikel XIV,1) nach Aufrechterhaltung der bischöflichen Ordnung – die nur in einigen Ländern (Skandinavien) tatsächlich verwirklicht wurde – aus der bestehenden Notsituation heraus entstanden. Jedoch sei die Tatsache unbestreitbar, »daß es in beiden Kirchen neben den lokalen Ämtern (Priester, Pastor) auch übergeordnete regionale Ämter gibt« (42). Sodann wird die theologische Bedeutung dieser Stufung »nach oben« und ihr Zusammenhang mit dem Wesen der Kirche erörtert: »Die Kirche verwirklicht sich auf verschiedenen Ebenen: als Kirche am Ort (Gemeinde), als Kirche eines größeren Bezirks bzw. eines Landes und als Universalkirche. Auf jeder dieser Ebenen ist das ›In und Gegenüber‹ von kirchlichem Amt und kirchlicher Gemeinschaft in je verschiedener Weise wesentlich« (43). Übergemeindliche Leitungsämter sind also ein institutioneller Hinweis auf die »Überörtlichkeit« der Kirche, entsprechend der neutestamentlichen Doppelbedeutung von »ekklesia« als Ortskirche und Gesamtkirche. Von daher ist zu sagen, daß solche übergemeindliche Ausformung des Amtes »unter dem Beistand des Heiligen Geistes geschehen und insofern etwas für die Kirche Wesentliches entstanden ist« (47). Man wird der Stringenz dieses Gedankenganges kaum widersprechen wollen, und man wird gerade an dieser Stelle ein wichtiges Beispiel dafür sehen, daß die strenge Unterscheidung von »ius humanum« und »ius divinum« den Sachverhalt, um den es hier geht, nicht zureichend zu charakterisieren vermag[79].

Hinsichtlich des Aufgabenbereichs, der Struktur, der Kompetenzen und der Amtsnachfolge des Amtes der übergemeindlichen »Episkope« sei wenigstens auf die folgenden Fragen hingewiesen. Wenn zu den *Funktionen* des Bischofs neben den genannten spezifischen Aufgaben (Ordination, Visitation, Kirchenordnung, Lehrzucht) auch die geistlichen Aufgaben aller Träger des besonderen Amtes (Lehre und Verkündigung, Sakramentsverwaltung, Gemeindeleitung) gehören[80], dann stellt sich bezüglich der Eucharistie als dem

---

79. Vgl. o. S. 189.
80. Das geistliche Amt, Nr. 42; vgl. CA XXVIII.

Sakrament kirchlicher Einheit die Frage, wie das übergemeindlich sinnvoll möglich sein kann, wenn es mehr sein soll als die bischöfliche Aufsicht über die in einem Bereich stattfindenden Eucharistiefeiern. Müßte nicht die Möglichkeit bestehen, daß wenigstens die ordinierten Pfarrer einer Region regelmäßig mit ihrem Bischof zur Feier der Eucharistie zusammenkommen? Und hätte das nicht notwendigerweise Auswirkungen darauf, wie groß sinnvollerweise ein solcher »Episkope«-Bereich sein könnte? Auch von dem Gedanken einer verantwortlichen geistlichen Leitung und Visitation her legt sich die Frage nach der zuträglichen Größe eines solchen Bereiches nahe[81].

Im Blick auf die *Struktur* des Amtes der »Episkope« stellt sich die Frage, ob ein solcher Dienst nicht ebensogut oder gar besser von einem Gremium, zum Beispiel einem Bruderrat, als von einem einzelnen in personaler Verantwortung wahrgenommen werden könnte. Diskussionen über diese Frage[82] haben zu der Einsicht geführt, daß hier keine wirklich echte Alternative vorliegt. Sosehr nämlich einerseits jede kirchenleitende Tätigkeit, wie schon die Tätigkeit des besonderen Amtes auf Gemeindeebene, der Einbindung in eine bruderschaftliche oder synodale Gruppe oder gar des Gegenübers eines kirchenleitenden oder synodalen Gremiums, in dem die gesamtgemeindliche Verantwortung für die »Episkope« wirksam wird, notwendig bedarf, sowenig wird – dem geistlichen Charakter solcher Leitung entsprechend – das Element einer personalen Letztverantwortung in diesem übergemeindlichen Leitungsdienst ausgeschaltet werden dürfen.

Hinsichtlich der *Kompetenzen* dessen, der mit der »Episkope« beauftragt ist, stellt sich vor allem die Frage, in welchem Maße ihm sinnvollerweise direkte jurisdiktionelle Vollmachten zukommen, ob nicht die in manchen evangelischen Kirchenverfassungen vorgenommene starke Reduzierung der Rechtsvollmachten des Bischofs zugunsten der Möglichkeit, seinen bischöflichen Dienst in der Weise innerlich überführender geistlicher Weisung auszuüben, sehr sachgemäß ist[83].

Eine ökumenisch besonders weittragende Frage ist schließlich das Problem der *Amtsnachfolge* im Bischofsamt, der bischöflichen Sukzession, an die nach Auffassung der »katholischen« Kirchen die Gültigkeit der Ordination

---

81. Dieser Gesichtspunkt wurde auf einer Faith and Order-Konsultation über »Episkope und Episkopat« im August 1979 in Genf mit Nachdruck geltend gemacht, besonders von orthodoxer Seite.

82. Auch das wurde auf der in Anm. 81 genannten Konsultation betont, stellt aber z. B. auch ein Ergebnis der ausführlichen Diskussionen um eine neue Grundordnung der Ev. Kirche der Kirchenprovinz Sachsen dar, wie aus mündlichen Berichten hervorgeht.

83. Dies ist z. B. in der Verfassung der Ev.-Luth. Landeskirche Sachsens mit Bedacht geregelt worden. Im übrigen stellt sich hier die vor allem historisch stark befrachtete Frage nach dem Verhältnis der »potestas ordinis« zur »potestas iurisdictionis«, die an dieser Stelle nicht aufgegriffen werden kann.

zum besonderen Amt in der Kirche überhaupt gebunden ist. Um diese Frage in der richtigen Perspektive zu sehen, muß auf die Vielschichtigkeit des mit dem Stichwort »apostolische Sukzession« gemeinten Phänomens geachtet werden. Daß eine Kirche nur insofern Kirche ist, als sie in der Nachfolge der Apostel steht, ist gemeinchristliche Überzeugung und ist mit dem Prädikat der »Apostolizität« im Nizänischen Glaubensbekenntnis bekenntnismäßig ausgesagt. Sodann dürfte es ebenfalls gemeinchristliche Überzeugung sein, daß die primäre und zentrale Art der apostolischen Sukzession die Nachfolge in der apostolischen Lehre und Verkündigung ist[84]. Ferner ist es nicht kontrovers, daß eine Nachfolge im Zeugnis der Apostel auch eine Nachfolge der Zeugen einschließt[85]. Das Problem besteht in der Art und Weise dieser Nachfolge der Zeugen.

Nach Auffassung der »katholischen« Kirchen gibt es solche Nachfolge nur in der ununterbrochenen Kette bischöflicher Handauflegungen von den Zeiten der Apostel an, wenn auch eingeräumt wird, daß diese ununterbrochene Kette nicht einfach identisch ist mit der apostolischen Sukzession selbst, sondern nur »die Fülle des Zeichens der apostolischen Sukzession« darstellt[86] und im übrigen für sich selbst »keine ipso facto sichere Garantie der rechten Evangeliumsverkündigung darstellt«[87]. Kritisch wird gegenüber dieser spezifischen Form der apostolischen Nachfolge der historische Einwand geltend gemacht, daß diese Praxis nicht von Anfang an und überall in der Kirche geübt wurde, daß es auch in späterer Zeit nachweisbare Fälle gibt, in denen Priester andere Priester ordiniert haben[88], und »daß die Kontinuität der Sukzession auf zahlreichen Bischofssitzen durch Häresien, Schismen und gewaltsame Absetzungen Unterbrechungen erfahren hat«[89]. Von evangelischer Seite wird im übrigen betont, daß der historische Episkopat im 16. Jahrhundert den reformatorischen Kirchen weithin die Gemeinschaft versagte, so daß die feste Überzeugung der Reformation von der Kontinuität der Kirche sich zunächst auf »die rechte Verkündigung des Evangeliums – die auch immer das Amt einschloß« konzentrieren mußte[90].

---

84. Das Amt (Accra), n. 28; Das geistliche Amt, Nr. 65. Vgl. auch schon den sog. Malta-Bericht »Das Evangelium und die Kirche« (1971), Nr. 57.
85. Das geistliche Amt, Nr. 66.
86. Das Amt (Accra), n. 104; Das geistliche Amt, Nr. 67.
87. Das geistliche Amt, ebd.; Das Amt (Accra), n. 34.
88. Das Amt (Accra), n. 32; Das geistl. Amt, Nr. 74; Malta-Bericht, Nr. 58.63.
89. Reform und Anerkennung kirchlicher Ämter, a.a.O. S. 154, unter Bezugnahme auf eine Arbeit von B. D. Dupuy. Zur Problematik der These von der bischöflichen Sukzession gehört es auch, daß das Bischofsamt im Mittelalter weithin eine faktische Verunstaltung erfuhr (Bischöfe als weltliche Fürsten; Unterlassung der Visitationsaufgabe etc.).
90. Das geistliche Amt, Nr. 69.

Muß angesichts dieser historischen Tatsachen nicht mit der Legitimität verschiedener Formen der »Nachfolge der Zeugen« gerechnet werden: neben der Sendung durch ordinierte Träger der übergemeindlichen »Episkope« (als Normalfall) auch mit einer ausnahmsweisen Erwählung und Sendung durch eine Kirchenversammlung ohne ordinierte Amtsträger oder wenigstens ohne Bischöfe und schließlich auch mit der nachträglichen Anerkennung »pneumatischer Aufbrüche« in der Kirche durch die Gesamtkirche und ihre berufenen Repräsentanten[91]? Dem hätte dann – speziell im evangelischen Raum – die umgekehrte Überlegung zu begegnen, ob nicht doch »die Ordination in der durch die Kirchengeschichte hindurch sich fortsetzenden Folge der bischöflichen Handauflegungen« als »*Zeichen* der apostolischen Sukzession« »zu begrüßen und, wo sie fehlt, anzustreben« wäre[92], was indessen nicht als isolierter Akt geschehen kann[93]. Daß zu einer vollen ökumenischen »Gültigkeit« des Amtes sein Akzeptiertsein durch die Kirchen der Ökumene gehört und es deshalb solcher entgegenlaufenden Überlegungen bedarf, sollte nicht bestritten werden.

In der gegenwärtigen Diskussion um die Amtsfrage rückt, wie wir gesehen haben, das reformatorische Erbe in besonders starkem Maße in die Perspektive, die sich aus der Begegnung mit anderen Kirchen und deren Amtsverständnis ergibt. Es muß allerdings umgekehrt darum gehen, daß gerade in diesem Horizont die Einsichten der Reformation nicht verlorengehen: die Einbindung des Amtes in den geistlichen Auftrag der Gesamtgemeinde und der vielen Dienste; die Ausrichtung und Relativierung der Amtsinstitution an den für das Leben des Gottesvolkes entscheidenden geistlichen Funktionen und Lebensvollzügen; die Offenheit und Freiheit in den konkreten Formen, in denen sich das Amt institutionalisiert. Sofern in der ökumenischen Amtsdiskussion diese Gesichtspunkte wirksam zu werden vermögen, ist sie auf einem guten, verantwortbaren Weg.

---

91. Diese drei Möglichkeiten werden in dem schon Anm. 89 zitierten Beitrag des Heidelberger Ökumenischen Instituts »Die apostolische Sukzession und die Gemeinschaft der Ämter«, in: Reform und Anerkennung, a.a.O. S. 151 f., aufgeführt (vgl. auch das Memorandum selbst in Nr. 22: ebd. S. 25; vorher E. Schlink, a.a.O. S. 193). Vgl. ferner den Malta-Bericht, Nr. 63; *W. Kasper:* Zur Frage der Anerkennung der Ämter, a.a.O. S. 103 ff.; *H. Meyer:* Luthertum und Katholizismus im Gespräch (Ökumen. Perspektiven 3), Frankfurt 1973, S. 84 f.; K. Rahner: Vorfragen, S. 46 ff.
92. Das Amt (Accra), n. 37; vgl. E. Schlink, a.a.O. S. 194; Reform und Anerkennung kirchl. Ämter, a.a.O. S. 155.
93. Das geistliche Amt, Nr. 71.80.

VI. Die Einheit der Kirche

1. Vom 16. zum 20. Jahrhundert: Eintritt in das ökumenische Zeitalter

Daß es nur eine einzige Kirche gibt, ist die Aussage des gemeinchristlichen Bekenntnisses zur »una ecclesia«[1]. Daß es diese eine Kirche nur in einer Vielzahl von Kirchen gibt, ist Erfahrung und Aussage der Christenheit von ihren Anfängen an. Auch einander befehdende christliche Konfessionskirchen gibt es schon seit der Zeit der alten Kirche[2], ebenso hat es immer wieder Ausgleichs- und Unionsbemühungen gegeben. Ohne Beispiel in der Geschichte der Kirche ist indessen das weltweite und alle christlichen Kirchen umfassende Bemühen um Einheit, wie es in der ökumenischen Bewegung des 20. Jahrhunderts zum Ausdruck kommt. Spätestens seit dem II. Vaticanum ist auch die römisch-katholische Kirche in bemerkenswerter Weise – wenn auch mit ihren spezifischen Voraussetzungen – zum Promotor des ökumenischen Gedankens geworden[3]. Dieses allgemeine ökumenische Bemühen ist zweifellos mitbedingt durch die technische Ermöglichung weltweiter Kontakte sowie durch die damit verbundene und gleichzeitig im Zuge der Säkularisierung der abendländischen Welt sich zunehmend einstellende Erfahrung der Christenheit, daß sie in einer weitgehend nichtchristlichen Welt existiert. Diese Erfahrung und der damit verbundene ökumenische Gedanke »neuen Stils« markieren nun auch die Differenz zwischen den theologischen Überlegungen zur Frage der Einheit der Kirche bei den Reformatoren im 16. Jahrhundert und in der evangelischen Theologie des 20. Jahrhunderts.

Die Differenz zeigt sich zum Beispiel darin, daß die massive Gegenüberstellung von wahrer und falscher Kirche, wie wir sie bei allen drei Reformatoren fanden, im Blick auf das Verhältnis zur römisch-katholischen Kirche im 20. Jahrhundert nicht mehr möglich erscheint. Die Auseinandersetzung mit dem römisch-katholischen Anspruch geschieht im 20. Jahrhundert unter der Voraussetzung, daß man es auch dort mit der Kirche Jesu Christi und nicht mit dem Antichrist zu tun hat. Diese Voraussetzung braucht nicht, wie bei Tillich, zu einer Relativierung dogmatischer Lehre überhaupt zu führen. Sie ist vielmehr auch dort gegeben, wo, wie bei Elert, davon ausgegangen wird, daß nur

---

1. Nicäno-Constantinopolitanum.
2. Vgl. die eindrücklichen Nachweise bei *W. Elert:* Abendmahl und Kirchengemeinschaft in der alten Kirche, hauptsächlich des Ostens, Berlin 1954.
3. Vgl. Unitatis Redintegratio (Ökumenismusdekret), Kap. I: »Die katholischen Prinzipien des Ökumenismus«.

einer Konfessionskirche mit ihrer Lehre (und dafür kommt nach Elert nur die lutherische Kirche in Frage) das Prädikat der wahren Kirche schlechthin zukommt, während alle anderen Konfessionskirchen sich von dieser Wahrheit her reformieren lassen müssen. Wenn Elert damit mehr als die anderen Dogmatiker des 20. Jahrhunderts dem reformatorischen Selbstverständnis, die wahre Kirche im Gegensatz zur falschen zu sein, nahekommt, so geschieht dies doch nicht mehr in Form der schroffen eschatologischen Antithesen der Reformatoren, sondern in einer auf Reform und Versöhnung orientierten Weise, wie sie im 19. Jahrhundert zum Beispiel W. Löhe vertrat[4]. Im übrigen sei daran erinnert, daß sich bei Calvin Ansätze eines Denkens in Richtung auf einen legitimen Lehrpluralismus finden, die – zusammen mit dem von ihm vertretenen Gedanken der Funktion des Amtes an der Einheit der Kirche und mit seinem positiven Rückgriff auf die altkirchliche Ämterlehre – moderne ökumenische Fragestellungen vorbereiten. Nur findet dies bei Calvin noch keinerlei Anwendung auf das Verhältnis zur römisch-katholischen Kirche.

Im ökumenischen Gespräch der Gegenwart sind – hinausgreifend über das, was bei den von uns dargestellten Dogmatikern zu dieser Frage zu lesen ist – eine Reihe von Konzeptionen und Modellen einer künftigen Einheit der Kirche vertreten und entwickelt worden. Sie alle gehen davon aus, daß die wahre und tiefste Einheit der Kirche »in dem einen zur Einheit einenden Heilshandeln Gottes in Christus« immer schon vorgegeben ist[5]. Auf dieser Basis sind nach reformatorischer, insbesondere lutherischer Auffassung ausreichende Kriterien der »Geschichtwerdung der Einheit«[6] die Übereinstimmung in der reinen Lehre und Verkündigung des Evangeliums sowie in der stiftungsgemäßen Verwaltung der Sakramente (CA VII). Diese Konzeption hat zum Einheitsmodell der »Kirchengemeinschaft« geführt, wie es in der sogenannten »Leuenberger Konkordie« (1973) entfaltet und verwirklicht worden ist[7]. Demgegenüber betont die römisch-katholische Einheitskonzeption neben der Bekenntnis- und Sakramentsgemeinschaft die Gemeinschaft des kirchlichen Amtes, wie es sich in der bischöflichen Verfassung der Kirche (auf der Grundlage der apostolischen Sukzession) mit dem Bischof von Rom als dem Nach-

---

4. *W. Löhe:* Drei Bücher von der Kirche, 1845, Teil II.
5. *E. Kinder:* Der evangelische Glaube und die Kirche, Berlin 1958, S. 200; vgl. das Thema des Berichts der Sektion I der ÖRK-Vollversammlung in Evanston 1954: »Unser Einssein in Christus und unsere Uneinigkeit als Kirchen«. Auch die römisch-katholische Kirche geht von der Vorgegebenheit der Einheit der Kirche in Christus aus, sieht sie jedoch bereits in der vorfindlichen katholischen Weltkirche sichtbar verwirklicht (Lumen Gentium, n. 8; Unit. Redintegr., n. 2 und 3).
6. Vgl. E. Kinder, a.a.O. S. 202f.
7. Konkordie reformatorischer Kirchen in Europa (Leuenberger Konkordie) vom 16. März 1973, bes. Ziffer 2 und 29.

folger Petri an der Spitze konkret darstellt[8]. Nach dieser Konzeption gibt es zwar viele »Elemente der Heiligung und der Wahrheit«[9] auch außerhalb des Bereichs der katholischen Kirche, aber die hier vorfindlichen »Kirchen und kirchlichen Gemeinschaften« sind solange nur in einem defizienten Sinne Kirche, solange sie nicht in voller Gemeinschaft mit der katholischen Hierarchie und dem Bischof von Rom stehen[10]. Gegenüber diesen betont auf Lehre und Kirchenverfassung gegründeten Einheitskonzeptionen hat in der ökumenischen Diskussion auch eine Einheitskonzeption eine Rolle gespielt, die in der gemeinsamen Praxis von Zeugnis und Dienst an der Welt das Element sieht, das die in Lehre und Verfassung getrennten Kirchen zur Einheit verbindet[11]. Diese Konzeption ist unter dem Begriff »Säkular-Ökumenismus« diskutiert worden[12] und spielt auch im katholischen Raum[13] eine Rolle. Die ökumenisch wichtigste Einheitskonzeption ist gegenwärtig das Modell einer »konziliaren Gemeinschaft« der Kirchen, in der die verschiedenen Kirchen sich wechselseitig nach Lehre und Amtsstruktur voll akzeptieren, miteinander in eucharistischer Gemeinschaft stehen, jedoch keine weltweit einheitliche Rechtsstruktur aufweisen, sondern ihr gemeinsames Organ in einem Konzil haben, das dann für alle Kirchen sprechen kann[14].

Das Problem kirchlicher Einheit stellt sich nun allerdings nicht nur auf der Ebene der konfessionellen Großkirchen (einschließlich der sogenannten Freikirchen und Sekten) und der offiziellen ökumenischen Bewegung. Dieses Problem stellt sich auch innerhalb der Kirchen und quer zu den konfessionellen Unterschieden. Es steht auf der Tagesordnung angesichts des großen Lehr- und Glaubenspluralismus in den Kirchen, wo die Differenzen häufig viel weitergreifend sind als in den Lehrunterschieden zwischen den Konfessionen[15]. Die Frage nach der Einheit der Kirche stellt sich aber auch angesichts der Vielfalt der Gruppen und Frömmigkeitsrichtungen in der Kirche sowie an-

---

8. Unit. Redintegr., n. 2; vgl. die bereits von Bellarmin in seinen Disputationes, lib. III, cap. 2, angegebenen Kennzeichen der Kirche.

9. »... elementa plura sanctificationis et veritatis«, Lumen Gentium, n. 8; vgl. n. 15 sowie Unit. Redintegr., n. 3 u. 13 ff.

10. Unit. Redintegr., n. 4.

11. Vgl. dazu *R. Slenczka:* Die Lehre trennt – aber verbindet das Dienen?, in: KuD 19, 1973, S. 125–149.

12. Dies schlug sich z. B. auf der Vollversammlung des Luth. Weltbundes in Evian 1970 nieder; vgl. den Bericht der Sektion II, Untersektion 4: Säkular-Ökumenismus (Evian 1970, epd-Dokumentation 3, hg. von *C. Krause* und *W. Müller-Römheld,* Witten und Berlin 1970, S. 121 f.).

13. Zum Beispiel bei J. B. Metz; vgl. unten S. 213.

14. So der Bericht der Sektion I der ÖRK-Vollversammlung von Uppsala 1968 (Bericht aus Uppsala 1968, hg. von *N. Goodall,* Genf 1968, S. 14). Vgl. unten S. 219 ff.

15. Vgl. z. B. *K. Rahner:* Schriften zur Theologie IX, S. 11 ff.

gesichts der quer durch die Kirchen laufenden »transkonfessionellen« Bewegungen, und zwar als Problem des Verhältnisses dieser Gruppen und Bewegungen zu den verfaßten Großkirchen wie auch des Verhältnisses der Gruppen und Bewegungen zueinander[16]. Solche Vielfalt wird zur Zerreißprobe für die Kirche in dem Augenblick, in dem solche Gruppen – nicht ohne Vorbild in der Geschichte der großen Kirchen – mit Absolutheitsansprüchen und damit automatisch sich verbindenden Diskriminierungen auftreten[17]. Schließlich stellt sich die Frage der Einheit auch im Verhältnis der verschiedenen Ebenen in der Kirche zueinander[18].

Wir gehen im folgenden einzelnen Problemschwerpunkten nach, die in der Diskussion um die Einheitsfrage ein besonderes Gewicht haben und gewissermaßen Schlüsselprobleme in diesem Zusammenhang bilden. Ohne ein eigenes Einheitsmodell zu entwerfen, werden wir damit doch über die theologischen Kriterien nachdenken, um die es bei jedem möglichen Einheitsmodell gehen muß.

2. Abendmahlsgemeinschaft

Es ist die gemeinsame Überzeugung bei allem Nachdenken über die Frage der Einheit der Kirche, daß solche Einheit sich zentral als Gemeinschaft in der Feier des Abendmahls darstellt und vollzieht[19]. Das Abendmahl ist in der Geschichte der Kirche in zunehmendem Maße zum entscheidenden Symbol kirchlicher Gemeinschaft und Einheit geworden[20]. Und dies geschah nicht ohne Grund: ist doch das Abendmahl seinem Wesen nach diejenige kirchliche Handlung, in der sich in einzigartiger Weise der Vollzug der Gemeinschaft mit Christus als Anteilhabe an ihm mit dem Vollzug der Gemeinschaft der Feiernden untereinander verbindet[21]. Die Abendmahlshandlung als geschichtli-

---

16. Vgl. dazu außer dem o. Kap. III, Anm. 17, genannten Band z. B. *J. Lell* u. *F. W. Menne (Hg.)*: Religiöse Gruppen. Alternativen in Großkirchen und Gesellschaft. Berichte, Meinungen, Materialien, Düsseldorf und Göttingen 1976.

17. Es sei in diesem Zusammenhang an die tragischen Ereignisse im Bereich der Ev.-Luth. Landeskirche Sachsens vom Sept. 1978 (Selbstverbrennung von Pfarrer Günther) und die daraufhin einsetzende tiefgreifende Besinnung über die Grenzen des Pluralismus erinnert.

18. Dieses Problem brach in den DDR-Kirchen sehr elementar nach der Selbstverbrennung von Pfarrer Brüsewitz im Jahre 1976 auf.

19. Es braucht nur an die weitgespannte Diskussion über das Problem der Interkommunion erinnert zu werden.

20. Dazu die Darlegungen von W. Elert, a.a.O.

21. Darin dürfte geradezu das Proprium des Herrenmahls liegen, worüber sehr viel nachgedacht worden ist (vgl. dazu die o. S. 174 Anm. 37 genannte Arbeit des Vf., bes. S. 298f.).

che Realisierung der in Christus immer schon vorgegebenen Einheit verliert ihren eigentlichen Sinn, wenn sie von Menschen gefeiert wird, die in der Tiefe – im Glauben oder in der Liebe – voneinander getrennt sind. Es ist dann »nicht des Herrn Abendmahl« (1 Kor 11,20). Und umgekehrt wird es von daher zur dringenden Frage, warum eine gemeinsame Abendmahlsfeier von Angehörigen verschiedener Kirchen Unrecht sein soll, wenn die Beteiligten eine Trennung im Glauben und in der Liebe, die ihre volle Gemeinschaft hindert, zwischen sich nicht mehr wahrnehmen können[22].

Umstritten ist nicht die prinzipielle Zusammengehörigkeit von Abendmahlsgemeinschaft und Einheit der Kirche, sondern umstritten sind die Bedingungen, die erfüllt sein müssen, damit Abendmahlsgemeinschaft verantwortlich vollzogen wird. Wenn Voraussetzung einer sinnvollen Abendmahlsgemeinschaft die Übereinstimmung in Glaube und Lehre ist: Welches Maß an Übereinstimmung wäre hier erforderlich? Welche Bedeutung kann an dieser Stelle der offiziell gültigen kirchlichen Lehre zukommen? Welche Rolle spielen die Glaubens- und Lehrdifferenzen *innerhalb* der Kirchen? Wenn Voraussetzung einer sinnvollen Abendmahlsgemeinschaft die Verbundenheit in der Liebe und im Dienst aneinander ist: Welches Maß an Differenzen im Feld mitmenschlicher, sozialer und politischer Verantwortung ist verträglich mit der Gemeinschaft am Tisch des Herrn[23]? Wenn Voraussetzung sinnvoller Abendmahlsgemeinschaft eine Anerkennung der Ämter und Dienste der jeweils anderen Kirche wäre: Welche Bedingungen müßten gerade auch auf dieser Ebene erfüllt sein, zumal wenn hier die Frage einer sogenannten »Gültigkeit« von Abendmahlsfeiern überhaupt aufgeworfen wird? Und was wäre über das Minimum eines »anzuerkennenden« Amtes auf der je anderen Seite hinaus als Strukturen gesamtkirchlicher Einheit wünschenswert oder gar nötig?

Mit diesen drei Bereichen, die hier zunächst als Bedingungen sinnvoller Abendmahlsgemeinschaft (und damit als Ausweis des wahren Einsseins der Kirche) benannt wurden, haben wir die *drei* entscheidenden Problemfelder in den Blick gerückt, auf denen das Problem der Einheit der Kirche im Gespräch ist und im folgenden noch näher bedacht werden muß.

Es hat sich in der ökumenischen Diskussion und Praxis im übrigen gezeigt, daß Abendmahlsgemeinschaft nicht einfach das definitive Endziel kirchlicher

---

22. Hier liegt das viel diskutierte Problem ökumenischer Basis-Gruppen (vgl. dazu außer der o. S. 205 Anm. 16 genannten Veröffentlichung auch: *P. Meinhold:* Außenseiter in den Kirchen, Freiburg 1977).

23. Können z. B. solche, die in der Frage der Rassendiskriminierung gegensätzliche Standpunkte einnehmen, ohne weiteres gemeinsam das Abendmahl feiern, auch wenn sie Kirchen mit gleichem Bekenntnisstand angehören? Nach der Erinnerung des Vf. tauchte diese Frage in der Diskussion um Menschenrechte und Rassendiskriminierung auf der Vollversammlung des LWB 1970 in Evian auf.

Gemeinschaft und Einheit ist, sondern immer auch ein Schritt auf dem Wege zu größerer Gemeinschaft und Einheit[24]. Dieser Aspekt hat besonders Bedeutung für die innerkirchliche Einheitsproblematik: Gerade *weil* innerhalb der Kirchen Abendmahlsgemeinschaft besteht – dasselbe gilt dort, wo *zwischen* verschiedenen Kirchen Abendmahlsgemeinschaft besteht –, bedarf es der ständigen Überlegung, welcher Grad von Differenzen in Glaubensfragen sowie in ethisch-sozialen Überzeugungen und Handlungsweisen von daher überhaupt noch legitim sein kann. Darin zeigt sich zugleich die Aufgabe glaubwürdiger kirchlicher Existenz; denn nur eine Kirche, deren eucharistische Gottesdienste eine Entsprechung in der Einmütigkeit von Glauben und Liebe finden, strahlt durch ihr Dasein etwas vom Lichte Christi aus. Hieran wird deutlich, wie sehr in der Sache Einheit und Sendung der Kirche zusammengehören[25].

Eine weitere in diesem Zusammenhang sich aufdrängende Frage ist die nach einem offenen Abendmahl. Ist es mit dem Sinn des Abendmahls vereinbar, überhaupt irgendwelche Grenzen für die Teilnahme und Gemeinschaft an dieser Stelle aufzurichten? Widerspricht das nicht insbesondere der Intention Jesu, der sich mit Zöllnern und Sündern an einen Tisch setzte[26]? Hier meldet sich eine noch grundsätzlichere kritische Anfrage an die von den Kirchen geübte Praxis der Abendmahlszulassung. Dieser Frage gegenüber wären jedoch in modifizierter Form Gesichtspunkte zu wiederholen, von denen bereits die Rede war[27]: Ist eine sinnvolle Teilnahme – gerade auch im Blick auf die Mahlzeiten des vorösterlichen Jesus – nicht tatsächlich nur dann gegeben, wenn das Bekenntnis zu Jesus als dem Heiland der Welt und meines Lebens vorausgesetzt werden kann, und wenn dieses Mahl im Geist der Liebe und Versöhnung gefeiert wird (Mt 5,23 f.)? Ob sich von diesen Kriterien her die herrschende Praxis der Abendmahlstrennung zwischen den Konfessionen noch in jeder Hinsicht rechtfertigen läßt, ist dann allerdings immer noch eine offene Frage.

---

24. Vgl. Unit. Redintegr., n. 8; vgl. etwa auch: Leuenberger Konkordie, Ziff. 35 ff. Diese Einsicht ist auch einer der Hintergründe für die verschiedenen Stufen von Interkommunion, wie sie z. B. von der Weltkonferenz für Glauben und Kirchenverfassung in Lund 1952 terminologisch voneinander abgesetzt wurden (vgl. Die Einheit der Kirche. Material der ökumenischen Bewegung, hg. von *L. Vischer,* München 1965, S. 130 ff.).
25. Vgl. dazu bereits oben S. 138 Anm. 8.
26. Vgl. hierzu auch die These von einem prinzipiell »öffentlichen und offenen Gemeinschaftsmahl für den Frieden und die Gerechtigkeit der Welt« (J. Moltmann: Kirche in der Kraft des Geistes, a.a.O. S. 270).
27. Vgl. die Auseinandersetzung mit T. Rendtorff, o. S. 170 f.

3. Einheit in der Wahrheit

Daß die Kirche nur dort wirklich *eine* Kirche (im Sinne ihrer geschichtlichen Verwirklichung) ist, wo sie in der Wahrheit eins ist, nämlich »übereinstimmt im Verständnis des Evangeliums« (CA VII), im Bekenntnis des einen christlichen Glaubens[28], und daß es von daher eindeutige Kriterien für die Unterscheidung von wahrer und falscher Kirche gibt, war für die Reformatoren und ihre Gegner in gleicher Weise selbstverständlich. Auch gegenwärtig gilt die Gemeinsamkeit im Verständnis und Bekenntnis des Glaubens und der Wahrheit als ein wesentliches Merkmal kirchlicher Einheit[29]. Allerdings werden solche Aussagen heute angesichts einer gegenüber dem 16. Jahrhundert gewachsenen Vielfalt in den Ausdrucksweisen des christlichen Glaubens, in Theologie, Frömmigkeit und Leben, und vor allem im stärkeren Bewußtsein der Legitimität, ja Notwendigkeit einer solchen Vielfalt gemacht. So heißt es im sogenannten Salamanca-Bericht über Einheit und Konziliarität, daß das »einheitliche Verständnis des Evangeliums« als Bedingung konziliarer Gemeinschaft »nicht unbedingt mit denselben Worten ausgedrückt werden« muß, daß es »jedoch ausreichender gegenseitiger Verständigung unter den Kirchen« bedürfe, »damit sie einander zugestehen, sichtbar in ein und derselben Wahrheit zu sein«[30]. Das Modell der Kirchengemeinschaft reformatorischer Kirchen in Europa basiert auf der Voraussetzung, daß eine gemeinsame Aussage über das Rechtfertigungsverständnis und eine zureichende theologische Klärung in den kirchentrennenden Kontroversfragen das Mit- und Nebeneinander verschiedener Bekenntnisse erlaubt[31]. Die jüngste Diskussion um die Frage einer etwaigen Anerkennung der Confessio Augustana durch die römisch-katholische Kirche war weithin getragen von der Überzeugung, es sei möglich, daß die katholische Kirche dieses Dokument für christlich und kirchlich legitim erklärt, ohne es sich damit als Ausdruck des *eigenen* katholischen Wahrheitsverständnisses direkt zu eigen zu machen[32]. Auf eine größere Flexibilität in der Frage der Einheit in der Wahrheit deutet auch der Gedanke der »Hierarchie der Wahrheiten« hin[33], wonach es zentrale und weniger zen-

---

28. So R. Bellarmin, a.a.O. (S. 204 Anm. 8).

29. Vgl. z. B. Leuenberger Konkordie, Ziff. 29; Unit. Redintr., n. 2.

30. Die nächsten Schritte auf dem Weg zur Einheit (Salamanca-Bericht, 1973), in: Wandernde Horizonte auf dem Weg zu kirchlicher Einheit, hg. von *R. Groscourth,* Frankfurt 1974, S. 166.

31. Vgl. Leuenberger Konkordie; v. a. Ziff. 6. 27–29.

32. Vgl. z. B. *W. Kasper*: Was bedeutet das: Katholische Anerkennung der Confessio Augustana?, in: Katholische Anerkennung des Augsburg. Bekenntnisses?, hg. von *H. Meyer u. a.,* Frankfurt 1977 (Ökumen. Perspektiven 9), bes. S. 152.

33. Vgl. Unit. Redintegr., n. 11.

trale Glaubenswahrheiten gibt. Ein ähnlicher Gedanke findet sich, wie wir schon sahen, bereits bei Calvin[34].

Die hier anstehende Problematik ist vielfältig diskutiert worden unter dem Gesichtspunkt der Bedeutung des Bekenntnisses für die Kirche und ihre Einheit. Es ist unumstritten, daß die Kirche von Anfang an bekennende Kirche auch und gerade in dem Sinne war, daß zum festen Bestand ihrer Überlieferung und ihres Lebensvollzuges Bekenntnisse im Sinne zentraler Formulierungen des Glaubens gehörten, in denen »Gebet und Zeugnis, Doxologie und Lehre in eigentümlicher Weise zusammenfallen«[35]. Und es ist ebenfalls nicht bestritten, daß ein Mindestmaß solcher Formulierungen für die Kirche zu jeder Zeit als Erweis ihrer Einheit im Glauben unentbehrlich ist, gewissermaßen als Institution einer »kommunitären terminologischen Sprachregelung«[36], die wir als Gemeinschaft brauchen, um uns der Selbigkeit unseres Glaubens zu vergewissern. Gleichzeitig hat aber das Nachdenken über Bekenntnis und Bekenntnisbindung stärker auf die *Grenzen* jeder Bekenntnisformulierung aufmerksam werden lassen. In keinem Bekenntnis kann die Fülle der Wahrheit des angesprochenen Glaubensgegenstandes erschöpfend ausgesagt werden, häufig werden nur unumgängliche Grenzmarkierungen festgelegt[37], vor allem läßt ein Bekenntnis nicht die Vielfalt des in der Kirche legitimen Glaubenszeugnisses sichtbar werden[38]. Sodann ist der geschichtliche Charakter jedes Bekenntnisses zunehmend in den Blick getreten, seine Abhängigkeit von Fragestellungen, Denkvoraussetzungen, Sprache und Begrifflichkeit einer bestimmten Zeit[39]. Das Verhältnis von (überliefertem) Bekenntnis und (je heutigem) Bekennen wurde schon in der konfessionellen Theologie des 19. Jahrhunderts und dann wieder in der Zeit des Kirchenkampfes erörtert[40]. Schließlich spielt im Zusammenhang der Bekenntnisproblematik auch die prinzipielle Differenz zwischen gemeinter Sache des Evangeliums und dem, was wir redend zum Ausdruck bringen können, eine Rolle, weil sie in besonders grundlegender Weise auf die Notwendigkeit immer

---

34. Vgl. o. S. 63.
35. E. Schlink, a.a.O. S. 35.
36. *K. Rahner:* Schriften zur Theologie V, S. 68.
37. Dies gilt z. B. für das christologische Dogma von Chalcedon.
38. Vgl. dazu *U. Kühn:* Die Zukunft einer Tradition. Vom Neu-Lesen der Confessio Augustana als maßgeblicher Gestalt christlicher Überlieferung, in: LWB-Report Nr. 9, 1980.
39. Dieser Gesichtspunkt kommt in bemerkenswerter Weise bei neueren katholischen Interpretationen der Transsubstantiationslehre zum Tragen (z. B. bei *E. Schillebeeckx*: Die eucharistische Gegenwart, Düsseldorf 1967).
40. Vgl. *H.-J. Reese:* Bekenntnis und Bekennen. Vom 19. Jahrhundert zum Kirchenkampf der nationalsozialistischen Zeit, Göttingen 1974; *U. Kühn:* Das Bekenntnis als Grundlage der Kirche, in: Bekenntnis und Einheit der Kirche. Studien zum Konkordienbuch, hg. von *M. Brecht* und *R. Schwarz*, Stuttgart 1980.

neuer menschlicher Anläufe hin zu dem Einen, was der Kirche anvertraut ist, hinweist[41]. Von diesen Überlegungen und Einsichten her dürfte es deutlich sein, daß das Problem kirchlicher Einheit nicht einfach durch die Forderung uniformer Glaubens- und Lehraussagen zu lösen ist. Sosehr die Kirche um ihrer Einheit willen, besonders in Situationen der Glaubensunsicherheit oder des kirchenzerstörenden Glaubensstreites, immer wieder der verbindlichen Lehraussagen bedarf[42], sosehr stellt sich – zum Beispiel in wachsendem Maße durch die religiösen Gruppen und Bewegungen – an die Großkirchen die Frage, ob ihre Lehren und ihr Leben den vielfältigen Möglichkeiten und Dimensionen des Evangeliums genügend Raum bieten. St. Pfürtner formuliert im Blick auf eine nötige innerkirchliche Pluralität: »Die Orthodoxie braucht die Heterodoxie und tut schlecht daran, sie als Häresie abzustempeln. Die Heterodoxie muß geradezu als funktionaler Teil der Orthodoxie bezeichnet werden, will diese nicht in traditionalistische, positivistische und damit rationalistische Pragmatik absinken.«[43] Wiederholt ist ja auch sonst auf die für die Kirche und ihre Lehre unentbehrliche Funktion derer hingewiesen worden, die die Kirche versuchte, aus dem Prozeß der Wahrheitsfindung auszuschalten[44].

Solche Vielfalt wird vor Beliebigkeit und letzter Unverbindlichkeit dann bewahrt, wenn sie gepaart ist mit Dialogbereitschaft. Aus solchem Dialog kann es, wie das ökumenische Gespräch zeigt[45], zu konvergierenden Einsichten und womöglich konsentierenden Aussagen kommen, denen eine Verbindlichkeit und Autorität dann auf Grund des Prozesses solcher »communicatio fidei« eignet[46]. Vermutlich ist solcher Dialog und solche Vergewisserung der

---

41. Karl Rahner formuliert: »Die theologische Aussage ist eine Aussage ins Mysterium hinein« (Schr. z. Theologie V, S. 72).
42. Dieses Problem wird aufgenommen in der Faith and Order-Studie »Wie lehrt die Kirche heute verbindlich?« (vgl. dazu den Band: Verbindliches Lehren der Kirche heute, hg. vom Deutschen Ökumenischen Studienausschuß, Beih. z. ÖR 33, Frankfurt 1978).
43. In J. Lell und F. W. Menne, a.a.O. (o. S. 205 Anm. 16), S. 88.
44. Man denke z. B. an die »Unparteiische Kirchen- und Ketzerhistorie« von G. Arnold (1699/1700), aber auch an ein Werk wie W. Nigg: Das Buch der Ketzer, Zürich 1949 (1962⁴).
45. Die vorliegenden Ergebnisse des ökumenischen Dialogs verbieten einen ökumenischen Pessimismus, stellen vielmehr Anfragen an die Kirchen dar, welche Konsequenzen sie daraus zu ziehen gewillt sind.
46. Vgl. den Gedanken einer »Verbindlichen Kommunikation des Glaubens« bei A. Houtepen: »Lehrautorität« in der ökumenischen Diskussion, in: Verbindliches Lehren der Kirche heute, a.a.O. (o. Anm. 42), bes. S. 179ff. Von geistlicher Verbindlichkeit und Autorität in der Kirche müßte wohl in zweierlei Weise gesprochen werden: im Sinne der Verbindlichkeit, die dem unmittelbar das Gewissen treffenden und es überführenden Wort eignet, und im Sinne der Verbindlichkeit eines Konsensus in der Kirche als Ergeb-

Einheit in der Wahrheit besonders auch dort aussichtsreich, wo er sich in thematischen Bereichen bewegt, die durch traditionelle Kontroversen weniger belastet sind[47]. Auch die Lehr- und Glaubensdifferenzen *innerhalb* der Kirchen und die Probleme, die mit den »transkonfessionellen« Bewegungen gegeben sind, sind nur in solcher Dialogbereitschaft durchzustehen, in der Bereitschaft, die eigene Position und Erkenntnis hinterfragen zu lassen, Impulse und Einsichten der anderen Seite anzunehmen[48]. Damit ist aber das Problem der Einheit in der Wahrheit zugleich als ein solches erwiesen, das aufs engste eingebunden ist in den Lebensvollzug der Kirche insgesamt und ausgreift auf die Dimension der Einheit in der Liebe.

4. Einheit im Zeugnis und Dienst der Liebe

Daß die Einheit der Kirche wesentlich auch eine Einheit der Liebe und der Gemeinschaft gelebten Lebens ist, ist keine Aussage, die typisch für die Ekklesiologie im Spätwerk der Reformatoren wäre. Luther sieht hier kein charakteristisches Wesensmerkmal, an dem man die Kirche erkennen kann[49]. Für Calvin tritt der Gesichtspunkt des Lebens nach den Geboten Gottes ekklesiologisch im Zusammenhang von Zucht und Regieramt in der Kirche in den Blick, wird aber ebenfalls nicht unter dem Gesichtspunkt von Gemeinschaft und Einheit in der Liebe erörtert. Demgegenüber kennt die neutestamentliche Ekklesiologie die Liebe als Einheitsband (Eph 4,3; Kol 3,14), durch liebloses Essen und Trinken des Abendmahls wird man an Christus, der die Gemeinde zu seinem Leibe macht, schuldig (1 Kor 11,27)[50]. Ohne Zweifel hatten die Reformatoren Gründe, die Akzente anders zu setzen. In den ekklesiologischen Entwürfen in der Mitte des 20. Jahrhunderts kommt die grundlegende »ethische« Dimension der Kirche in zunehmendem Maße zum Ausdruck, so etwa in Althaus' Überlegungen zur »communio sanctorum« und in Barths Gedanken von der Kirche als Bruderschaft. Das Gewicht der Frage nach dieser

nis der »communicatio fidei« (vgl.: Wie lehrt die Kirche heute verbindlich?, redigiert von U. Kühn, in: Die Zeichen der Zeit 1978, S. 321–328). Rechtliche Absicherungen der Autorität können demgegenüber nur sekundären, begleitenden Charakter haben.
47, Das belegt z. B. die Faith and Order-Studie »Rechenschaft über die Hoffnung, die in uns ist« und ihr in Bangalore 1978 verabschiedetes Ergebnis.
48. Das ist z. B. im Anschluß an die o. S. 205 Anm. 17 erwähnten Ereignisse ganz besonders bewußt geworden. – Vgl. ferner die Stellungnahme des Straßburger Ökumen. Instituts, in: Neue transkonfessionelle Bewegungen, a.a.O., bes. S. 41 ff.
49. Anders noch die Ekklesiologie in Luthers Abendmahlssermon von 1519 (WA 2,742 ff.).
50. Diese ekklesiologischen Implikationen des Abendmahlsverständnisses von 1 Kor 11 haben in der innerevangelischen Abendmahlsdiskussion bes. der 50er Jahre eine erhebliche, z. T. irritierende Rolle gespielt.

»ethischen« Dimension der Kirche als Merkmal ihrer Einheit wird gegenwärtig besonders durch die Erfahrung von Kommunitäten und anderen kirchlich-religiösen Gruppen deutlich, die bekanntlich zu offiziell »unerlaubten« oder gerade noch geduldeten ökumenischen Konsequenzen geführt hat[51]. Die Bedeutung gelebten Lebens für die Einheit der Christen ist in besonderem Maße aber auch dort erfahren worden, wo Christen verschiedener konfessioneller und theologisch-kirchlicher Herkunft sich zu gemeinsamem Zeugnis und Dienst für die Welt zusammenfanden[52]. Relativiert sich, was Kirchen und Christen lehrmäßig trennt, nicht automatisch, wo sie gemeinsam gefordert sind, Rechenschaft über ihren Glauben abzulegen und sich für Gerechtigkeit und Menschlichkeit in der Welt einzusetzen? Das war die Erfahrung, die im Kontext der Weltkonferenz für praktisches Christentum in Stockholm 1925 zu der Formulierung führte, die bald zu einem ökumenischen Schlagwort wurde: »Die Lehre trennt, aber das Dienen verbindet.«[53] Dieser Satz und der damit verbundene Gedanke hat sich als viel mehr erwiesen als als bloßer Ausdruck eines ökumenischen Pragmatismus, der die Schwierigkeiten der die Ökumene belastenden theologischen Differenzen teils fürchtet, teils als unfruchtbare theoretische Spitzfindigkeiten disqualifiziert.

Zu einer spektakulären, viel diskutierten Aussage hat der in die Frage nach der Einheit der Kirche eingerückte Gesichtspunkt der (besonders gesellschaftlichen) Praxis 1968 in Uppsala geführt, wo sowohl in einer Rede W. A. Visser t'Hoofts wie im Bericht der Sektion III im Blick auf versagten sozialen Einsatz der Kirchen und einzelner von »Häresie« gesprochen wurde. »Angesichts der Nöte der Welt selbstzufrieden sein bedeutet, der Häresie schuldig werden.«[54] Gesellschaftliche und soziale Praxis der Kirchen wird nach dieser Aussage zum Kriterium dafür, ob wirkliche geistliche Gemeinschaft zwischen Kirchen gegeben ist. Im sogenannten »Säkular-Ökumenismus«, der »mehr als die Einheit der Kirchen«[55] anstrebt, ist der Dienst an der Welt, ihrer Einheit und Versöhnung als übergreifender, die traditionelle ökumenische Zielstel-

---

51. Vgl. die o. S. 154 Anm. 17, S. 205 Anm. 16 und S. 206 Anm. 22 genannten Veröffentlichungen. Besonders ist in diesem Zusammenhang auch auf die Gemeinschaft von Taizé hinzuweisen.

52. Das hat z. B. im Selbstverständnis der im Bund der Ev. Kirchen in der DDR zusammengeschlossenen Kirchen als »Zeugnis- und Dienstgemeinschaft in der sozialistischen Gesellschaft« eine erhebliche Rolle gespielt. Vgl. aber auch J. Lell und F. W. Menne, a.a.O.; Leuenberger Konkordie, Ziff. 35.

53. Dazu R. Slenczka, a.a.O. (o. S. 204 Anm. 11).

54. Bericht aus Uppsala, a.a.O. S. 53; vgl. den Passus aus der Rede W. A. Visser t'Hoofts, ebd. S. 337.

55. So der Titel eines Vorbereitungsdokuments für die LWB-Vollversammlung 1970 in Evian, abgedr. in Luth. Rundschau 20, 1970, H. 1.

lung insgesamt transzendierender Gesichtspunkt geradezu zum Leitmotiv ökumenischer Verantwortung erklärt worden[56].

Im katholischen Raum finden sich ähnliche Gedanken etwa bei J. B. Metz[57]. »Die ökumenische Frage ist in sich selbst zu einer Frage der kirchlichen Reform geworden«, weil nur der Wandel in den Strukturen und der öffentlichen Praxis der Kirchen die Ökumene voranbringt (13). Die Lösung der Konflikte zwischen den Kirchen hängt nicht allein und nicht primär von theologischer Klärung ab, sondern braucht eine »soziale Basis in der gewandelten Praxis der Gemeinschaft der Gläubigen« (25), sie hängt ab von der Wahrhaftigkeit und Glaubwürdigkeit der Kirchen und ihrer Gläubigen. Die Einheit wird nicht in der reinen Theologie, sondern im glaubwürdig »praktizierten Bekenntnis der Kirchen« gefunden (14f.). Das gilt vor allem auch in der Hinsicht, daß die Kirchen jede für sich und miteinander in der Auseinandersetzung mit den Problemen und Herausforderungen der Welt von heute als ihrem »dritten Partner« stehen (33). Metz nennt das »die Figur der ›indirekten Ökumene‹«. »Der theologische Fundort (locus theologicus) der verlorenen und gesuchten Einheit der Christen ist primär jene ›fremde Welt‹, die der Sohn als sein ›Eigentum‹ reklamierte und in die hinein Kirche sich immer neu übersteigen muß, wenn sie sich nicht selbst verlieren oder verraten will« (36). In diese »fremde Welt« haben die Kirchen die »gefährliche Erinnerung« an Jesus einzubringen als kritisch-befreiende Kraft, und diese Gefährlichkeit wird zum »Kriterium ihrer genuinen Christlichkeit« (41). Indem sie aber so sich selbst und die eigenen Traditionen transzendieren (und darin gerade ihren eigentlichen Inhalt besonders ernst nehmen), »kommen sie sich auch einander näher und wachsen in der Einheit der Kirche Christi« (37).

Gewiß hat Metz insofern recht, als so, wie die Sendung in die Welt das Wesen der Kirche bestimmt[58], auch die Verweigerung des Dienstes an der Welt ihre Identität und damit ihre wahrhaftige Einheit gefährdet. Ähnliches gilt im Blick auf die innerkirchliche Praxis. Würde ihr Leben der Bewährung von Bruderschaft und Liebe als für die Einheit der Kirche belanglos angesehen, dann wäre hier ein Mißverständnis der Rechtfertigungslehre[59] oder aber ein allzu

---

56. Auch die Faith and Order-Studie »Einheit der Kirche – Einheit der Menschheit« ist von diesem Impuls mitbestimmt (vgl. dazu: *G. Müller-Fahrenholz:* Einheit in der Welt von heute, Frankfurt 1978).

57. *J. B. Metz:* Reform und Gegenreformation heute, Mainz und München 1969. Die folgenden Seitenverweise im Text beziehen sich auf diese Schrift. – Im übrigen wäre in diesem Zusammenhang auch noch einmal an die Charakterisierung der Kirche als »Zeichen und Werkzeug für die innerste Vereinigung mit Gott wie für die Einheit der ganzen Menschheit« in Lumen Gentium, n. 1, zu erinnern.

58. Vgl. dazu o. S. 150ff.

59. Vgl. o. S. 171 zu T. Rendtorff.

einseitig hierarchisch-amtsbezogener Kirchenbegriff zu vermuten. Jedoch muß nun doch auch bedacht werden, daß die »Erinnerung an Jesus« primär deshalb eine »gefährliche Erinnerung« ist, weil sie uns total auf Gott und sein Kommen verweist, uns alle Eigengerechtigkeit aus der Hand schlägt, uns in die Haltung des Gebetes treibt[60] – und in diesem Kontext zur totalen Hingabe an den anderen Menschen und zur Bereitschaft des Leidens befreit[61]. Gerade wegen dieser spezifischen Eigenart der Jesus-Erinnerung aber ist es zumindest mißverständlich, die Welt zum geistlich-theologischen Fundort der gesuchten Einheit der Christen zu erklären. Auf die *Art, wie* sich die Kirche der Welt zuwendet, in welchem Geist, mit welchem Ziel, kommt es entscheidend an, und das ist allein in der Botschaft von Jesus zu hören und zu lernen. Deshalb wird die Kircheneinheit durch Leben und Praxis der Kirche zwar entscheidend auf die Probe gestellt, die bleibende Orientierung an diesem Jesus ist jedoch der entscheidende Einheitsfaktor, der die Praxis in die (immer neu gehörte und gelehrte) Jesuswahrheit einbindet.

Wegen des Charakters dieser Jesuswahrheit sollte man auch den Häresiebegriff nicht auf ethisch-soziales Versagen ausdehnen. Denn von Jesus her wird sich das Kirchesein der Kirche immer gerade darin erweisen, daß in der Hingabe an ihn ein solches Versagen unter die erneuernde Macht der Vergebung gerückt wird, während ein mit Recht so zu nennender häretischer Glaube gerade diese Möglichkeit verbauen würde. Darüber hinaus wird es gerade im sozialethischen und politischen Handlungsfeld auch in Zukunft so unterschiedliche, ja gegensätzliche Positionen von Christen geben – wegen der Vieldeutigkeit der in der Welt gegebenen Situationen[62] –, daß ein Zerreißen der Einheit an diesen Divergenzen nur durch die Gemeinsamkeit des Glaubens an Jesus Christus und das dadurch eröffnete gegenseitige Sich-Annehmen möglich ist[63].

5. Strukturen der Einheit

Daß zu den Bedingungen und zur Ausformung wahrer kirchlicher Einheit, wie sie sich zentral in der Gemeinsamkeit am Tisch des Herrn vollzieht, auch bestimmte Erfordernisse der Ämterstruktur der Kirchen gehören, widerspricht

---

60. Vgl. dazu R. Slenczka, a.a.O.
61. Vgl. oben S. 145 ff. Dazu die Kritik an der charismatischen Bewegung, in: Neue transkonfessionelle Bewegungen, a.a.O. S. 371.
62. Vgl. dazu *H.-G. Stobbe* und *Th. Quecke:* Zur ökumenischen Relevanz der Spontangruppen, in: J. Lell und F. W. Menne, a.a.O. S. 148.
63. Vgl. R. Slenczka, a.a.O. In diesem Sinne impliziert die Rechtfertigungs-Botschaft in der Tat »die volle gegenseitige Annahme aller Menschen in Kirche und Gesellschaft« und muß die Kirche ein Zeichen der Versöhnung innerhalb einer unversöhnten

nur scheinbar reformatorischen Grundsätzen. Denn das »satis est« von CA VII meint, indem es die Lehre des Evangeliums und die Verwaltung der Sakramente nennt, zugleich auch diejenigen, die hier lehren und »verwalten«. Der Kirchenbegriff der Reformation ist kein amtsloser Kirchenbegriff[64]. Wie wenig das der Fall ist, zeigt sich besonders eindrücklich an der von uns dargestellten Ekklesiologie Melanchthons und Calvins. Daß in CA VII ausdrücklich nur Evangelium und Sakrament, nicht aber das Amt genannt wird, weist auf die Relativität der Amts-Institution gegenüber den von ihm wahrzunehmenden Funktionen hin[65]. Umgekehrt ist aber in den Kirchen der Reformation die Einsicht gewachsen, daß die kirchliche Einheit, auch über den Bereich der Ortskirche hinaus und sogar auf universaler Ebene, der Institutionalisierung bedarf als eines für uns Menschen unumgänglichen Mittels der Bewahrung und Praktizierung geistlicher Wirklichkeit[66]. Drei Aspekte sind hier von besonderer Bedeutung.

a) Anerkennung der Ämter

Daß die Frage der wechselseitigen Anerkennung der Ämter zu einer der entscheidenden ökumenischen Fragen geworden ist, ist indessen weniger in der reformatorischen Amtslehre als in der Amtslehre der römisch-katholischen und der orthodoxen Kirchen begründet, die die Gültigkeit der Ordination, wie wir sahen, vom Stehen des ordinierenden Bischofs in der Kette der apostolisch-bischöflichen Sukzession abhängig machen. Nun gab es gewiß auch von den Reformatoren her ein Problem der Ämteranerkennung: Den Bischöfen und dem Papst wurde der Gehorsam aufgekündigt und damit die Anerkennung entzogen, weil sie die Predigt des Evangeliums von der Rechtfertigung aus Gnaden nicht zuließen[67]. Sofern indessen dieser Vorwurf heute nicht mehr zutrifft, wird auch das Vorhandensein eines legitimen kirchlichen

---

Menschheit sein, wie es angesichts der Apartheid-Situation von den lutherischen Kirchen Südafrikas betont worden ist (U. Duchrow, in: Kirche als »Gemeinde von Brüdern« [Barmen III], a.a.O. S. 288f.).

64. Vgl. o. S. 182.

65. Daß es sich bei der Einrichtung von kirchlichen Ämtern immer nur um »regulative Akte«, nicht aber um theologische Notwendigkeiten handelt, wie *E. Gräßer* kürzlich unter Hinweis auf W. Marxsen gemeint hat (Neutestamentliche Grundlagen des Papsttums?, in: Papsttum als ökumenische Frage, hg. von der Arbeitsgemeinschaft ökumenischer Universitätsinstitute, München und Mainz 1979, S. 53), stellt auch im Blick auf das luth. Bekenntnis eine Verkürzung des Problems dar.

66. Das ergibt sich aus dem o. S. 167ff. zum Institutionenproblem Erörterten, ist aber als Einsicht auch in evangelischen Bemühungen um gesamtkirchliche Zusammenschlüsse wirksam.

67. Vgl. Apol. XIV, 2ff.; Tractatus De potestate et primatu papae 38. 57. 66.

Amtes in der römisch-katholischen Kirche nicht bestritten[68]. In dem umgekehrten Drängen auf formelle Eingliederung in die apostolische Sukzession ist offensichtlich das Motiv maßgebend, daß nur ein solches Amt als legitim gelten kann, das ganz ausdrücklich und also äußerlich erweisbar im Zusammenhang der Gesamtkirche fungiert. Vielleicht muß es die evangelische Tradition neu lernen, daß die Wahrheit des Amtes und seiner Funktionen und damit die Wahrheit der Kirche überhaupt *auch* daran hängt, daß eine aufweisbare Gemeinschaft mit der Kirche aller Zeiten und Orte gegeben ist[69].

In ökumenischen Dokumenten zur Amtsfrage zeigt sich das Bemühen und die Hoffnung, auf dem Wege der gegenseitigen Anerkennung der Ämter voranzukommen[70]. Von römisch-katholischer Seite versucht man, die Aussage des Ökumenismusdekrets des II. Vaticanums (n. 22) vom »defectus ordinis« in den reformatorischen Kirchen so zu interpretieren, daß damit nicht ein völliges Fehlen der Amtsvollmacht, sondern lediglich ein »Mangel an der Vollgestalt des kirchlichen Amtes« gemeint sei[71]. Außerdem wird in diesem Zusammenhang auf die bereits erwähnten nachweisbaren Fälle presbyterialer Ordination und auf die Möglichkeit spiritueller Neuaufbrüche hingewiesen[72]. Den entscheidenden Hintergrund solcher Erwägungen bilden die Ergebnisse der ökumenischen Gespräche über bislang trennende Glaubensfragen und insbesondere auch über das Amtsverständnis[73]. Als Folge der Rezeption dieser Ergebnisse durch die Kirchen sollte es möglich sein, über gewisse vorläufige Grade der Anerkennung[74] hinaus zu einer vollen wechselseitigen Anerkennung der Ämter zu kommen, in der sich gleichzeitig die wechselseitige Anerkennung als Kirchen im wahren und vollen Sinn und die Eröffnung der vollen eucharistischen Gemeinschaft vollzöge[75].

b) Das Petrusamt

Im Zusammenhang der Frage nach Strukturen gesamtkirchlicher Einheit auf universaler Ebene ist es in den letzten Jahren zu einer Diskussion über das

---

68. Vgl. Malta-Bericht, Nr. 64; Das geistliche Amt, Nr. 77.
69. Das hat letztlich etwas zu tun mit einer notwendigen Erweiterung des Wahrheitsverständnisses: Ein Satz, eine Handlungsweise ist als wahr zu erweisen nicht nur aus der zutreffenden Gegenstandsbezogenheit (Korrespondenz-Wahrheit), sondern zugleich auch aus dem Eingebundensein in einen Konsensus (Konsensus-Wahrheit). Vgl. dazu: *W. Pannenberg:* Wissenschaftstheorie und Theologie, Frankfurt 1973, S. 219f.
70. Das Amt (Accra), n. 88–106; Das geistliche Amt, Nr. 72–84.
71. Das geistliche Amt, Nr. 75.
72. Malta-Bericht, Nr. 58.63; Das geistliche Amt, Nr. 74.
73. Vgl. z. B. Das Amt (Accra), n. 91.
74. Das Amt (Accra), n. 94ff.
75. Das geistliche Amt, Nr. 80 und 81.

»Papsttum als ökumenische Frage«[76], über ein mögliches Amt universaler Einheit der Kirche gekommen[77]. In dieser Diskussion spielen die exegetisch-historischen und hermeneutischen Fragen, wie wir ihnen bereits an früherer Stelle begegneten, eine besonders starke Rolle. Die gemeinsame Einsicht geht in die Richtung, daß das spätere Papstamt als solches nicht »direkt im Neuen Testament grundgelegt« ist[78], sondern sich in einem mehr »soziologischen als theologisch-glaubensmäßigen Prozeß«[79] in den ersten Jahrhunderten herausgebildet hat. Gleichwohl kann aber von einem »neutestamentlichen Petrusamt« im Sinne einer nachösterlichen »Petrus-Idee« oder einer »Symbolisierung« des Petrus gesprochen werden. Diese »Petrus-Idee« hat primär eine Art Legitimationsfunktion im Blick auf die nachösterliche Weitergabe der Evangelien-Überlieferung, und sie ist dann – anfangend schon im Neuen Testament, besonders bei Matthäus – in Richtung auf Gemeindeleitung und kirchliches Amt, und zwar auf das »eine kirchliche Amt«, das in der alten Kirche dann zunächst jeder Bischof innehatte, weiterentwickelt worden[80].

Was das spätere Papstamt betrifft, so steht im Vordergrund der Diskussion nicht mehr die Frage seiner Entwicklung aus neutestamentlichen Ansätzen, sondern die Frage, wie die aus verschiedenen soziologischen und historischen Gründen entstandene spätere Institution durch die Petrusgestalt des Neuen Testaments und des in ihr verkörperten Anliegens der Einheit der Kirche legitimiert werden könnte[81]. Diese Legitimationsfrage wird zum echten Problem und zur kritischen Rückfrage vor allem angesichts des im I. Vaticanum dogmatisch-verbindlich formulierten (und vom II. Vaticanum wieder aufgenommenen) Verständnisses des Papstamtes und zumal der weithin extensiven Auslegung und Praktizierung des so dogmatisch Festgelegten[82].

---

76. So der Titel eines bereits o. S. 215 Anm. 65 genannten Berichtsbandes über ein Symposion.

77. Auf die kaum noch übersehbare Literatur zu dieser Diskussion kann hier nur summarisch verwiesen werden. Vgl. neuerdings: Das kirchenleitende Amt. Dokumente zum interkonfessionellen Dialog über Bischofsamt und Papstamt, hg. von *G. Gaßmann* und *H. Meyer* (Ökumen. Dokumentation V), Frankfurt 1980. Dort ein Verzeichnis ausgewählter Literatur zur Papstfrage (S. 193).

78. E. Gräßer, a.a.O. (o. S. 215 Anm. 65), S. 51.

79. *J. Blank:* Petrus und Petrus-Amt im Neuen Testament, in: Papsttum als ökumenische Frage, a.a.O. S. 102.

80. Ebd. S. 101f. Vgl. auch etwa: *W. Trilling:* Zum Petrusamt im Neuen Testament, in: Theologische Versuche IV, hg. von *J. Rogge* und *G. Schille,* Berlin 1972, S. 27–46.

81. W. Pannenberg, in: Papsttum als ökumenische Frage, a.a.O. S. 325; vgl. auch E. Schlinks methodischen Vorschlag, ebd. S. 28.

82. Vgl. *O. H. Pesch:* Bilanz der Diskussion um die vatikanische Primats- und Unfehlbarkeitsdefinition, ebd. S. 159–211.

Es liegt auf dieser Linie, wenn von katholischen Theologen eine »Erneuerung des Papsttums ›im Lichte des Evangeliums‹« gefordert wird[83]. Im amerikanischen lutherisch-katholischen Dialog zu dieser Frage sind als Leitlinien solcher Erneuerung die Prinzipien der legitimen Vielfalt, der Kollegialität und der Subsidiarität genannt worden, und es wurde eine »freiwillige Begrenzung des Papstes im Blick auf die Ausübung seiner Jurisdiktion« vorgeschlagen[84]. Das besonders gewichtige und seit dem Buch »Unfehlbar?« von H. Küng[85] erneut heftig diskutierte Problem der Unfehlbarkeit des Papstes provoziert, auch wenn man dieses Dogma nicht extensiv, sondern sensu stricto interpretiert[86], die kritische Frage, ob denn das Bekenntnis zum Bewahrtwerden der Kirche in der Wahrheit (das von keinem evangelischen Christen bestritten wird) es tatsächlich nahelegt, die Möglichkeit apriorisch unfehlbarer Sätze unter Bedingungen, die vorher genau festgelegt sind, zu postulieren[87].

Die Festlegungen des I. Vaticanums und die seitherige Praxis haben begründete Zweifel aufkommen lassen, ob eine Erneuerung der Struktur des Papsttums in dem vorgeschlagenen Sinne realistischerweise erhofft werden kann[88]. Immerhin läßt es aufhorchen, wenn von römisch-katholischer Seite den orthodoxen Kirchen signalisiert wird, zur Aufnahme voller Kirchengemeinschaft sei die Anerkennung des I. Vaticanums nicht unabdingbare Voraussetzung[89]. Aber auch abgesehen von der Möglichkeit einer Reform des römischen Papsttums bleibt die Frage nach einem Amt universaler Einheit der Kirche eine zunehmend drängende Frage: nach einem Amt, das im ökumenischen Bereich hinausführt über die zur Zeit noch bestehende relative Unverbindlichkeit der Mitgliedschaft der Kirchen im Ökumenischen Rat der Kirchen[90]; nach einem Amt, das als »Dienst an der Gemeinschaft« für die Freiheit des Glaubens inmitten aller kirchlichen und gesellschaftlichen Konflikte ein-

---

83. *H. Stirnimann:* Ökumenisches Papsttum – ökumenischer Petrusdienst, ebd. S. 283.
84. Amt und universale Kirche, in: Papsttum und Petrusdienst, hg. von *H. Stirnimann* und *L. Vischer* (Ökumen. Perspektiven 7), Frankfurt 1975, S. 105–107 (= Das kirchenleitende Amt, s. o. Anm. 77, S. 63–65). Vgl. die von H. Stirnimann (Papsttum als ökumenische Frage, a.a.O. S. 284) aufgeführten Gesichtspunkte von G. Alberigo.
85. Einsiedeln 1970.
86. Wie es nach der Darstellung von O. H. Pesch, a.a.O. S. 175ff., die dogmatische Theologie und die Kirchengeschichtsschreibung getan hat (im Unterschied zur kurialen Theorie und Praxis).
87. Das ist der Kern der »Anfrage« von H. Küng; vgl. O. H. Pesch, ebd. S. 209.
88. Vgl. E. Schlink, in: Papsttum als ökumenische Frage, a.a.O. S. 21f.
89. So z. B. in dem (besonders für die Augustana-Debatte) grundlegenden, aber sehr schwer zugänglichen Aufsatz von *J. Ratzinger:* Prognosen für die Zukunft des Ökumenismus, in: Bausteine f. d. Einheit der Christen. Arbeitsblätter des Bundes für ev.-kath. Wiedervereinigung, Epiphanias 1977, 17. Jg., H. 65, S. 6–14.
90. E. Schlink, a.a.O. (o. Anm. 88), S. 13f.

tritt[91], das für den Prozeß der Wahrheitsfindung in der Breite des ökumenischen Miteinanders aller Kirchen[92], für die Praktizierung wirklicher Gemeinschaft unter den Kirchen und für die Erfüllung ihres missionarischen Auftrags Sorge trägt[93]; nach einem Amt, das in dem allen wesentlich als »Pastoralprimat«[94] zu beschreiben wäre. In diesem Sinne treten evangelische Theologen heute mit Recht dafür ein, über »ein ökumenisches Papsttum« nachzudenken[95], wollen lutherische Theologen »nicht die Möglichkeit ausschließen, daß eine bestimmte Form des Papsttums, das unter dem Evangelium erneuert und umgestaltet ist, ein angemessener sichtbarer Ausdruck des Amtes sein kann, das der Einheit und Ordnung der Kirche dient«[96].

c) Konziliare Gemeinschaft

In den ökumenischen Überlegungen zur Struktur kirchlicher Einheit ist im letzten Jahrzehnt das Modell der konziliaren Gemeinschaft von Kirchen in den Vordergrund gerückt. In der römisch-katholischen Kirche ist das Konzil als Darstellung und Vollzug gesamtkirchlicher Gemeinschaft im Zuge des II. Vaticanums wiederentdeckt worden, was seinen offiziellen theologischen Niederschlag im Gedanken der Kollegialität der Bischöfe gefunden hat[97]. In der Gemeinschaft des Ökumenischen Rates der Kirchen hat die Vollversammlung von Uppsala 1968, die hinausgehend über Neu-Delhi 1961 die »Einheit aller Christen an allen Orten« besonders in den Blick rückte, als anzustrebendes Ziel die Zeit ins Auge gefaßt, in der »ein wirklich universales Konzil wieder für alle Christen sprechen und den Weg in die Zukunft weisen kann«[98]. Aber der

---

91. *J. Moltmann:* Ein ökumenisches Papsttum?, ebd. S. 256 ff.; vgl. H. Stirnimann, ebd. S. 177 f.

92. O. H. Pesch, ebd. S. 209, spricht von einem Lehramt im Sinne eines dialogischen Prozesses. Vgl. ferner o. S. 210 f.

93. H. Stirnimann, ebd. S. 271 ff.

94. So schon *H. Küng:* Die Kirche, Freiburg 1967, S. 558; sodann: E. Gräßer, in: Papsttum als ökumenische Frage, a.a.O. S. 55; Amt und universale Kirche, a.a.O. (o. S. 218 Anm. 84), S. 108 (= S. 66).

95. J. Moltmann, a.a.O. (Anm. 91).

96. Amt und universale Kirche, a.a.O. S. 120 (= S. 78); zitiert in: Das geistliche Amt, Nr. 63.

97. Lumen Gentium, n. 22 und 23. Vgl. auch die im Rahmen von Faith and Order durchgeführten Studien über altkirchliche Konzile und die Berichte darüber: den in Bristol 1967 vorgelegten Bericht »Die Bedeutung des konziliaren Vorgangs in der alten Kirche für die ökumenische Bewegung«, in: Konzile und die ökumenische Bewegung (Studien des Ök. Rates Nr. 5), Genf 1968, S. 9–19; und den in Löwen 1971 vorgelegten Bericht »Das Konzil von Chalcedon und seine Bedeutung für die ökumenische Bewegung«, in: Löwen 1971, hg. von *K. Raiser,* Beih. z. Ök. Rundschau 18/19, Stuttgart 1971, S. 22–23.

98. Bericht aus Uppsala, a.a.O. S. 14.

auf dem Boden des Ökumenischen Rates entwickelte Gedanke der »konziliaren Gemeinschaft« meint mehr als nur die Institution solcher universaler Konzilsversammlungen. Schon die Vollversammlung von Uppsala selbst hat gleichzeitig von einer »wahrhaft universalen, ökumenischen, konziliaren Form des gemeinsamen Lebens und Zeugnisses«[99] gesprochen, und in Löwen 1971 hat die Kommission für Glauben und Kirchenverfassung deutlich zwischen einer hier ins Auge gefaßten »konstanten Struktur des Lebens der Kirche« und einem »Ereignis …, das eines Tages vielleicht stattfinden wird«, unterschieden[100]. Besonders für die »konstante Struktur des Lebens der Kirche« ist vielfach das Wort »Konziliarität« gebraucht worden.

Der Gedanke der konziliaren Gemeinschaft als Zielvorstellung für die erhoffte Einheit der Kirchen hat sich aus einem doppelten Grunde als faszinierend erwiesen. Mit diesem Begriff wurde eine Einheitsvorstellung entwickelt, die als Leitmodell für die Kirche auf den verschiedenen Ebenen – der örtlichen, der regionalen und der universalen Ebene – dienen kann[101] und etwas mit dem Band der Liebe zu tun hat, von dem oben die Rede war. Zugleich und vor allem aber geht diese Vorstellung davon aus, daß jede »Gefährdung der legitimen Freiheit und Vielgestaltigkeit« in der Kirche – und zwar auf allen Ebenen – vermieden werden muß, daß vielmehr »in echter allseitiger Gemeinschaft und gegenseitigem Vertrauen … die verschiedenen Mitglieder der *einen* Kirche unter Wahrung der uneingeschränkten Einheit ihren gemeinsamen Auftrag in der Welt auf unterschiedlichen Wegen und nach verschiedenen Methoden verfolgen« dürfen. Konziliarität ist eine kirchliche Lebensform auf allen Ebenen, »in der sich uneingeschränkte gegenseitige Annahme mit tiefer Achtung vor der ›Andersartigkeit‹ derer verbindet, die derselben Gemeinschaft angehören, aber ihren Auftrag auf andere Weise erfüllen«[102]. Ob solche konziliare Gemeinschaft letzten Endes eine gemeinsame kirchliche Verfassung – etwa die bischöfliche Verfassung – und auch das Ende verschiedener Jurisdiktionen an einem Ort erforderlich macht, wie von orthodoxer und anglikanischer Seite befürwortet wird, und ob in solcher Gemeinschaft die Familien der traditionellen Konfessionskirchen noch einen legitimen Ort haben – wie es der Gedanke einer »versöhnten Verschiedenheit«[103] zum Ausdruck bringt –, ge-

---

99. Ebd.

100. Löwen 1971, a.a.O. S. 227.

101. Ebd. S. 226 f.

102. Einheit der Kirche – Das Ziel und der Weg, in: Accra 1974, a.a.O. S. 68; vgl. den Bericht der Sektion II der ÖRK-Vollversammlung in Nairobi 1975 mit der Formulierung: »Konziliare Gemeinschaft im eigentlichen Sinne setzt die Einheit der Kirche voraus« (Bericht aus Nairobi 1975, hg. von *H. Krüger* und *W. Müller-Römheld,* Frankfurt 1976, S. 27).

103. Dieser Gedanke ist besonders im Luth. Weltbund diskutiert und akzeptiert worden. Er erfuhr allerdings auch auf der Faith and Order-Konferenz in Bangalore 1978

hört zu den nach wie vor in der Diskussion befindlichen Fragen in diesem Zusammenhang. In jedem Falle gehören zum Zielbegriff der vollen »konziliaren Gemeinschaft« die Einheit im Glauben, die eucharistische Gemeinschaft, die Anerkennung der Ämter, die Gemeinsamkeit in Zeugnis und Dienst und die Institution einer repräsentativen, autorisierten Versammlung – eben eines Konzils – aller Kirchen[104]. »Konziliare Gemeinschaft« ist aber in dem allen ein Einheitsmodell, das Einheit der Kirche – in ihrer geschichtlichen Verwirklichung auf dem Boden der vorausgehenden Christuswirklichkeit – als *Gemeinschaft* (koinonia im Sinne personaler Verbundenheit auf dem Grunde der Teilhabe an Christus) auslegt. »Gemeinschaft« wäre hier also kein defizienter Modus von Einheit, sondern deren recht eigentliche Erfüllung[105]. Eine Leitung der Kirche wird dann auch immer wesentlich Dienst an der Einheit im Sinne solcher konziliaren Gemeinschaft (auf allen Ebenen) sein müssen. Dies gilt ganz besonders für ein universales Einheitsamt, das nur als Dienstamt, subsidiär, zugunsten solcher konziliarer Gemeinschaft, aber niemals sie majorisierend oder unterdrückend, wirksam sein dürfte.

Wir sind im Zuge unserer Überlegungen zu den Strukturen der Einheit unversehens zu einem nochmaligen Blick auf das Ganze geführt worden – nicht nur auf das Ganze kirchlicher Einheit, sondern auf das Ganze dessen, was Kirche überhaupt sein könnte und nach dem Willen Gottes sein sollte. Kirche als »konziliare Gemeinschaft« derer, die unterwegs sind in der Nachfolge und im Gedächtnis Jesu von Nazareth: wartend auf das tägliche Zukommen der Herrschaft Gottes, verpflichtet in der Hingabe füreinander und miteinander für die Welt, gehalten und getröstet dort, wo der Weg solcher Nachfolge der Weg von Kreuz und Leiden ist, unterwegs als solche, die hier keine bleibende Statt haben, sondern die zukünftige suchen (Hebr 13,14), und die deshalb auch um die Vorläufigkeit aller kirchlichen Gestaltungen und ihre letzte Überholbarkeit wissen. Von der Suche nach solcher Gemeinschaft getrieben, einer Gemeinschaft, die gegründet ist allein und ausschließlich in der Hingabe des einen

---

eine relativ positive Bewertung und wurde nicht mehr einfach als Alternative zur »Konziliaren Gemeinschaft«, sondern als dessen mögliche Interpretation angesehen (vgl. Bangalore 1978, hg. von *G. Müller-Fahrenholz*, Beih. zur Ök. Rundschau 35, Frankfurt 1979, S. 231).

104. Die nächsten Schritte auf dem Weg zur Einheit der Kirche, a.a.O. (o. S. 208 Anm. 30), S. 166ff.; Einheit der Kirche – Das Ziel und der Weg, a.a.O. (o. S. 220 Anm. 102), S. 70ff.

105. Dies müßte wohl auch bei innerevangelischen Einigungsbemühungen immer neu bedacht werden, damit nicht das Ziel aller Wege zur kirchlichen Einheit eine organisatorische Vereinheitlichung wird.

Herrn für »die vielen« (Mark 10,45) und die ihr Lebensgesetz im Geist hat, der nichts als Ihn verherrlichen will, mußten die Reformatoren protestieren gegen das verunstaltete Kirchentum, in dem sie sich vorfanden. Ihr Insistieren auf dem »Einen, das not ist« ist für uns bleibende Verpflichtung, die uns heute allerdings *mit* den nichtreformatorischen Kirchen in neuer Weise verbindet. Daß der »katholische« Gedanke der kirchlichen »koinonia«, um den in der Eucharistie gegenwärtigen Christus geschart, auch bei Luther sehr lebendig ist, zeigt sein Abendmahlssermon von 1519, in dem es heißt: »Diese Gemeinschaft steht darin, daß alle geistlich Guter Christi und Seiner Heiligen mitgeteilet und gemein werden dem, der dies Sakrament empfäht, wiederumb alle Leiden und Sund auch gemein werden und also Liebe gegen Liebe anzundet wird und voreinigt.«[106]

---

106. WA 2,743.

Register

Handbuch Systematischer Theologie

Handbuch Systematischer Theologie (HST)
Herausgegeben von
Carl Heinz Ratschow

Die Konzeption des HST:

● **Fragestellung**
Hat sich der Glaube seit Luther verändert? Ist das »Erbe der Reformation« heute mehr eine formale Versicherung? Entspricht dem Bekenntnis der Christen heute noch ein realer Inhalt?
Die 18 Beiträge des HST stellen sich diesen Fragen. Sie gehen von der Vermutung aus, daß vom 16. zum 20. Jahrhundert ein Wandel in Form und Gehalt des Glaubens stattgefunden hat. Die Beiträge zeigen das verschiedenartige Ausmaß dieser Veränderung auf.

● **Arbeitsbuch und Lehrbuch**
Die Textbezüge der 18 Bände ergeben eine Gesamtdarstellung der Theologie der Reformation und der Position der modernen evangelischen Theologie. Das komplette HST ist deshalb nicht nur ein sachbezogenes Arbeitsbuch, sondern darüber hinaus ein Lehrbuch der Systematischen Theologie.

Bezugsmöglichkeiten:

Das HST kann in Einzelbänden oder bei Abnahme des Gesamtwerkes verbilligt zum Fortsetzungspreis bezogen werden. Je drei Bände sind pro Jahr vorgesehen, so daß bis 1984 das HST komplett vorliegen wird.

Bereits erschienen:

Band 8:
Albrecht Peters
Der Mensch
219 Seiten. Kt. Einzelpreis 29,– DM
Fortsetzungspreis für Bezieher des Gesamtwerkes 25,80 DM

Band 10:
Ulrich Kühn
Kirche
Ca. 160 Seiten. Kt.
Einzelpreis ca. 24,– DM
Fortsetzungspreis für Bezieher des Gesamtwerkes ca. 19,80 DM

Band 16:
Carl Heinz Ratschow
Die Religionen
131 Seiten. Kt. Einzelpreis 19,– DM
Fortsetzungspreis für Bezieher des Gesamtwerkes 15,80 DM

Band 17:
Ulrich Mann
Das Wunderbare
Wunder – Segen und Engel
102 Seiten. Kt. Einzelpreis 18,– DM
Fortsetzungspreis für Bezieher des Gesamtwerkes 14,80 DM

Gütersloher Verlagshaus Gerd Mohn

GTB Siebenstern

Ökumenischer Taschenbuchkommentar zum Neuen Testament

Herausgegeben von Erich Gräßer und Karl Kertelge

Bd. 2/1:
Walter Schmithals:
**Evangelium nach Markus
Kapitel 1-9,1**
1979. 397 Seiten
(Fortsetzungspr. 17,80 DM)
Kt. 19,80 DM (GTB 503)

Bd. 2/2:
Walter Schmithals:
**Evangelium nach Markus
Kapitel 9,2-16**
1979. 370 Seiten
(Fortsetzungspr. 17,80 DM)
Kt. 19,80 DM (GTB 504)

Bd. 3/1:
Gerhard Schneider:
**Das Evangelium nach
Lukas
Kapitel 1-10**
1977. 253 Seiten
(Fortsetzungspr. 14,80 DM)
Kt. 16,80 DM (GTB 500)

Bd. 3/2:
Gerhard Schneider:
**Das Evangelium nach
Lukas
Kapitel 11-24**
1977. 256 Seiten
(Fortsetzungspr. 14,80 DM)
Kt. 16,80 DM (GTB 501)

> Ökumenischer
> Taschenbuch-
> Kommentar zum
> Neuen Testament
>
> Jürgen Becker
> **Das Evangelium nach
> Johannes
> Band 4/1**
>
> GTBSiebenstern

Bd. 4/1:
Jürgen Becker:
**Das Evangelium nach
Johannes
Kapitel 1-10**
1979. 340 Seiten
(Fortsetzungspr. 17,80 DM)
Kt. 19,80 DM (GTB 505)

Bd. 16:
Klaus Wengst:
**Der erste, zweite und dritte
Brief des Johannes**
1978. 261 Seiten
(Fortsetzungspr. 16,80 DM)
Kt. 18,80 DM (GTB 502)

Gütersloher Verlagshaus Gerd Mohn

Handbuch der christlichen Ethik

Handbuch der christlichen Ethik

Herausgegeben von
Anselm Hertz, Wilhelm
Korff, Trutz Rendtorff und
Hermann Ringeling unter
Mitarbeit zahlreicher Fach-
wissenschaftler.
Zwei Bände. Geb. mit
Schutzumschlag im
Schuber. 2. Auflage 1979
zus. 180,— DM.
Band 1: 519 Seiten.
Band 2: 559 Seiten.

007

Das von Christen der großen Kirchen gemeinsam erarbeitete „Handbuch der christlichen Ethik" über die wichtigsten Fragen des Lebens des einzelnen und der Gemeinschaft – eine neue Antwort auf die Herausforderung der Zeit und der modernen Wissenschaften – eine Orientierung aus christlicher Verantwortung.

Gütersloher Verlagshaus
Gerd Mohn

Herder/Freiburg